Kanji Workbook for People in the Medical Field

医療にかかわる人のための
漢字ワークブック

園田祐治　　稲田朋晃　　佐藤尚子
　　　　　　品川なぎさ　佐々木仁子
　　　　　　山元一晃

国書刊行会

はじめに

　厚生労働省の調査によると、近年、日本国内では、医師、薬剤師、看護師など、医療現場で働く人が増えています。また、日本の医療関係の大学や専門学校で学ぶ外国人留学生や日本の医療現場で働く外国人も多くなっています。医療に関係する専門用語を学ぶためには漢字の学習が必要です。本書では、日本人、外国人にかかわりなく医療に関係する人達が必要とする漢字を効率よく学べるように配慮しました。

　漢字学習の負担を減らすために、医療に関係する漢字を重点的に学ぶことを考えました。そして、医師国家試験に出現する漢字から、初級・中級では学ばない漢字800字を抽出し、教材を開発しました。

　練習問題には、実際の試験問題を使用し、実践的な学習が可能となっています。看護師国家試験用の練習問題も用意しています(出版社ホームページより申請)。別冊の『解剖学用語ノート』は、解剖学を初めて学ぶ学習者のために、基本的な用語をイラストとともにまとめました。

　本書は、医学の専門家、医療関係の大学で外国人留学生を指導する日本語教育の専門家、漢字教材の開発に詳しい日本語教育の専門家の三者が緊密な協力体制を取り、開発したものです。日本語教育の教材ではありますが、医学の面からも高い質を持ったものになっています。

　本書が皆さんの漢字学習に役に立つことを祈っております。

2020年8月
著者一同

目次
もく じ

本書の使い方

✳ 本書の特徴

　この本は、医療専門職を目指す人が、医療分野で使われる 800 字の漢字を勉強するための本です。

　第 1 部は漢字のワークブックです。6 回分の医師国家試験問題（第 106 回〜第 111 回）に出現している漢字を中心に作成しました。日本語を学習している上級レベルの学習者や日本語を母語とする学習者も活用できるように、本書のシリーズとして刊行されている『留学生のための漢字の教科書　初級 300 [改訂版]』、『留学生のための漢字の教科書　中級 700 [改訂版]』に掲載された漢字は除いています（p.11 以降を参照ください）。その 800 字の漢字について、医師国家試験問題に出現する語彙を中心に選び、それを基にした練習問題を付けました。

　また、看護師を目指す学習者のための練習問題もありますので、出版社ホームページより申請してください。

　章の構成は、主に MeSH（Medical Subject Headings：米国国立医学図書館が作成している用語集）、『分類語彙表 増補改訂版』（2004 年、国立国語研究所 編）などを参考にしました。

　第 2 部（別冊）は『解剖学用語ノート』です。別冊は本冊とは内容が異なり、解剖学の用語のみを取り上げています。解剖学各分野の基本的な用語（解剖学を学ぶうえで最低限知っておいてほしい用語）を選択しています。『解剖学用語ノート』の練習問題は出版社のホームページからダウンロードできます。

　分野ごとに厳選することによって、まずは気軽に解剖学の用語に触れる最初のステップとして編集してあります。

　この別冊のみ、取り外すこともできます。

①通し番号　　　⑧語彙

②漢字　　　　　⑨語彙の英訳

③漢字の意味　　⑩常用漢字でない漢字

④画数　　　　　⑪特殊な読み

⑤部首

⑥音読み（カタカナ表記）

⑦訓読み（ひらがな表記）

✳ 漢字、読み、語彙、部首の選択

漢字：本書には 800 字の漢字を掲載しています。「医師国家試験」第106回～第111回（以下「医師国家試験」）に含まれている漢字793字および別冊の解剖学編に含まれている 7 字を載せました。ただし『留学生のための漢字の教科書初級 300 [改訂版]』、『留学生のための漢字の教科書中級 700 [改訂版]』で取り上げた漢字 1000 字は載せていません。この 1000 字に関しては、p.11 から一覧表を掲載しています。

　「医師国家試験」に用いられている語彙のうち、本書で採用しなかった漢字を表 1(p.10) に示しました。また、漢字には、正字以外に異体字、簡易慣用字体、俗字などと呼ばれる字体があり、広く使われています。医師国家試験にも正字以外の字体が使われています。本書では、医師国家試験で一番使われている字体を見出しに採用しました。主な異体字を表 2 (p.10) に示しました（常用漢字はのぞきました）。なお、各課の漢字はおおむね頻度が高いものから並べてありますが、1 つの語彙の中で使われる 2 つの漢字は近くに配置するなど、分かりやすさを考慮し、順序を変えたところがあります。

　漢字の意味については、原則として『新装版 講談社漢英学習字典』（2001年、講談社）、『新版ネルソン漢英辞典』（2004年、チャールズ・イ・タトル出版）を参照し代表的なものを掲載しました。

漢字の読み：本書で採用した語彙の読みのみを載せています。なお、本書で採用した語彙にはない読みでも、「常用漢字表」にある読みは、脚注 (footnote) に載せました。
本書で採用した読みが、「常用漢字表」にない場合、表3 (p.10) に示しました（掲載順）。医学用語の読みは、学術的な場面と、診察などの臨床の場面では、読みが異なる場合があります。学術的な場面では音読みが多く使用されますが、臨床の場面では訓読みが使われることがあります。「練習問題Ⅲ」では、解答としては音読みを挙げていますが、訓読みとしたところもあります。

語彙：それぞれの漢字の語彙は、「医師国家試験」および別冊の「解剖学用語ノート」に含まれている語の中から選びました。また、漢字によっては、各課のトピックに合う語や、特に有用と考えられる語を追加しました。それらの語彙には「*」を付けました。ただし、「医師国家試験」に含まれている複合語の一部となっている語には「*」はついていません（例えば、「付属」という語はそのままの形では「医師国家試験」にはありませんが、「付属」によって構成される複合語である「付属器」という語はあります。このような語には「*」

がついていません)。語彙の掲出順序については、「医師国家試験」に特徴的だと考えられる語から順に並べてあります。なお、複合語の構成要素となっている語彙を近くに配置するなど、分かりやすさを考慮し、順序を変えたところがあります。

画数・部首：原則として『角川新字源　改訂新版』(2017年、角川書店)によります。

✳ 練習問題

　各課にはⅠ～Ⅲまで練習問題があります。
「練習問題Ⅰ」は、読みを書く問題です。「練習問題Ⅱ」は、漢字を書く問題です。学習した語彙がどのように使われているかを知るために、「練習問題Ⅲ」は厚生労働省ホームページで公開されている「医師国家試験」(第106回～第111回)の問題をもとに作りました。それぞれの課で学習した語彙には下線をつけました。また、本書でまだ学習していない漢字、本書で取り上げていない漢字にはひらがなで読み方をつけました。ただし、『留学生のための漢字の教科書初級300[改訂版]』『留学生のための漢字の教科書中級700[改訂版]』で学習した漢字については、読みを学習していないものも、問題として出しています。漢字の字体は本書で使われている字体に合わせたものもあります。

✳ 索引

　巻末には、漢字の音読み・訓読みの索引(音訓索引)、1～30課に掲載されている語彙をまとめた「音訓索引」「英語索引」があります。

執筆分担　　1課～30課
　　漢字・語彙の選定、語彙の英訳、練習問題Ⅰ・練習問題Ⅱ
　　稲田朋晃・品川なぎさ・山元一晃

　　監修、練習問題Ⅲ
　　佐藤尚子

　　漢字の意味・画数・部首
　　佐々木仁子

　　別冊　解剖学用語ノート
　　園田祐治

表1　医師国家試験にあるが、本書では採用しなかった漢字

稲	噂	沖	俺	架	崖	街	叶	勘	歓	韓	汽	享	郷	桑	鹸
孤	侯	荒	沙	崎	搾	氏	執	狩	渋	沼	壌	飾	粋	是	盛
扇	繕	倉	喪	揃	汰	妥	卓	沢	誕	逐	津	剃	堤	釘	鳶
呑	寧	覗	狽	縛	帆	班	庇	匹	髭	漂	赴	雰	柄	癖	砲
傍	盆	魔	岬	妙	躍	柳	里	溜	亮	暦	烈	脇	呟	慟	疳
痲	皎	篩	緘	蝸	轢	頷	軀	頚	靱	彎	膣	搔			

※網掛けをした漢字は、異体字であるため掲載しなかったもの（表2も参照）。

表2　本書で採用した見出しの漢字とその異体字

採用漢字	異体字	語例	採用漢字	異体字	語例
頸	頚	頸部/頚部	滲	滲	滲出/滲出
腿	腿	下腿/下腿	溢	溢	溢血/溢血
靭	靱	靭帯/靱帯	娩	娩	分娩/分娩
囊	嚢	囊胞/嚢胞	剝	剥	剝離/剥離
腟	膣	経腟/経膣	兎	兔	兎糞/兔糞
扁	扁	扁桃/扁桃	穿	穿	穿刺/穿刺
鞘	鞘	髄鞘/髄鞘	灼	灼	焼灼/焼灼
桿	杆	桿菌/杆菌	搔	搔	搔爬/搔爬
弯	彎	小弯/小彎	梢	梢	末梢/末梢
瘻	瘺	痔瘻/痔瘺	這	這	這う/這う
屑	屑	鱗屑/鱗屑	撹	攪	撹拌/攪拌
粃	秕	粃糠/秕糠	嘘	嘘	嘘/嘘
倦	倦	倦怠感/倦怠感	噌	噌	味噌汁/味噌汁
疼	疼	疼痛/疼痛	猪	猪	猪/猪

表3　本書で採用した常用漢字表外の読み

膝	シツ
虹	コウ
爪	ソウ
膝	シツ
肘	チュウ
虹	コウ
芽	ゲ
脚	カク
爪	ソウ
壊	エ
捻	ひね-る
怪	ケ
鶏	とり
脂	やに
漬	シ
貼	テン
拭	シキ
蚊	ブン

初級・中級の漢字 1000字

* 『留学生のための漢字の教科書　初級300』『留学生のための漢字の教科書　中級700』に掲載されている漢字です。

初級300字						
1 人	23 三	47 日	71 内	95 方	119 写	143 高
2 男	24 四	48 曜	72 奥	96 春	120 真	144 低
3 女	25 五	49 毎	73 仕	97 夏	121 立	145 安
4 子	26 六	50 週	74 事	98 秋	122 座	146 新
5 車	27 七	51 行	75 生	99 冬	123 答	147 古
6 山	28 八	52 来	76 先	100 夜	124 読	148 多
7 川	29 九	53 帰	77 学	101 食	125 書	149 少
8 田	30 十	54 始	78 会	102 飲	126 待	150 正
9 米	31 百	55 終	79 社	103 買	127 度	151 長
10 雨	32 千	56 起	80 員	104 見	128 話	152 短
11 上	33 万	57 寝	81 時	105 聞	129 語	153 軽
12 中	34 円	58 働	82 分	106 何	130 英	154 重
13 下	35 色	59 勉	83 午	107 茶	131 教	155 弱
14 左	36 白	60 強	84 前	108 酒	132 習	156 暑
15 右	37 黒	61 私	85 後	109 肉	133 貸	157 寒
16 明	38 赤	62 家	86 間	110 牛	134 借	158 暗
17 休	39 青	63 族	87 半	111 魚	135 送	159 早
18 林	40 黄	64 父	88 朝	112 鳥	136 本	160 悪
19 森	41 月	65 母	89 昼	113 犬	137 漢	161 元
20 好	42 火	66 兄	90 晩	114 音	138 字	162 気
21 一	43 水	67 弟	91 今	115 楽	139 発	163 有
22 二	44 木	68 姉	92 去	116 花	140 友	164 名
	45 金	69 妹	93 年	117 映	141 大	165 同
	46 土	70 主	94 夕	118 画	142 小	166 親

11

167 切	193 歌	219 広	245 足	271 運	297 空
168 便	194 特	220 地	246 顔	272 通	298 以
169 利	195 別	221 東	247 目	273 入	299 全
170 不	196 集	222 西	248 耳	274 出	300 説
171 研	197 売	223 南	249 口	275 着	
172 究	198 門	224 北	250 力	276 急	
173 質	199 開	225 京	251 風	277 番	
174 問	200 閉	226 世	252 声	278 号	
175 文	201 駅	227 界	253 医	279 台	
176 洗	202 銀	228 外	254 者	280 回	
177 濯	203 病	229 国	255 薬	281 作	
178 注	204 院	230 海	256 飯	282 使	
179 意	205 店	231 都	257 野	283 考	
180 旅	206 遠	232 道	258 菜	284 思	
181 言	207 建	233 府	259 心	285 知	
182 計	208 物	234 県	260 死	286 業	
183 池	209 工	235 区	261 乗	287 題	
184 洋	210 場	236 市	262 降	288 試	
185 和	211 校	237 町	263 歩	289 験	
186 代	212 室	238 村	264 走	290 合	
187 持	213 堂	239 住	265 止	291 料	
188 押	214 図	240 所	266 電	292 理	
189 引	215 館	241 体	267 自	293 品	
191 紙	216 近	242 頭	268 転	294 味	
190 服	217 部	243 首	269 動	295 用	
192 取	218 屋	244 手	270 鉄	296 天	

中級 700字

301 級	325 次	351 深	377 苦	403 雑	429 曲	455 察
302 予	326 線	352 静	378 向	404 誌	430 過	456 署
303 定	327 最	353 涼	379 老	405 童	431 助	457 防
304 表	328 適	354 暖	380 像	406 児	432 倒	458 橋
305 授	329 当	355 冷	381 紹	407 冊	433 増	459 容
306 宿	330 選	356 温	382 介	408 壁	434 減	460 角
307 復	331 例	357 熱	383 留	409 絵	435 伸	461 符
308 辞	332 形	358 困	384 的	410 隅	436 破	462 券
309 初	333 変	359 球	385 術	411 箱	437 育	463 枚
310 第	334 式	360 化	386 技	412 床	438 燃	464 札
311 課	335 直	361 馬	387 妻	413 戸	439 残	465 改
312 練	336 記	362 象	388 供	414 庫	440 片	466 算
313 科	337 点	363 竹	389 緒	415 蔵	441 越	467 精
314 参	338 机	364 糸	390 登	416 器	442 港	468 面
315 忘	339 数	365 貝	391 専	417 乳	443 神	469 停
316 覚	340 余	366 毛	392 卒	418 卵	444 美	470 刻
317 組	341 速	367 舟	393 結	419 果	445 偉	471 普
318 席	342 遅	368 石	394 婚	420 庭	446 芸	472 快
319 欠	343 易	369 岩	395 夫	421 落	447 交	473 換
320 板	344 単	370 畑	396 刺	422 並	448 差	474 禁
321 解	345 簡	371 由	397 身	423 決	449 役	475 煙
322 筆	346 難	372 油	398 独	424 折	450 公	476 険
323 違	347 細	373 官	399 柔	425 続	451 園	477 危
324 消	348 太	374 管	400 配	426 割	452 昔	478 路
	349 狭	375 島	401 畳	427 流	453 城	479 側
	350 浅	376 若	402 具	428 渡	454 警	480 窓

481 受	507 固	533 更	559 経	585 束	611 御	637 布
482 付	508 厚	534 移	560 活	586 喜	612 返	638 財
483 常	509 薄	535 除	561 雪	587 底	613 頂	639 値
484 非	510 量	536 能	562 寄	588 念	614 幸	640 費
485 階	511 湯	537 接	563 末	589 故	615 礼	641 央
486 段	512 沸	538 候	564 猫	590 疲	616 拝	642 際
487 営	513 軟	539 補	565 迷	591 曇	617 殿	643 到
488 準	514 混	540 囲	566 昨	592 張	618 談	644 案
489 備	515 等	541 祖	567 坊	593 宅	619 相	645 両
490 清	516 丸	542 怒	568 伝	594 幼	620 旧	646 替
491 掃	517 包	543 泣	569 痛	595 迎	621 販	647 喫
492 議	518 巻	544 彼	570 凍	596 祝	622 商	648 郵
493 製	519 麦	545 恥	571 労	597 菓	623 支	649 荷
494 綿	520 焼	546 息	572 暮	598 得	624 払	650 預
495 募	521 編	547 抱	573 勤	599 呼	625 法	651 関
496 給	522 示	548 娘	574 慣	600 雲	626 達	652 税
497 師	523 成	549 孫	575 干	601 状	627 額	653 査
498 求	524 存	550 君	576 泳	602 格	628 超	654 検
499 修	525 保	551 似	577 誤	603 願	629 無	655 機
500 承	526 設	552 珍	578 賃	604 様	630 確	656 職
501 材	527 印	553 寺	579 貯	605 皆	631 認	657 協
502 玉	528 刷	554 仏	580 皿	606 舞	632 収	658 航
503 個	529 信	555 祈	581 晴	607 忙	633 領	659 姓
504 塩	530 了	556 築	582 久	608 順	634 翌	660 性
505 粉	531 列	557 徒	583 遊	609 伺	635 客	661 齢
506 杯	532 戻	558 将	584 連	610 平	636 届	662 効

No.	漢字	No.	漢字	No.	漢字	No.	漢字	No.	漢字	No.	漢字	No.	漢字
663	飛	689	才	715	込	741	泊	767	司	793	他	819	栄
664	羽	690	歳	716	導	742	程	768	資	794	較	820	骨
665	恵	691	満	717	絡	743	史	769	省	795	章	821	悩
666	賢	692	未	718	望	744	歴	770	略	796	述	822	胃
667	笑	693	整	719	希	745	灯	771	命	797	均	823	髪
668	劇	694	係	720	在	746	靴	772	共	798	傾	824	抜
669	夢	695	現	721	可	747	装	773	調	799	件	825	療
670	欲	696	貨	722	許	748	加	774	報	800	条	826	歯
671	福	697	硬	723	要	749	帽	775	告	801	仮	827	磨
672	永	698	犯	724	必	750	産	776	実	802	倍	828	汗
673	勇	699	駐	725	類	751	祭	777	構	803	拡	829	汚
674	情	700	断	726	筒	752	踊	778	処	804	著	830	局
675	演	701	捨	727	封	753	衣	779	肯	805	版	831	看
676	招	702	召	728	務	754	浴	780	否	806	環	832	血
677	恋	703	盗	729	期	755	緑	781	令	807	判	833	州
678	然	704	触	730	限	756	指	782	基	808	批	834	帯
679	突	705	置	731	守	757	約	783	則	809	健	835	節
680	再	706	眠	732	進	758	拾	784	規	810	康	836	季
681	愛	707	袋	733	採	759	景	785	論	811	操	837	湿
682	感	708	挟	734	価	760	詰	786	占	812	肩	838	蒸
683	贈	709	械	735	評	761	諸	787	幅	813	背	839	陸
684	涙	710	任	736	績	762	敬	788	横	814	腰	840	吹
685	武	711	責	737	紅	763	尊	789	境	815	腕	841	乾
686	悲	712	担	738	葉	764	詞	790	逆	816	鼻	842	燥
687	王	713	講	739	対	765	副	791	率	817	吸	843	震
688	想	714	申	740	絶	766	志	792	比	818	胸	844	泉

845	富	871	耕	897	恐	923	殺	949	委	975	貧
846	湖	872	種	898	圧	924	追	950	訪	976	雇
847	豊	873	皮	899	探	925	婦	951	競	977	柱
848	湾	874	含	900	庁	926	途	952	依	978	軒
849	砂	875	辛	901	怖	927	灰	953	与	979	害
850	埋	876	照	902	波	928	暴	954	炭	980	被
851	岸	877	鳴	903	零	929	民	955	鉱	981	損
852	浮	878	谷	904	兆	930	録	956	型	982	濃
853	欧	879	坂	905	亡	931	位	957	標	983	乱
854	積	880	域	906	展	932	秒	958	農	984	応
855	沈	881	星	907	捕	933	優	959	漁	985	律
856	泥	882	陽	908	宝	934	勝	960	努	986	賛
857	植	883	周	909	棒	935	退	961	複	987	総
858	虫	884	極	910	輪	936	勢	962	制	988	臣
859	甘	885	裏	911	爆	937	仲	963	純	989	政
860	液	886	宇	912	原	938	打	964	各	990	治
861	群	887	宙	913	因	939	投	965	層	991	済
862	根	888	億	914	捜	940	頼	966	訓	992	軍
863	巨	889	河	915	救	941	戦	967	造	993	兵
864	針	890	光	916	識	942	延	968	善	994	権
865	枝	891	逃	917	居	943	負	969	般	995	郊
866	辺	892	異	918	疑	944	賞	970	船	996	放
867	散	893	測	919	反	945	争	971	完	997	党
868	咲	894	観	920	罪	946	団	972	貿	998	毒
869	香	895	氷	921	叫	947	失	973	革	999	互
870	草	896	溶	922	況	948	敗	974	輸	1000	刊

Anatomy 1: Human body and Musculoskeletal system

医学用語でなんと言うでしょうか。

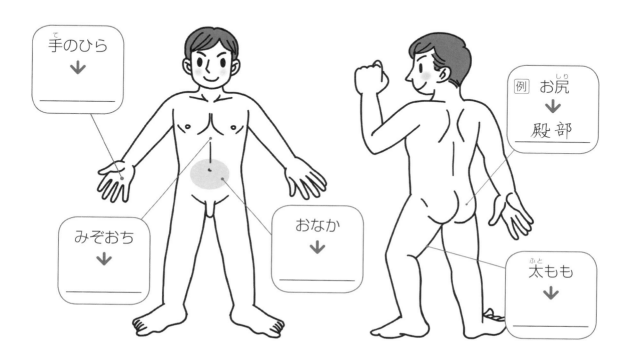

手のひら
↓
＿＿＿＿＿

みぞおち
↓
＿＿＿＿＿

おなか
↓
＿＿＿＿＿

例 お尻
↓
殿部

太もも
↓
＿＿＿＿＿

---

1 腹 (1)
belly
13画 フク
〔月〕

腹部(2) abdominal region	下腹部 hypogastrium
腹痛 abdominal pain	空腹 hunger
胸腹部 thoracicoabdominal part	腹膜 peritoneum

2 頸 (3)
neck, head
16画 ケイ
〔頁〕

頸部 cervical region, neck	頭頸部 head and neck
頸静脈 jugular vein	頸管 cervical duct
子宮頸部 uterine cervix	子宮頸癌 uterine cervix cancer

---

(1) 訓読みに「はら」がある。

(2) 一般的には「腹」「おなか」という。「おなか」は「お腹」と書くこともある。

(3) 「頸」は「頚」と書く場合もある。→ p.10 参照

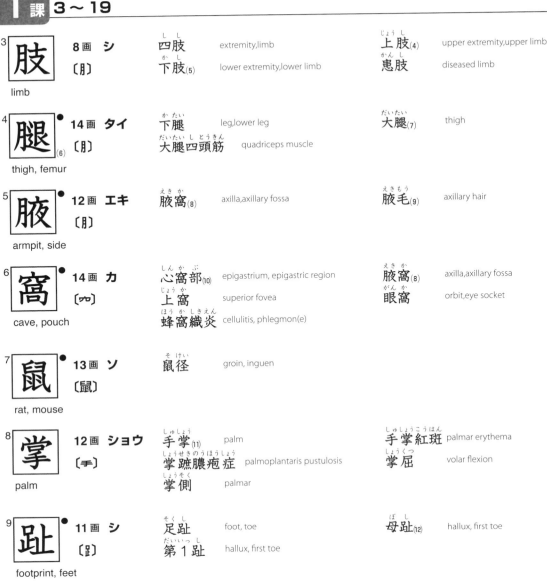

3 肢 limb — 8画 シ 〔月〕
- 四肢（しし） extremity, limb
- 下肢（かし）(5) lower extremity, lower limb
- 上肢（じょうし）(4) upper extremity, upper limb
- 患肢（かんし） diseased limb

4 腿 thigh, femur — 14画 タイ(6) 〔月〕
- 下腿（かたい） leg, lower leg
- 大腿四頭筋（だいたいしとうきん） quadriceps muscle
- 大腿（だいたい）(7) thigh

5 腋 armpit, side — 12画 エキ 〔月〕
- 腋窩（えきか）(8) axilla, axillary fossa
- 腋毛（えきもう）(9) axillary hair

6 窩 cave, pouch — 14画 カ 〔宀〕
- 心窩部（しんかぶ）(10) epigastrium, epigastric region
- 上窩（じょうか） superior fovea
- 蜂窩織炎（ほうかしきえん） cellulitis, phlegmon(e)
- 腋窩（えきか）(8) axilla, axillary fossa
- 眼窩（がんか） orbit, eye socket

7 鼠 rat, mouse — 13画 ソ 〔鼠〕
- 鼠径（そけい） groin, inguen

8 掌 palm — 12画 ショウ 〔手〕
- 手掌（しゅしょう）(11) palm
- 掌蹠膿疱症（しょうせきのうほうしょう） palmoplantaris pustulosis
- 掌側（しょうそく） palmar
- 手掌紅斑（しゅしょうこうはん） palmar erythema
- 掌屈（しょうくつ） volar flexion

9 趾 footprint, feet — 11画 シ 〔足〕
- 足趾（そくし） foot, toe
- 第1趾（だいいっし） hallux, first toe
- 母趾（ぼし）(12) hallux, first toe

10 仙 immortal — 5画 セン 〔亻〕
- 仙骨部（せんこつぶ） sacral region
- 仙腸関節（せんちょうかんせつ） sacroiliac joint
- 仙椎（せんつい） sacral vertebra
- 腰仙部（ようせんぶ） lumbosacral region

11 尻 hips — 5画 しり 〔尸〕
- お尻（しり）(13) hips, buttock
- 尻（しり）もちをつく to fall on one's behind

---

(4) 一般的には「腕（うで）」という。
(5) 一般的には「脚（あし）」という。
(6) 「腿」は「腿」と書く場合もある。→ p.10 参照
(7) 一般的には「太（ふと）もも」という。
(8) 一般的には「脇（わき）の下（した）」という。
(9) 一般的には「脇毛（わきげ）」という。
(10) 一般的には「みぞおち」という。
(11) 一般的には「手（て）のひら」という。

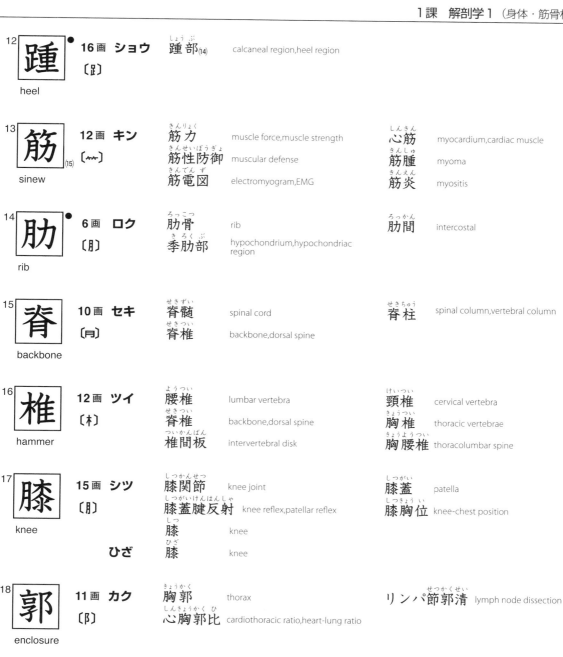

12 踵 heel	16画 ショウ 〔足〕	踵部(14)	calcaneal region,heel region		
13 筋 (15) 〔⺮〕 sinew	12画 キン	筋力	muscle force,muscle strength	心筋	myocardium,cardiac muscle
		筋性防御	muscular defense	筋腫	myoma
		筋電図	electromyogram,EMG	筋炎	myositis
14 肋 rib	6画 ロク 〔月〕	肋骨	rib	肋間	intercostal
		季肋部	hypochondrium,hypochondriac region		
15 脊 backbone	10画 セキ 〔月〕	脊髄	spinal cord	脊柱	spinal column,vertebral column
		脊椎	backbone,dorsal spine		
16 椎 hammer	12画 ツイ 〔木〕	腰椎	lumbar vertebra	頸椎	cervical vertebra
		脊椎	backbone,dorsal spine	胸椎	thoracic vertebrae
		椎間板	intervertebral disk	胸腰椎	thoracolumbar spine
17 膝 knee	15画 シツ 〔月〕	膝関節	knee joint	膝蓋	patella
		膝蓋腱反射	knee reflex,patellar reflex	膝胸位	knee-chest position
		膝	knee		
	ひざ	膝	knee		
18 郭 enclosure	11画 カク 〔⻏〕	胸郭	thorax	リンパ節郭清	lymph node dissection
		心胸郭比	cardiothoracic ratio,heart-lung ratio		
19 股 crotch	8画 コ 〔月〕 また	股関節	hip joint		
		股 *	crotch		

---

(12) 一般的には「足の親指」という。

(14) 一般的には「踵」という。

(13) 医学用語では「殿部／臀部」という。

(15) 訓読みに「すじ」がある。

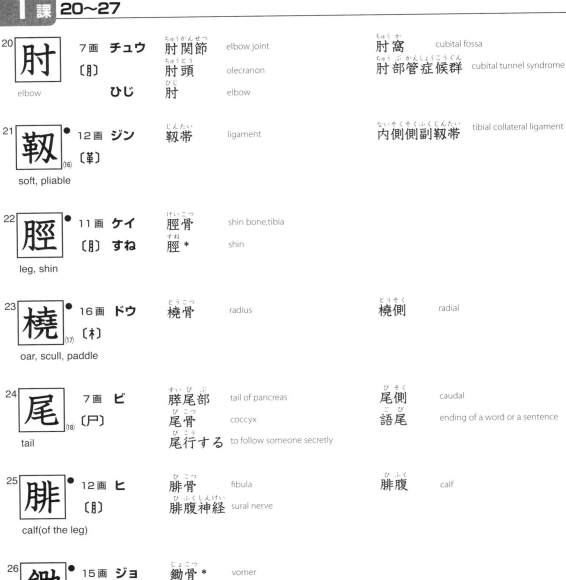

20 肘 elbow	7画 チュウ 〔月〕 ひじ	ちゅうかんせつ 肘関節	elbow joint	ちゅうか 肘窩	cubital fossa
		ちゅうとう 肘頭	olecranon	ちゅうぶかんしょうこうぐん 肘部管症候群	cubital tunnel syndrome
		ひじ 肘	elbow		

| 21 靱
soft, pliable | 12画 ジン
(16) 〔革〕 | じんたい
靱帯 | ligament | ないそくそくふくじんたい
内側側副靱帯 | tibial collateral ligament |

| 22 脛
leg, shin | 11画 ケイ
〔月〕 すね | けいこつ
脛骨 | shin bone,tibia | | |
| | | すね
脛 * | shin | | |

| 23 橈
oar, scull, paddle | 16画 ドウ
(17) 〔木〕 | とうこつ
橈骨 | radius | とうそく
橈側 | radial |

24 尾 tail	7画 ビ (18) 〔尸〕	すいびぶ 膵尾部	tail of pancreas	びそく 尾側	caudal
		びこつ 尾骨	coccyx	ごび 語尾	ending of a word or a sentence
		びこう 尾行する	to follow someone secretly		

| 25 腓
calf(of the leg) | 12画 ヒ
〔月〕 | ひこつ
腓骨 | fibula | ひふく
腓腹 | calf |
| | | ひふくしんけい
腓腹神経 | sural nerve | | |

| 26 鋤
spade(for cultivation), plow | 15画 ジョ
〔金〕 | じょこつ
鋤骨 * | vomer | | |

| 27 峰
peak | 10画 ホウ
(19) 〔山〕 | けんぽう
肩峰 * | acromion | | |

---

(16) 「靱」は「靭」と書く場合もある。→ p.10 参照

(17) 「橈」は、音読みは「ドウ」だが、「橈骨」「橈側」など、慣用的に「トウ」と読む語彙がある。

(18) 訓読みに「お」がある。　　　　(19) 訓読みに「みね」がある。

1課 練習問題

Ⅰ 下の言葉の読みを書きましょう。

①頸静脈 ＿＿＿＿＿＿＿＿＿＿

②心窩部 ＿＿＿＿＿＿＿＿＿＿

③鼠径 ＿＿＿＿＿＿＿＿＿＿

④足趾 ＿＿＿＿＿＿＿＿＿＿

⑤仙骨部 ＿＿＿＿＿＿＿＿＿＿

⑥踵部 ＿＿＿＿＿＿＿＿＿＿

⑦膝関節 ＿＿＿＿＿＿＿＿＿＿

⑧胸郭 ＿＿＿＿＿＿＿＿＿＿

⑨靱帯 ＿＿＿＿＿＿＿＿＿＿

⑩脛骨 ＿＿＿＿＿＿＿＿＿＿

⑪橈骨 ＿＿＿＿＿＿＿＿＿＿

⑫腓骨 ＿＿＿＿＿＿＿＿＿＿

⑬鋤骨 ＿＿＿＿＿＿＿＿＿＿

⑭肩峰 ＿＿＿＿＿＿＿＿＿＿

Ⅱ 下の言葉を漢字で書きましょう。

①かふくぶ ＿＿＿＿＿＿＿＿
hypogastrium

②けいぶ ＿＿＿＿＿＿＿＿
cervical region

③かし ＿＿＿＿＿＿＿＿
lower extremity

④だいたい ＿＿＿＿＿＿＿＿
thigh

⑤えきもう ＿＿＿＿＿＿＿＿
axillary hair

⑥しゅしょう ＿＿＿＿＿＿＿＿
palm

⑦きんりょく ＿＿＿＿＿＿＿＿
muscle force

⑧ろっこつ ＿＿＿＿＿＿＿＿
rib

⑨せきちゅう ＿＿＿＿＿＿＿＿
spinal column

⑩ようつい ＿＿＿＿＿＿＿＿
lumbar vertebra

⑪こかんせつ ＿＿＿＿＿＿＿＿
hip joint

⑫ちゅうかんせつ ＿＿＿＿＿＿＿＿
elbow joint

Ⅲ 次の文に出ている漢字の読みを書きましょう。この課で学習した漢字、単語には＿＿が引いてあります。＿＿が引いてある単語は＿＿が引いてある漢字・単語といっしょになって一つの単語を作っています。意味がわからないときは自分で調べましょう。

Write the *kanji* characters that appear in the following sentences. The *kanji* characters and words that you learned in this chapter are double-lined. Underlined words make up combined words with double-lined words and *kanji* characters. If you don't know the meanings of words, make sure to look them up in a dictionary.

① 脊椎の変形は幼児期から発症する。（第111回Ａ問題2）

② 甲状腺は軽度に腫大している。胸腹部に異常を認めない。（第110回Ａ問題60）

③ 胸部エックス線写真で心胸郭比54%、肺野に異常を認めない。（第110回Ａ問題41）

④ 呼吸音に異常を認めない。脛骨前面に圧痕を残す浮腫を認める。（第110回Ａ問題41）

⑤ 眼球結膜は軽度貧血様である。手掌紅斑やくも状血管腫は認めない。（第110回Ａ問題30）

⑥ 口腔内は著明に乾燥している。頸部と腋窩のリンパ節を触知しない。（第111回Ａ問題55）

⑦ 腹痛は持続性であり、心窩部から臍周囲まで広範囲に認め、限局していないがやや右側に強い。（第111回Ａ問題48）

⑧ 四肢の近位部に徒手筋力テストでの筋力低下を認め、大腿四頭筋を叩打すると筋腹の膨隆が生じる。（第110回Ａ問題21）

⑨ 右肋骨痛を主訴に来院した。1か月前から、右側の胸部に痛みを感じるようになり、改善しないため受診した。（第111回Ａ問題60）

⑩ 2週間前から左手の小指がジンジンするようになり、1週間前から右足趾にも同様の症状が出現するとともに右足が下垂してきたため受診した。（第111回Ｉ問題54）

⑪ 発熱、右膝関節痛、左股関節痛および左足関節痛を主訴に来院した。4日前から左股関節痛が出現し、2日前には右膝関節痛と左足関節痛が出現した。関節痛は徐々に増悪し、立っていることができなくなったため受診した。（第111回Ａ問題53）

解剖学2（消化器系・泌尿生殖器系・内分泌系）

Anatomy 2: Digestive system, Urogenital system and Endocrine system

なんと読みますか。

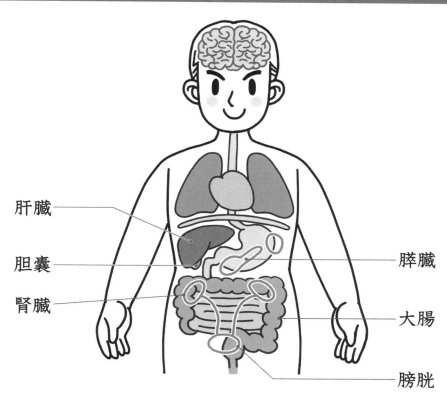

肝臓
胆嚢
腎臓

膵臓
大腸
膀胱

---

28 臓　**19画　ゾウ**　〔月〕
internal organ

臓器	organ		肝臓	liver
腎臓	kidney		膵臓	pancreas
脾臓	spleen		内臓	viscera

29 肝　**7画　カン**　〔月〕
(1)
liver

肝臓(2) liver
肝癌 liver cancer, liver carcinoma
肝内胆管癌 intrahepatic bile duct carcinoma, intrahepatic cholangiocarcinoma
経皮経肝胆嚢ドレナージ percutaneous transhepatic gallbladder drainage
肝門 hepatic portal, porta hepatis

肝炎 hepatitis

（1）訓読みに「きも」がある。
（2）医師国家試験では「肝・脾を触知しない」というフレーズで「肝」と省略されることが多い。

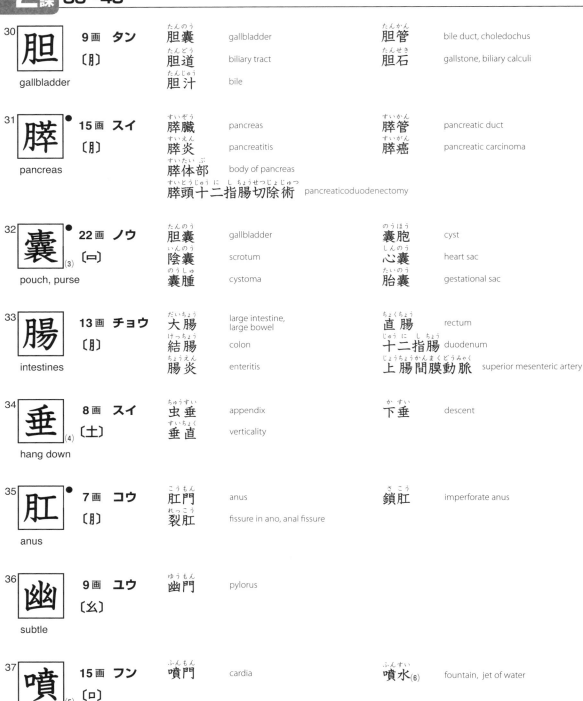

30	胆	9画 タン	胆嚢	gallbladder	胆管	bile duct, choledochus
	gallbladder	〔月〕	胆道	biliary tract	胆石	gallstone, biliary calculi
			胆汁	bile		

31	膵	15画 スイ	膵臓	pancreas	膵管	pancreatic duct
	pancreas	〔月〕	膵炎	pancreatitis	膵癌	pancreatic carcinoma
			膵体部	body of pancreas		
			膵頭十二指腸切除術	pancreaticoduodenectomy		

32	嚢	22画 ノウ	胆嚢	gallbladder	嚢胞	cyst
	pouch, purse	(3) 〔口〕	陰嚢	scrotum	心嚢	heart sac
			嚢腫	cystoma	胎嚢	gestational sac

33	腸	13画 チョウ	大腸	large intestine, large bowel	直腸	rectum
	intestines	〔月〕	結腸	colon	十二指腸	duodenum
			腸炎	enteritis	上腸間膜動脈	superior mesenteric artery

34	垂	8画 スイ	虫垂	appendix	下垂	descent
	hang down	(4) 〔土〕	垂直	verticality		

35	肛	7画 コウ	肛門	anus	鎖肛	imperforate anus
	anus	〔月〕	裂肛	fissure in ano, anal fissure		

36	幽	9画 ユウ	幽門	pylorus		
	subtle	〔玄〕				

37	噴	15画 フン	噴門	cardia	噴水(6)	fountain, jet of water
	spout	(5) 〔口〕				

---

(3) 「嚢」は「囊」と書く場合もある。→ p.10 参照

(4) 訓読みに「た‐れる」「た‐らす」がある。

(5) 訓読みに「ふ‐く」がある。

(6) 医師国家試験では「噴水様の嘔吐」のように使われる。

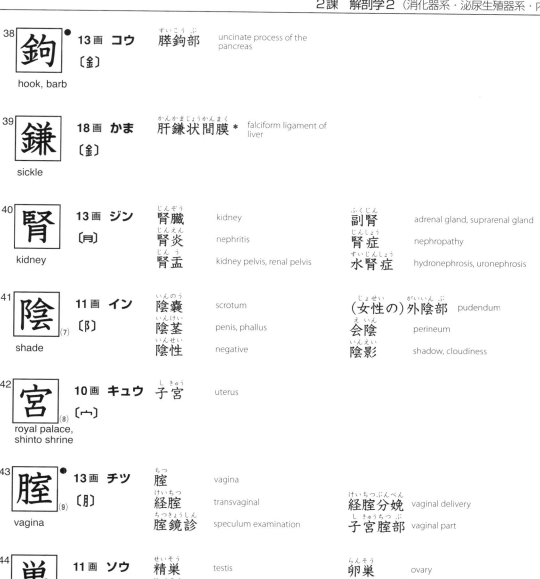

38 鉤 hook, barb	13画 コウ 〔金〕	膵鉤部 すいこうぶ	uncinate process of the pancreas		
39 鎌 sickle	18画 かま 〔金〕	肝鎌状間膜 * かんかまじょうかんまく	falciform ligament of liver		
40 腎 kidney	13画 ジン 〔月〕	腎臓 じんぞう 腎炎 じんえん 腎盂 じんう	kidney nephritis kidney pelvis, renal pelvis	副腎 ふくじん 腎症 じんしょう 水腎症 すいじんしょう	adrenal gland, suprarenal gland nephropathy hydronephrosis, uronephrosis
41 陰 shade	11画 イン (7)〔阝〕	陰嚢 いんのう 陰茎 いんけい 陰性 いんせい	scrotum penis, phallus negative	（女性の）外陰部 がいいんぶ 会陰 えいん 陰影 いんえい	pudendum perineum shadow, cloudiness
42 宮 royal palace, shinto shrine	10画 キュウ (8)〔宀〕	子宮 しきゅう	uterus		
43 腟 vagina	13画 チツ (9)〔月〕	腟 ちつ 経腟 けいちつ 腟鏡診 ちつきょうしん	vagina transvaginal speculum examination	経腟分娩 けいちつぶんべん 子宮腟部 しきゅうちつぶ	vaginal delivery vaginal part
44 巣 nest	11画 ソウ (10)〔⺍〕	精巣 せいそう 病巣 びょうそう	testis focus, lesion, nidus	卵巣 らんそう 巣状糸球体硬化症 そうじょうしきゅうたいこうかしょう	ovary focal glomerulosclerosis
45 膀 bladder	14画 ボウ 〔月〕	膀胱 ぼうこう	bladder		

(7) 訓読みに「かげ」「かげ-る」がある。

(8) 他の音読みに「グウ」「ク」、訓読みに「みや」がある。

(9) 「腟」は「膣」と書く場合もある。→ p.10 参照

(10) 訓読みに「す」がある。

46	胱 bladder	10画 コウ 〔月〕	ぼうこう 膀胱	bladder		
47	属 belong to	12画 ゾク 〔尸〕	ふ ぞく 付属 * きんぞく 金属 しょぞく 所属する	attachment, addition metal to belong to something	ふ ぞく き 付属器 きんぞくおん 金属音 しょぞく せつ 所属リンパ節	adnexa, appendages metallic sound regional lymph node
48	盂 bowl	8画 ウ 〔皿〕	じん う 腎盂	kidney pelvis, renal pelvis		
49	茎 stem	8画 ケイ 〔艹〕 くき	いんけい 陰茎 ゆうけいせい 有茎性 は ぐき 歯茎	penis, phallus pedunculated gingiva, gum, gums	ほうけい 包茎 し けい 歯茎	phimosis gingiva, gum, gums
50	亀 turtle	11画 キ 〔亀〕	き とう 亀頭	glans	き とうほう ひ えん 亀頭包皮炎	balanoposthitis
51	蹄 hoof	16画 テイ 〔⻊〕	ヘン レ けいてい Henle 係蹄	loop of Henle		
52	采 gather	8画 サイ 〔爪〕	らんかんさい 卵管采 *	fimbria ovarica, fimbria tube		
53	甲 shell	5画 コウ 〔田〕	こうじょうせん 甲状腺 けんこうこつ 肩甲骨 て こう 手の甲 *	thyroid gland, thyroid scapula back of hand	けんこう ぶ 肩甲部 あし こう 足の甲 こうかくるい 甲殻類	scapular region instep Crustacea

⑪ 訓読みに「かめ」がある。

⑫ 他の音読みに「カン」がある。

2課 練習問題

Ⅰ 下の言葉の読みを書きましょう。

① 膵管 ＿＿＿＿＿＿＿＿＿＿

② 胆囊 ＿＿＿＿＿＿＿＿＿＿

③ 幽門 ＿＿＿＿＿＿＿＿＿＿

④ 膵鉤部 ＿＿＿＿＿＿＿＿＿＿

⑤ 肝鎌状間膜 ＿＿＿＿＿＿＿＿＿＿

⑥ 副腎 ＿＿＿＿＿＿＿＿＿＿

⑦ 腟鏡診 ＿＿＿＿＿＿＿＿＿＿

⑧ 膀胱 ＿＿＿＿＿＿＿＿＿＿

⑨ 付属器 ＿＿＿＿＿＿＿＿＿＿

⑩ 腎盂 ＿＿＿＿＿＿＿＿＿＿

⑪ 陰茎 ＿＿＿＿＿＿＿＿＿＿

⑫ 亀頭 ＿＿＿＿＿＿＿＿＿＿

⑬ Henle 係蹄 ＿＿＿＿＿＿＿＿＿＿

⑭ 卵管采 ＿＿＿＿＿＿＿＿＿＿

Ⅱ 下の言葉を漢字で書きましょう。

① ぞうき ＿＿＿＿＿＿＿＿＿＿
organ

② かんえん ＿＿＿＿＿＿＿＿＿＿
hepatitis

③ たんせき ＿＿＿＿＿＿＿＿＿＿
gallstone

④ だいちょう ＿＿＿＿＿＿＿＿＿＿
large intestine

⑤ ちゅうすい ＿＿＿＿＿＿＿＿＿＿
appendix

⑥ こうもん ＿＿＿＿＿＿＿＿＿＿
anus

⑦ ふんもん ＿＿＿＿＿＿＿＿＿＿
cardia

⑧ じんぞう ＿＿＿＿＿＿＿＿＿＿
kidney

⑨ いんせい ＿＿＿＿＿＿＿＿＿＿
negative

⑩ しきゅう ＿＿＿＿＿＿＿＿＿＿
uterus

⑪ せいそう ＿＿＿＿＿＿＿＿＿＿
testis

⑫ こうじょうせん ＿＿＿＿＿＿＿＿＿＿
thyroid gland

Ⅲ 次の文に出ている漢字の読みを書きましょう。この課で学習した漢字、単語には＿＿が引いてあります。＿＿が引いてある単語は＿＿が引いてある漢字・単語といっしょになって一つの単語を作っています。意味がわからないときは自分で調べましょう。

①左精巣は腫大し強い自発痛を認める。（第111回A問題23）

②腹部臓器とリンパ節とに転移を認めない。（第111回I問題62）

③60歳時に胆嚢結石で開腹手術を受けている。（第109回A問題37）

④排便時の肛門部痛と出血とを主訴に来院した。（第110回A問題31）

⑤内視鏡検査では結腸に多発性のびらんと潰瘍とを認める。（第110回A問題59）

⑥内診で子宮は正常で、有痛性で腫大した両側付属器を触れる。（第109回D問題60）

⑦腹部超音波検査で両側水腎症と膀胱内の大量の尿貯留とを認める。（第111回I問題47）

⑧痛みは、左の肩甲下角から側胸部にかけて皮膚表面がピリピリする感じであった。（第106回B問題55-57の問題文）

⑨経腟超音波検査で子宮内に長径25mmの胎嚢と心拍動を有する胎芽とを認める。（第110回A問題26）

⑩陰嚢と陰茎の写真（●別冊No.4 A）と生検組織のH-E染色標本（●別冊No.4 B）とを別に示す。（第109回D問題24）

⑪3か月前にIb期の胃癌にて幽門側胃切除術、Billroth Ⅰ法再建術を受け、1か月ごとに定期受診していた。（第110回A問題36）

なんと読みますか。

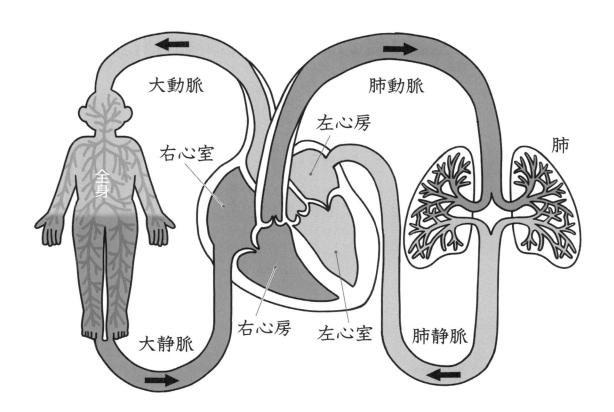

大動脈　肺動脈　左心房　右心室　肺　全身　右心房　左心室　大静脈　肺静脈

54	肺 lung	9画 ハイ 〔月〕	肺 (はい)	lung	肺炎 (はいえん)	pneumonia
			肺野 (はいや)	lung field	肺癌 (はいがん)	lung cancer
			肺胞 (はいほう)	pulmonary alveolus	肺門 (はいもん)	pulmonary hilum

55	咽 throat	9画 イン 〔口〕	咽頭 (いんとう)	pharynx, throat	咽喉頭 (いんこうとう)	pharyngolarynx
			耳鼻咽喉科 (じびいんこうか)	otorhinolaryngology	舌咽神経 (ぜついんしんけい)	glossopharyngeal nerve
			鼻咽腔 (びいんくう)	epipharynx		

29

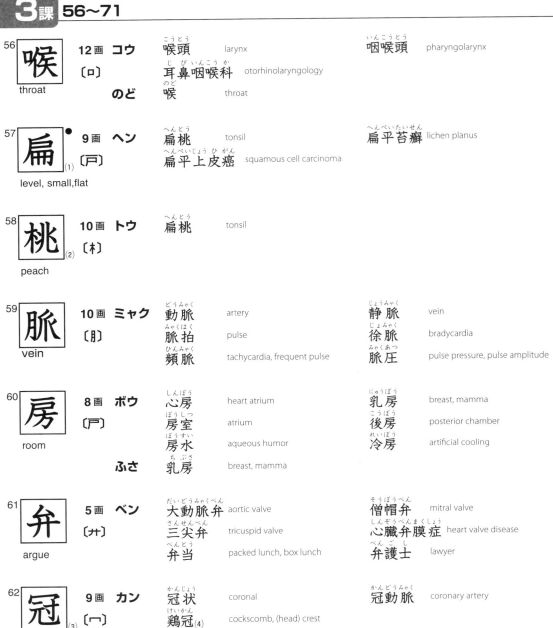

56	喉 throat	12画 コウ〔口〕	こうとう 喉頭	larynx	いんこうとう 咽喉頭	pharyngolarynx
			じびいんこうか 耳鼻咽喉科	otorhinolaryngology		
		のど	のど 喉	throat		

57	扁 level, small, flat	9画 ヘン〔戸〕(1)	へんとう 扁桃	tonsil	へんぺいたいせん 扁平苔癬	lichen planus
			へんぺいじょうひがん 扁平上皮癌	squamous cell carcinoma		

58	桃 peach	10画 トウ〔木〕(2)	へんとう 扁桃	tonsil

59	脈 vein	10画 ミャク〔月〕	どうみゃく 動脈	artery	じょうみゃく 静脈	vein
			みゃくはく 脈拍	pulse	じょみゃく 徐脈	bradycardia
			ひんみゃく 頻脈	tachycardia, frequent pulse	みゃくあつ 脈圧	pulse pressure, pulse amplitude

60	房 room	8画 ボウ〔戸〕	しんぼう 心房	heart atrium	にゅうぼう 乳房	breast, mamma
			ぼうしつ 房室	atrium	こうぼう 後房	posterior chamber
			ぼうすい 房水	aqueous humor	れいぼう 冷房	artificial cooling
		ふさ	ちぶさ 乳房	breast, mamma		

61	弁 argue	5画 ベン〔廾〕	だいどうみゃくべん 大動脈弁	aortic valve	そうぼうべん 僧帽弁	mitral valve
			さんせんべん 三尖弁	tricuspid valve	しんぞうべんまくしょう 心臓弁膜症	heart valve disease
			べんとう 弁当	packed lunch, box lunch	べんごし 弁護士	lawyer

62	冠 crown	9画 カン〔冖〕(3)	かんじょう 冠状	coronal	かんどうみゃく 冠動脈	coronary artery
			けいかん 鶏冠(4)	cockscomb, (head) crest		
		とさか	とさか 鶏冠(4)	cockscomb, (head) crest		

63	腱 tendon	13画 ケン〔月〕	けんさく 腱索	chordae tendineae	けんまく 腱膜	aponeurosis

---

(1) 「扁」は「扁」と書く場合もある。→ p.10 参照　　(2) 訓読みに「もも」がある。

(3) 訓読みに「かんむり」がある。

(4) 医師国家試験では「鶏冠状の小結節」のように形を表すために使われる。

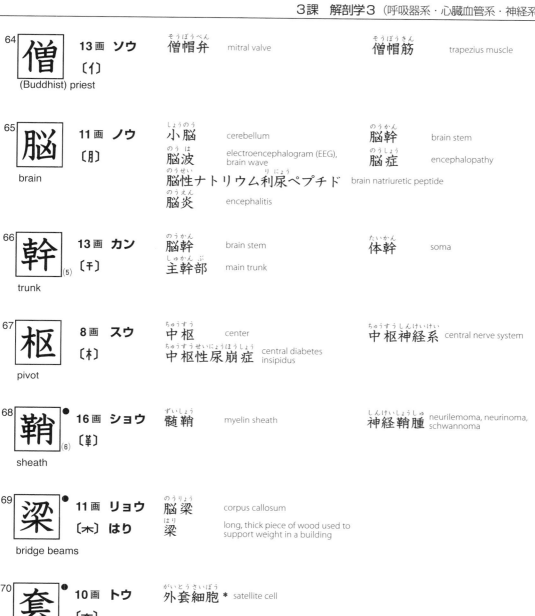

| 64 | 僧 | 13画 ソウ 〔イ〕 | 僧帽弁 (そうぼうべん) | mitral valve | 僧帽筋 (そうぼうきん) | trapezius muscle |
| | (Buddhist) priest | | | | | |

65　脳　11画　ノウ　〔月〕　brain

小脳 (しょうのう)　cerebellum
脳幹 (のうかん)　brain stem
脳波 (のうは)　electroencephalogram (EEG), brain wave
脳症 (のうしょう)　encephalopathy
脳性ナトリウム利尿ペプチド (のうせい) (りにょう)　brain natriuretic peptide
脳炎 (のうえん)　encephalitis

66　幹　13画　カン　(5)〔干〕　trunk

脳幹 (のうかん)　brain stem
体幹 (たいかん)　soma
主幹部 (しゅかんぶ)　main trunk

67　枢　8画　スウ　〔木〕　pivot

中枢 (ちゅうすう)　center
中枢神経系 (ちゅうすうしんけいけい)　central nerve system
中枢性尿崩症 (ちゅうすうせいにょうほうしょう)　central diabetes insipidus

68　鞘　16画　ショウ　(6)〔革〕　sheath

髄鞘 (ずいしょう)　myelin sheath
神経鞘腫 (しんけいしょうしゅ)　neurilemoma, neurinoma, schwannoma

69　梁　11画　リョウ　〔木〕　はり　bridge beams

脳梁 (のうりょう)　corpus callosum
梁 (はり)　long, thick piece of wood used to support weight in a building

70　套　10画　トウ　〔大〕　hackneyed

外套細胞 (がいとうさいぼう) *　satellite cell

71　眼　11画　ガン　(7)〔目〕　eye

眼瞼 (がんけん)(8)　eyelid
眼球 (がんきゅう)　eyeball, ophthalmus
眼底 (がんてい)　fundus oculi
眼振 (がんしん)　nystagmus
点眼 (てんがん)　ophthalmic administration, instillation
眼圧 (がんあつ)　intraocular pressure

（5）　訓読みに「みき」がある。

（6）　「鞘」は「鞘」と書く場合もある。→ p.10 参照

（7）　他の音読みに「ゲン」、訓読みに「まなこ」がある。

（8）　一般的には「まぶた」という。

72 瞼 ● eyelids	18画 ケン 〔目〕	眼瞼(8) がんけん	eyelid		

73 網 net	14画 モウ 〔糸〕 あみ	網膜 もうまく / 網状皮斑 もうじょうひはん / 網棚(9) あみだな	retina / livedo reticularis / baggage rack	網赤血球 もうせっけっきゅう	reticulocyte

74 瞳(10) pupil	17画 ドウ 〔目〕	瞳孔 どうこう / 散瞳 さんどう	(eye) pupil / mydriasis	縮瞳 しゅくどう	miosis

75 虹(11) rainbow	9画 コウ 〔虫〕	虹彩 こうさい	iris		

76 彩(12) coloring	11画 サイ 〔彡〕	虹彩 こうさい	iris		

77 晶 brilliant	12画 ショウ 〔日〕	水晶体 すいしょうたい / 水晶 すいしょう	crystalline lens / (rock) crystal, crystallized quartz	結晶 けっしょう	crystal

78 鼓(13) drum	13画 コ 〔鼓〕	鼓膜 こまく / 鼓室 こしつ / 鼓動 こどう	tympanic membrane / tympanum, tympanic cavity / heartbeat	鼓音 こおん / 鼓索神経 こさくしんけい	tympanic sound / chorda tympani nerve

79 蕾 ● bud	16画 ライ 〔⺾〕	味蕾* みらい	taste bud		

---

(9) 電車やバスなどにある荷物を置く棚のこと。

(10) 訓読みに「ひとみ」がある。

(11) 訓読みに「にじ」がある。

(12) 訓読みに「いろど-る」がある。

(13) 訓読みに「つづみ」がある。

3課 練習問題

答え● p.200

Ⅰ 下の言葉の読みを書きましょう。

① 咽頭 _____

② 喉 _____

③ 喉頭 _____

④ 扁桃 _____

⑤ 静脈 _____

⑥ 三尖弁 _____

⑦ 中枢 _____

⑧ 髄鞘 _____

⑨ 脳梁 _____

⑩ 外套細胞 _____

⑪ 眼瞼 _____

⑫ 虹彩 _____

⑬ 鼓膜 _____

⑭ 味蕾 _____

Ⅱ 下の言葉を漢字で書きましょう。

① はい lung _____

② どうみゃく artery _____

③ しんぼう heart atrium _____

④ だいどうみゃくべん aortic valve _____

⑤ かんじょう coronal _____

⑥ けんさく chordae tendineae _____

⑦ そうぼうきん trapezius muscle _____

⑧ のうは electroencephalogram _____

⑨ たいかん soma _____

⑩ もうまく retina _____

⑪ どうこう eye pupil _____

⑫ すいしょうたい crystalline lens _____

Ⅲ 次の文に出ている漢字の読みを書きましょう。この課で学習した漢字、単語には＿＿が引いてあります。＿＿が引いてある単語は＿＿が引いてある漢字・単語といっしょになって一つの単語を作っています。意味がわからないときは自分で調べましょう。

① 頸静脈の怒張を認めない。（第109回E　60～62問題文）

② 咽頭に軽度の発赤を認める。（第109回E問題52）

③ 冠動脈血流は再開している。（第109回E問題67）

④ 肺動脈主幹部が血栓（けっせん）により閉塞（へいそく）している。（第109回E問題67）

⑤ 子宮腔部生検の組織診（そしきしん）では扁平上皮癌である。（第109回D問題37）

⑥ 右眼の散瞳薬点眼後の前眼部写真（●別冊No.6）を別に示す。（第109回D問題26）

⑦ 再入院時の胸部エックス線写真で両側肺野に淡（あわ）いスリガラス陰影を認める。（第109回D問題29）

⑧ （前略）脳性ナトリウム利尿ペプチド〈BNP〉253pg/mL（基準18.4以下）。（第111回H33～34問題文）

⑨ 視力（しりょく）低下のため昨日、眼科を受診（じゅしん）し増殖前糖尿（ぞうしょく ぜん とうにょう）病網膜症（びょう もうまく しょう）と診断（しんだん）され、紹介されて受診（じゅしん）した。

（第109回D問題46）

⑩ 乳房超音波検査で不整形、境界不明瞭（ふめいりょう）で内部に点状の高エコースポットを伴（ともな）う低エコー

領域を認める。（第111回I問題49）

⑪ 2週前から両眼の痒（かゆ）みと眼球結膜（けつまく じゅうけつ）の充血とが生じ、改善しないため受診（じゅしん）した。矯正視力（きょうせい しりょく）は

右1.2、左1.2。左眼の上眼瞼を翻転（ほんてん）した写真（●別冊No.5）を別に示す。（第109回D問題25）

4課 解剖学4（組織・細胞など）

Anatomy 4: Cells and Tissues

なんと読みますか。

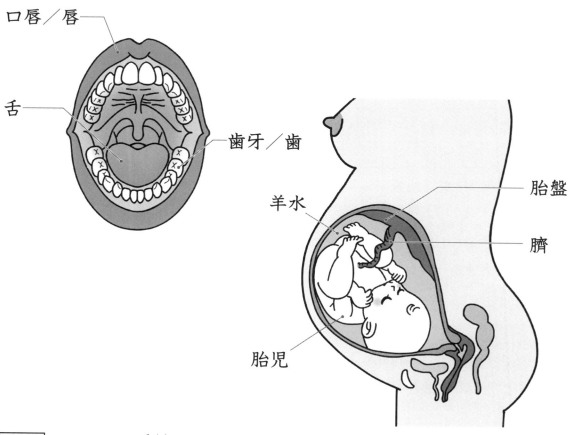

口唇／唇

舌

歯牙／歯

羊水

胎盤

臍

胎児

80

織
〔糸〕
(1)
weave

18画 シキ　組織　tissue, organization

81

粘
〔米〕
(2)
sticky

11画 ネン　粘膜　mucous membrane, tunica mucosa　　粘液　mucus, mucilage

粘稠な　viscous

（1）他の音読みに「ショク」、訓読みに「お - る」がある。

（2）訓読みに「ねば - る」がある。

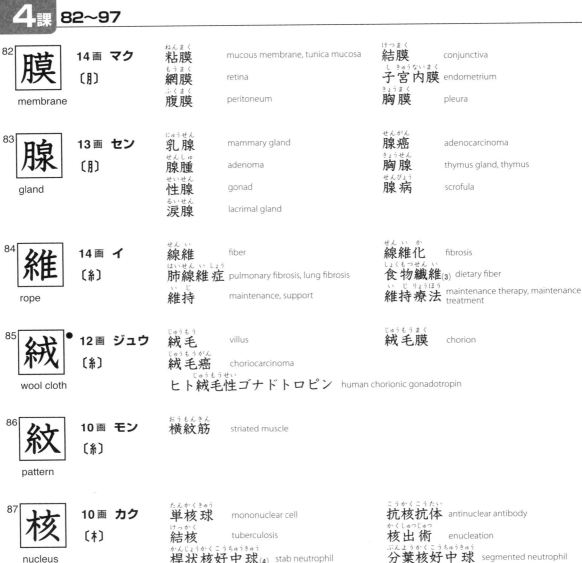

82 **膜** 14画 マク〔月〕 membrane	ねんまく 粘膜 mucous membrane, tunica mucosa もうまく 網膜 retina ふくまく 腹膜 peritoneum	けつまく 結膜 conjunctiva しきゅうないまく 子宮内膜 endometrium きょうまく 胸膜 pleura	
83 **腺** 13画 セン〔月〕 gland	にゅうせん 乳腺 mammary gland せんしゅ 腺腫 adenoma せいせん 性腺 gonad るいせん 涙腺 lacrimal gland	せんがん 腺癌 adenocarcinoma きょうせん 胸腺 thymus gland, thymus せんびょう 腺病 scrofula	
84 **維** 14画 イ〔糸〕 rope	せんい 線維 fiber はいせんいしょう 肺線維症 pulmonary fibrosis, lung fibrosis いじ 維持 maintenance, support	せんいか 線維化 fibrosis しょくもつせんい 食物繊維(3) dietary fiber いじりょうほう 維持療法 maintenance therapy, maintenance treatment	
85 **絨** 12画 ジュウ〔糸〕 wool cloth	じゅうもう 絨毛 villus じゅうもうがん 絨毛癌 choriocarcinoma じゅうもうせい ヒト絨毛性ゴナドトロピン human chorionic gonadotropin	じゅうもうまく 絨毛膜 chorion	
86 **紋** 10画 モン〔糸〕 pattern	おうもんきん 横紋筋 striated muscle		
87 **核** 10画 カク〔木〕 nucleus	たんかくきゅう 単核球 mononuclear cell けっかく 結核 tuberculosis かんじょうかくこうちゅうきゅう 桿状核好中球(4) stab neutrophil	こうかくこうたい 抗核抗体 antinuclear antibody かくしゅつじゅつ 核出術 enucleation ぶんようかくこうちゅうきゅう 分葉核好中球 segmented neutrophil	
88 **胞** 9画 ホウ〔月〕 cell	さいぼう 細胞 cell はいほう 肺胞 pulmonary alveolus ろほう 濾胞 follicle	のうほう 囊胞 cyst ほうじょうきたい 胞状奇胎 hydatidiform mole らんほう 卵胞 ovarian follicle	
89 **痰** 13画 タン〔疒〕 sputum, phlegm	たん 痰 sputum けったん 血痰 bloody sputum	かくたん 喀痰 spitting きょたんやく 去痰薬 expectorant	

(3) 「食物繊維」は「食物線維」と書く場合もある。

(4) 「桿状核好中球」は「杆状核好中球」と書く場合もある。→ p.10 参照

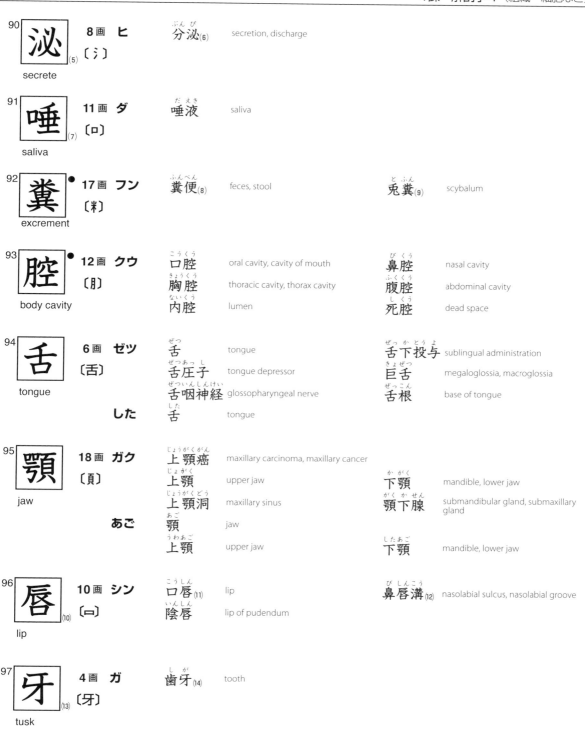

90	泌 (5)	8画 ヒ 〔氵〕	secrete	分泌(6)	secretion, discharge		

| 91 | 唾 (7) | 11画 ダ 〔口〕 | saliva | 唾液 | saliva | | |

| 92 | 糞 (●) | 17画 フン 〔米〕 | excrement | 糞便(8) | feces, stool | 兎糞(9) | scybalum |

93 腔（●）　12画　クウ〔月〕　body cavity

口腔	oral cavity, cavity of mouth	鼻腔	nasal cavity
胸腔	thoracic cavity, thorax cavity	腹腔	abdominal cavity
内腔	lumen	死腔	dead space

94 舌　6画　ゼツ〔舌〕　した　tongue

舌	tongue	舌下投与	sublingual administration
舌圧子	tongue depressor	巨舌	megaloglossia, macroglossia
舌咽神経	glossopharyngeal nerve	舌根	base of tongue
舌	tongue		

95 顎　18画　ガク〔頁〕　あご　jaw

上顎癌	maxillary carcinoma, maxillary cancer		
上顎	upper jaw	下顎	mandible, lower jaw
上顎洞	maxillary sinus	顎下腺	submandibular gland, submaxillary gland
顎	jaw		
上顎	upper jaw	下顎	mandible, lower jaw

96 唇　10画　シン〔口〕 (10)　lip

口唇(11)	lip	鼻唇溝(12)	nasolabial sulcus, nasolabial groove
陰唇	lip of pudendum		

97 牙 (13)　4画　ガ〔牙〕　tusk

歯牙(14)	tooth	

---

(5) 他の音読みに「ヒツ」がある。　　(6) 「ぶんぴつ」と読むこともある。

(7) 訓読みに「つば」がある。　　(8) 一般的には「便」「うんち」などという。

(9) 医師国家試験では「兎糞状便」のように使われる。　　(10) 訓読みに「くちびる」がある。

(11) 一般的には「唇」という。　　(12) 一般的には「ほうれい線」という。

(13) 他の音読みに「ゲ」、訓読みに「きば」がある。　　(14) 一般的には「歯」という。

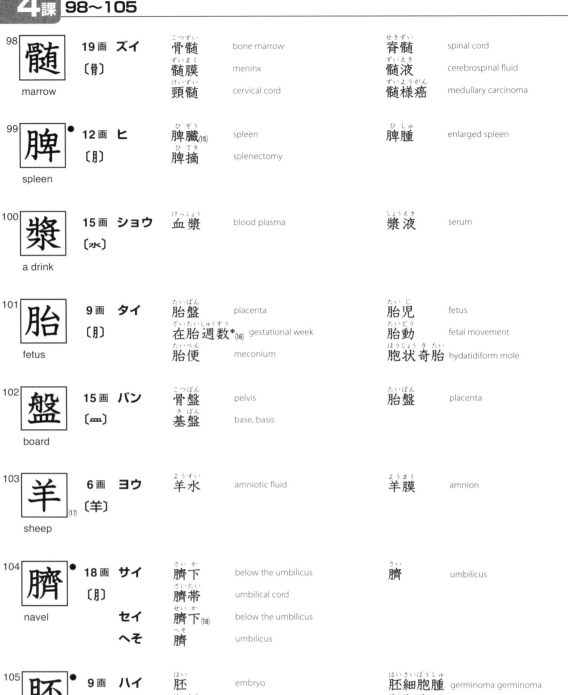

98	髄	19画 ズイ 〔骨〕	骨髄 こつずい	bone marrow	脊髄 せきずい	spinal cord
	marrow		髄膜 ずいまく	meninx	髄液 ずいえき	cerebrospinal fluid
			頸髄 けいずい	cervical cord	髄様癌 ずいようがん	medullary carcinoma

99	脾•	12画 ヒ 〔月〕	脾臓(15) ひぞう	spleen	脾腫 ひしゅ	enlarged spleen
	spleen		脾摘 ひてき	splenectomy		

100	漿	15画 ショウ 〔水〕	血漿 けっしょう	blood plasma	漿液 しょうえき	serum
	a drink					

101	胎	9画 タイ 〔月〕	胎盤 たいばん	placenta	胎児 たいじ	fetus
	fetus		在胎週数*(16) ざいたいしゅうすう	gestational week	胎動 たいどう	fetal movement
			胎便 たいべん	meconium	胞状奇胎 ほうじょうきたい	hydatidiform mole

102	盤	15画 バン 〔皿〕	骨盤 こつばん	pelvis	胎盤 たいばん	placenta
	board		基盤 きばん	base, basis		

103	羊	6画 ヨウ 〔羊〕(17)	羊水 ようすい	amniotic fluid	羊膜 ようまく	amnion
	sheep					

104	臍•	18画 サイ 〔月〕 セイ へそ	臍下 さいか	below the umbilicus	臍 さい	umbilicus
	navel		臍帯 さいたい	umbilical cord		
			臍下(18) せいか	below the umbilicus		
			臍 へそ	umbilicus		

105	胚•	9画 ハイ 〔月〕	胚 はい	embryo	胚細胞腫 はいさいぼうしゅ	germinoma germinoma
	embryo		胚葉 はいよう	germ layer germ layer	胞胚期 ほうはいき	blastula stage blastula stage

(15) 医師国家試験では「肝・脾を触知しない」というフレーズで「脾」と省略されることが多い。

(16) 医師国家試験では「在胎38週」のように使われる。　(17) 訓読みに「ひつじ」がある。

(18) 医師国家試験では「臍下2cm」のように使われる。

4課 練習問題

I 下の言葉の読みを書きましょう。

① 絨毛　_____

② 横紋筋　_____

③ 単核球　_____

④ 唾液　_____

⑤ 糞便　_____

⑥ 上顎　_____

⑦ 歯牙　_____

⑧ 脊髄　_____

⑨ 脾臓　_____

⑩ 血漿　_____

⑪ 骨盤　_____

⑫ 臍　_____

⑬ 臍帯　_____

⑭ 胚　_____

II 下の言葉を漢字で書きましょう。

① そしき　_____
tissue

② ねんえき　_____
mucus

③ ねんまく　_____
mucous membrane

④ にゅうせん　_____
mammary gland

⑤ せんい　_____
fiber

⑥ けっかく　_____
tuberculosis

⑦ さいぼう　_____
cell

⑧ たん　_____
sputum

⑨ ぶんぴ　_____
secretion

⑩ びくう　_____
nasal cavity

⑪ こうしん　_____
lip

⑫ ようすい　_____
amniotic fluid

Ⅲ 次の文に出ている漢字の読みを書きましょう。この課で学習した漢字、単語には＿＿が引いてあります。＿＿が引いてある単語は＿＿が引いてある漢字・単語といっしょになって一つの単語を作っています。意味がわからないときは自分で調べましょう。

① 臍部右横に 5cm 大の軟らかい腫瘤を触知する。（第109回C問題23）

② 喫煙歴のある者には肺癌検診で喀痰細胞診を行う。（第111回C問題7）

③ 骨髄生検ではリンパ系腫瘍細胞の浸潤がみられる。（第110回A問題33）

④ 肺動脈弁と大動脈弁とは線維性組織を隔てて隣接している。（第109回B問題32）

⑤ （前略）内視鏡下に中鼻道から上顎洞組織の生検を行った。（第107回A問題22）

⑥ 患者の唾液が付着した木製舌圧子は一般廃棄物として処理する。（第111回H問題20）

⑦ 皮膚と口腔内は乾燥している。眼瞼結膜と眼球結膜とに異常を認めない。（第111回H 37〜38問題文）

⑧ 膀胱内視鏡検査で隆起性病変は認めないが発赤した膀胱粘膜を複数認める。（第109回D問題39）

⑨ ガリウムシンチグラフィで両側顎下腺、甲状腺および膵臓に取り込みを認める。（第109回D問題41）

⑩ またヒト絨毛性ゴナドトロピン〈hCG〉は 200,000mIU/mL（基準 16,000 〜 160,000）であった。

（第110回A問題44）

⑪ 血液所見：赤血球 480 万、Hb15.5g/dL、Ht47%、白血球 8,400（桿状核好中球 30%、分葉核好中球 45%、（後略））（第111回H 37〜38問題文）

⑫ 入院後週 1 回実施している腹部超音波検査での胎児推定体重は、正常範囲内で増加している。羊水指数〈AFI〉は 1.0 〜 3.0cm（基準 5 〜 25）の間で推移している。（第110回B問題45）

疾患 1（細菌性疾患・腫瘍・筋骨格系疾患など）

Disease 1: Bacterial diseases, Tumors and Musculoskeletal disorders

なんと読みますか。

風邪／感冒

胃癌

骨粗鬆症

痔瘻

---

106 菌　11画　キン
〔艹〕
bacteria

細菌	bacteria
球菌	coccus
淋菌	Neisseria gonorrhoeae, gonococcus
除菌	sterilization, bacteria elimination

抗菌薬	antibacterial drug
真菌	fungus
桿菌	bacillus

107 桿　11画　カン
〔木〕(1)
shield, pole

桿菌	bacillus
Gram 陰性桿菌	Gram-negative bacillus

インフルエンザ桿菌　influenza bacillus

---

(1)「桿」は「杆」と書く場合もある。→ p.10 参照

108	淋	11画 リン 〔氵〕	淋菌	Neisseria gonorrhoeae, gonococcus		
	solitary, desolate					

109	株	10画 かぶ 〔木〕	耐性株	resistance strain		
	stump					

110	膿	17画 ノウ 〔月〕	膿瘍	abscess	膿疱	pustule
			排膿	pus discharge, drainage	化膿	suppuration, purulence
			膿胸	pleural empyema		
	pus	うみ	膿	pus		

111	蜂	13画 ホウ 〔虫〕 (2)	蜂窩織炎	cellulitis	蜂巣炎	cellulitis
	bee		蜂巣肺	honeycomb lung		

112	冒	9画 ボウ 〔冂〕 (3)	感冒 (4)	cold, coryza	冒頭	beginning
	cover					

113	邪	8画 ジャ 〔阝〕 ∞	邪魔	obstacle, intervention		
	evil		風邪	cold, coryza	風邪薬	cold medicine

114	痘	12画 トウ 〔疒〕	水痘	chickenpox, varicella	種痘	smallpox vaccination
	smallpox					

115	癌	17画 ガン 〔疒〕 (5)	胃癌	gastric cancer, stomach cancer	肺癌	lung cancer
			腺癌	adenocarcinoma	乳癌	breast cancer, mammary cancer
	cancer		肝癌	liver cancer	膵癌	pancreatic carcinoma

---

(2) 訓読みに「はち」がある。

(3) 訓読みに「おか‐す」がある。

(4) 一般的には「風邪」という。

(5) 「癌」は「がん」とひらがなで書かれる場合もある。

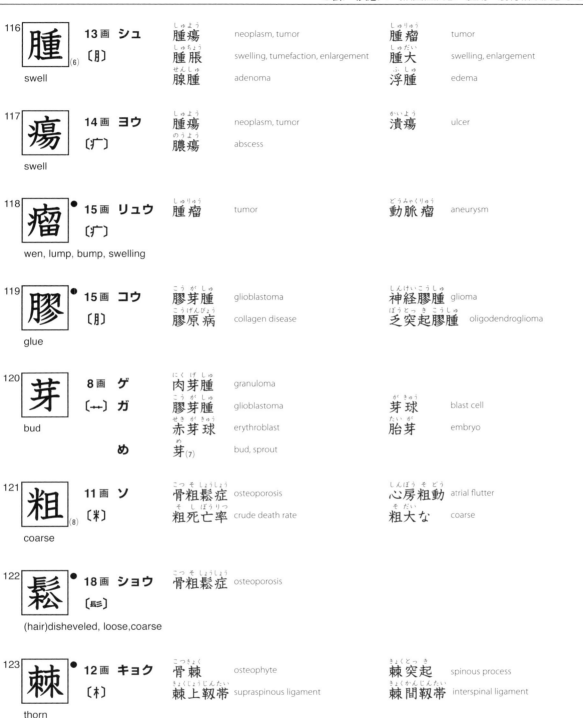

116 腫 (6) 13画 シュ 〔月〕
swell

しゅよう 腫瘍	neoplasm, tumor	しゅりゅう 腫瘤	tumor
しゅちょう 腫脹	swelling, tumefaction, enlargement	しゅだい 腫大	swelling, enlargement
せんしゅ 腺腫	adenoma	ふしゅ 浮腫	edema

117 瘍 14画 ヨウ 〔疒〕
swell

しゅよう 腫瘍	neoplasm, tumor	かいよう 潰瘍	ulcer
のうよう 膿瘍	abscess		

118 瘤 15画 リュウ 〔疒〕
wen, lump, bump, swelling

しゅりゅう 腫瘤	tumor	どうみゃくりゅう 動脈瘤	aneurysm

119 膠 15画 コウ 〔月〕
glue

こうがしゅ 膠芽腫	glioblastoma	しんけいこうしゅ 神経膠腫	glioma
こうげんびょう 膠原病	collagen disease	ぼうとっきこうしゅ 乏突起膠腫	oligodendroglioma

120 芽 8画 ゲ 〔⎯〕 ガ　め
bud

にくげしゅ 肉芽腫	granuloma		
こうがしゅ 膠芽腫	glioblastoma	がきゅう 芽球	blast cell
せきがきゅう 赤芽球	erythroblast	たいが 胎芽	embryo
め 芽 (7)	bud, sprout		

121 粗 (8) 11画 ソ 〔米〕
coarse

こつそしょうしょう 骨粗鬆症	osteoporosis	しんぼうそどう 心房粗動	atrial flutter
そしぼうりつ 粗死亡率	crude death rate	そだい 粗大な	coarse

122 鬆 18画 ショウ 〔髟〕
(hair)disheveled, loose, coarse

こつそしょうしょう 骨粗鬆症	osteoporosis

123 棘 12画 キョク 〔木〕
thorn

こつきょく 骨棘	osteophyte	きょくとっき 棘突起	spinous process
きょくじょうじんたい 棘上靱帯	supraspinous ligament	きょくかんじんたい 棘間靱帯	interspinal ligament

(6) 訓読みに「は‐れる」「は‐らす」がある。

(7) 医師国家試験では「たらの芽（aralia sprout）」「ジャガイモの新芽（potate eyes）」のように使われる。

(8) 訓読みに「あら‐い」がある。

124	拘	8画 コウ 〔扌〕	<ruby>関節拘縮<rt>かんせつこうしゅく</rt></ruby>	arthrogryposis, joint stiffness	<ruby>拘束<rt>こうそく</rt></ruby>	restriction, confinement
	capture		<ruby>身体拘束<rt>しんたいこうそく</rt></ruby>	medical restraint		

125	剛	10画 ゴウ 〔刂〕	<ruby>筋強剛<rt>きんきょうごう</rt></ruby>	muscle rigidity		
	strong					

126	弯 ● (9)	9画 ワン 〔弓〕	<ruby>(脊柱)側弯<rt>せきちゅう　そくわん</rt></ruby>	scoliosis	<ruby>(脊柱)後弯<rt>せきちゅう　こうわん</rt></ruby>	kyphosis
	curve, streching a bow		<ruby>小弯<rt>しょうわん</rt></ruby>	lesser curvature of stomach		

127	斗	4画 ト 〔斗〕	<ruby>漏斗胸<rt>ろうときょう</rt></ruby>	funnel chest, pectus excavatum		
	dipper					

128	炎 (10)	8画 エン 〔火〕	<ruby>肺炎<rt>はいえん</rt></ruby>	pneumonia	<ruby>炎症<rt>えんしょう</rt></ruby>	inflammation
	flame		<ruby>腎炎<rt>じんえん</rt></ruby>	nephritis	<ruby>肝炎<rt>かんえん</rt></ruby>	hepatitis
			<ruby>腸炎<rt>ちょうえん</rt></ruby>	enteritis, enterocolitis	<ruby>筋炎<rt>きんえん</rt></ruby>	myositis

129	痔 ●	11画 ジ 〔疒〕	<ruby>痔瘻<rt>じろう</rt></ruby>	anal fistula	<ruby>痔核<rt>じかく</rt></ruby>	hemorrhoid
	piles, hemorrhoids		<ruby>内痔核<rt>ないじかく</rt></ruby>	internal hemorrhoid		

130	瘻 ● (11)	16画 ロウ 〔疒〕	<ruby>痔瘻<rt>じろう</rt></ruby>	anal fistula	<ruby>胃瘻<rt>いろう</rt></ruby>	gastric fistula
	fistula					

131	涎 ●	10画 セン 〔氵〕	<ruby>流涎<rt>りゅうぜん</rt></ruby>	sialorrhea		
	slobber					

132	狂 (12)	7画 キョウ 〔犭〕	<ruby>狂犬病<rt>きょうけんびょう</rt></ruby>	rabies, hydrophobia		
	crazy					

---

(9) 「弯」は「彎」と書く場合もある。→ p.10 参照　　(10) 訓読みに「ほのお」がある。

(11) 「瘻」は「瘺」と書く場合もある。→ p.10 参照　　(12) 訓読みに「くる‐う」「くる‐おしい」がある。

I 下の言葉の読みを書きましょう。

① 桿菌 _____

② 淋菌 _____

③ 化膿 _____

④ 蜂窩織炎 _____

⑤ 膠原病 _____

⑥ 骨粗鬆症 _____

⑦ 骨棘 _____

⑧ 関節拘縮 _____

⑨ 筋強剛 _____

⑩（脊柱）側弯 _____

⑪ 漏斗胸 _____

⑫ 痔瘻 _____

⑬ 肉芽腫 _____

⑭ 流涎 _____

II 下の言葉を漢字で書きましょう。

① さいきん _____
bacteria

② たいせいかぶ _____
resistance strain

③ うみ _____
pus

④ かんぼう _____
coryza

⑤ かぜ _____
cold

⑥ すいとう _____
varicella

⑦ いがん _____
gastric cancer

⑧ しゅだい _____
swelling

⑨ かいよう _____
ulcer

⑩ しゅりゅう _____
tumor

⑪ しんぼうそどう _____
atrial flutter

⑫ はいえん _____
pneumonia

Ⅲ　次の文に出ている漢字の読みを書きましょう。この課で学習した漢字、単語には＿＿が引いてあります。＿＿が引いてある単語は＿＿が引いてある漢字・単語といっしょになって一つの単語を作っています。意味がわからないときは自分で調べましょう。

① 5か月時に慢性肉芽腫症と診断された。（第111回I問題60）

② 口腔ケアは術後肺炎の予防に有用である。（第109回D問題18）

③ 気管支内視鏡検査を行い腺癌の診断を得た。（第109回A問題30）

④ 下腹部に腫瘤を触れ、軽度の圧痛を認める。（第109回A問題37）

⑤ 一部の水疱が破れて浅い潰瘍を形成している。（第111回A問題23）

⑥ 深頸部膿瘍から拡がるものは重篤化しやすい。（第111回I問題39）

⑦ 20年前から両側の鼻閉があり、風邪をひくと悪化した。（第108回A問題24）

⑧ ニューキノロン系抗菌薬に対する耐性株が増加している。（第109回A問題12）

⑨ 流涎と含み声とを認める。軽度の呼吸困難はあるが喘鳴はない。（第109回A問題60）

⑩ 拘縮予防のために右肩関節を積極的に動かすよう家族に指導する。（第110回B問題46）

⑪ 1か月前に感冒様症状があり、その後、呼吸困難が増強するため受診した。（第109回A問題29）

⑫ 2か月前から体重が2kg減少し、腹痛と下痢とが改善しないため受診した。痔瘻を認める。

（第109回E問題47）

疾患 2（耳鼻咽喉疾患・神経系疾患・眼疾患）

しっかん　　　　じ　び　いんこうしっかん　　しんけいけいしっかん　　がんしっかん

Disease 2: Otorhinolaryngologic diseases, Neurological diseases and Eye diseases

なんと読みますか。

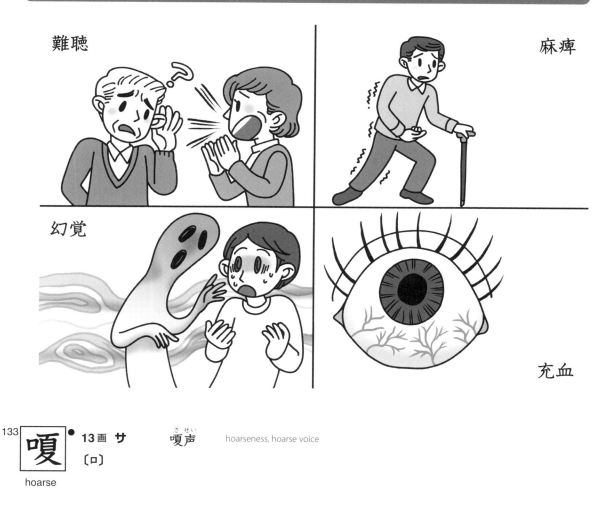

難聴

麻痺

幻覚

充血

133 嗄 hoarse	● 13画 サ 〔口〕	嗄声（させい） hoarseness, hoarse voice	
134 騒 noisy	18画 ソウ 〔馬〕 さわ-ぐ	騒音（そうおん） undesired noise 騒ぐ（さわ） to make noise	騒音性難聴（そうおんせいなんちょう） noise-induced hearing loss

135 **茸** 9画 **たけ** 鼻茸 nasal polyp, rhinopolyp
〔艹〕
mushroom

136 **聴** 17画 **チョウ**
(1) 〔耳〕
listen
難聴 hearing impairment, deafness 聴取する to hear, to listen to
聴診 auscultation 聴力 hearing, audition
聴覚 auditory perception 幻聴 auditory hallucination

137 **麻** 11画 **マ**
(2) 〔麻〕
hemp
麻痺 paralysis 麻酔 anesthesia, narcosis
蕁麻疹 urticaria, hives 麻薬 narcotic drug, dope
麻疹(3) measles, rubeola 感覚鈍麻 hypesthesia, imperception

138 **痺** 13画 **ヒ**
〔疒〕
palsy
麻痺 paralysis

139 **幻** 4画 **ゲン**
(4) 〔幺〕
phantom
幻覚 hallucination 幻視 visual hallucination
幻聴 auditory hallucination

140 **攣** 23画 **レン**
〔手〕
crooked, bent
攣縮 spasm, contraction, jerk

141 **錯** 16画 **サク**
〔金〕
mix
錯乱 confusion, bewilderment 錯語 paraphasia
錯覚 (visual) illusion

142 **痙** 12画 **ケイ**
〔疒〕
cramp
痙縮 spasticity 痙性歩行 spastic gait

---

(1) 訓読みに「き-く」がある。　　(2) 訓読みに「あさ」がある。

(3) 一般的には「はしか」という。　　(4) 訓読みに「まぼろし」がある。

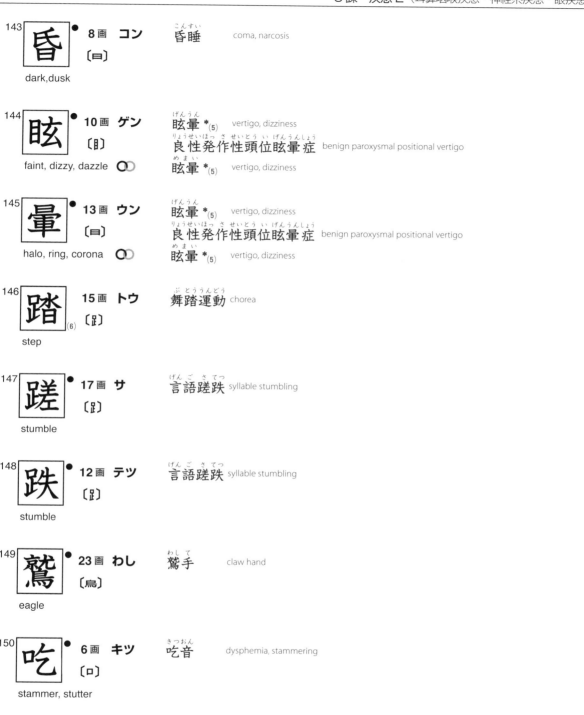

143 | **昏** | ● 8画　コン 〔日〕
dark, dusk | こんすい
昏睡 | coma, narcosis

144 | **眩** | ● 10画　ゲン 〔目〕
faint, dizzy, dazzle | げんうん
眩暈 *(5)　vertigo, dizziness
りょうせいほっさせいとういげんうんしょう
良性発作性頭位眩暈症　benign paroxysmal positional vertigo
めまい
眩暈 *(5)　vertigo, dizziness

145 | **暈** | ● 13画　ウン 〔日〕
halo, ring, corona | げんうん
眩暈 *(5)　vertigo, dizziness
りょうせいほっさせいとういげんうんしょう
良性発作性頭位眩暈症　benign paroxysmal positional vertigo
めまい
眩暈 *(5)　vertigo, dizziness

146 | **踏** | 15画　トウ (6) 〔𧿹〕
step | ぶとううんどう
舞踏運動　chorea

147 | **蹉** | ● 17画　サ 〔𧿹〕
stumble | げんごさてつ
言語蹉跌　syllable stumbling

148 | **跌** | ● 12画　テツ 〔𧿹〕
stumble | げんごさてつ
言語蹉跌　syllable stumbling

149 | **鷲** | ● 23画　わし 〔鳥〕
eagle | わして
鷲手　claw hand

150 | **吃** | ● 6画　キツ 〔口〕
stammer, stutter | きつおん
吃音　dysphemia, stammering

⑸　医師国家試験では「めまい」とひらがなで書かれている。

⑹　訓読みに「ふ‐む」「ふ‐まえる」がある。

49

---

151 視
watch
11画 シ
〔見〕

複視	ふくし	diplopia, double vision	視野	しや	visual field, field of vision
内視鏡	ないしきょう	endoscope	視力	しりょく	visual acuity
視診	ししん	inspection	遠視	えんし	hyperopia, farsightedness

152 充
fill
6画 ジュウ
(7)〔儿〕

充血	じゅうけつ	hypermia, engorgement	補充	ほじゅう	supplementation
充満する	じゅうまん	to be full of	毛細血管再充満時間	もうさいけっかんさいじゅうまんじかん	capillary refilling time (CRT)
充実	じゅうじつ	full	充実性腫瘤	じゅうじつせいしゅりゅう	solid mass

153 盲
blind
8画 モウ
〔目〕

| 夜盲 | やもう | night blindness, nyctalopia | 回盲部 | かいもうぶ | ileocecal region |
| 半盲 | はんもう | hemianopsia | 盲検 | もうけん | blank test |

154 霧
fog
19画 ム
(8)〔雨〕

| 霧視 | むし | blurred vision, nephelopsia |

155 斜
diagonal
11画 シャ
(9)〔斗〕

| 斜視 | しゃし | strabismus, squint | 内腹斜筋 | ないふくしゃきん | internal oblique muscle of abdomen |
| 斜線 | しゃせん | oblique line, slash |

156 羞
shame
11画 シュウ
〔半〕

| 羞明 | しゅうめい | photophobia |

157 閃
brandish, flash, display
10画 セン
〔門〕

| 閃輝暗点 | せんきあんてん | scintillating scotoma |

158 輝
shine
15画 キ
(10)〔車〕

| 閃輝暗点 | せんきあんてん | scintillating scotoma |

---

(7) 訓読みに「あ-てる」がある。　　(8) 訓読みに「きり」がある。

(9) 訓読みに「なな-め」がある。　　(10) 訓読みに「かがや-く」がある。

I 下の言葉の読みを書きましょう。

① 嗄声 ＿＿＿＿＿＿＿＿＿＿

② 難聴 ＿＿＿＿＿＿＿＿＿＿

③ 麻酔 ＿＿＿＿＿＿＿＿＿＿

④ 麻痺 ＿＿＿＿＿＿＿＿＿＿

⑤ 攣縮 ＿＿＿＿＿＿＿＿＿＿

⑥ 錯乱 ＿＿＿＿＿＿＿＿＿＿

⑦ 痙縮 ＿＿＿＿＿＿＿＿＿＿

⑧ 眩暈 ＿＿＿＿＿＿＿＿＿＿

⑨ 良性発作性頭位眩暈症

＿＿＿＿＿＿＿＿＿＿

⑩ 言語蹉跌 ＿＿＿＿＿＿＿＿＿＿

⑪ 鷺手 ＿＿＿＿＿＿＿＿＿＿

⑫ 吃音 ＿＿＿＿＿＿＿＿＿＿

⑬ 内視鏡 ＿＿＿＿＿＿＿＿＿＿

⑭ 羞明 ＿＿＿＿＿＿＿＿＿＿

II 下の言葉を漢字で書きましょう。

① そうおん ＿＿＿＿＿＿＿
undesired noise

② はなたけ ＿＿＿＿＿＿＿
nasal polyp

③ ちょうしゅする ＿＿＿＿＿＿＿
to hear

④ まやく ＿＿＿＿＿＿＿
dope

⑤ げんかく ＿＿＿＿＿＿＿
hallucination

⑥ さっかく ＿＿＿＿＿＿＿
visual illusion

⑦ こんすい ＿＿＿＿＿＿＿
coma

⑧ ふくし ＿＿＿＿＿＿＿
diplopia

⑨ じゅうけつ ＿＿＿＿＿＿＿
hypermia

⑩ やもう ＿＿＿＿＿＿＿
nyctalopia

⑪ むし ＿＿＿＿＿＿＿
nephelopsia

⑫ しゃし ＿＿＿＿＿＿＿
strabismus

Ⅲ 次の文に出ている漢字の読みを書きましょう。この課で学習した漢字、単語には＿＿が引いてあります。＿＿が引いてある単語は＿＿が引いてある漢字・単語といっしょになって一つの単語を作っています。意味がわからないときは自分で調べましょう。

① 症状として幻聴が特徴的である。（第111回H問題3）

②47歳時に鼻茸切除術の既往がある。（第106回A問題33）

③ 調節性内斜視の原因となるのはどれか。（第107回A問題3）

④ 右眼の充血と視力低下とを主訴に来院した。（第111回I問題77）

⑤ 胸部の聴診で coarse crackles を聴取する。（第111回I問題70）

⑥ 左上下肢に弛緩性不全麻痺と感覚低下とを認める。（第111回H問題31〜32の問題文）

⑦ 工場労働者の騒音性難聴について正しいのはどれか。（第106回B問題9）

⑧ 嗄声で声量は小さく、改訂長谷川式簡易知能評価スケールは7点（30点満点）。（第107回A問題43）

⑨ 手術所見では Treitz 靱帯の約120cm肛門側から回盲部までの小腸が壊死に陥っていた。（第106回D問題56）

⑩ 以前からしばしば悪心を伴う頭痛があり、右眼の霧視を自覚していたが特に気にしていなかった。（第111回I問題43）

⑪ 付き添ってきた友人によると数日前から嘔吐が始まり、今朝から「錯乱状態となっている」という。（第107回A問題48）

疾患3（気道疾患・心臓血管疾患など）

Disease 3: Respiratory (tract) diseases and Cardiovascular diseases

なんと読みますか。

血栓

心筋梗塞

妊娠悪阻

咳嗽

159		9画 **ガイ**	咳嗽(1)	cough	鎮咳薬	antitussive agent
	cough	〔口〕**せき**	咳	cough	咳払い	hawk

160		14画 **ソウ**	咳嗽(1)	cough		
	rinse,wash, pour on	〔口〕				

---

(1) 一般的には「咳」という。

161 喘 12画 ゼン 〔口〕
pant, gasp
ぜんめい 喘鳴 stertor, wheezing
ぜんそく 喘息 asthma
き かん し ぜんそく 気管支喘息 (bronchial) asthma

162 喀 12画 カク 〔口〕
vomit
かくたん 喀痰 spitting
かく しゅつ 喀出 expectoration
かっけつ 喀血 hemoptysis

163 窮 15画 キュウ (2) 〔穴〕
extreme
こ きゅうきゅうはくしょうこうぐん 呼吸窮迫症候群 respiratory distress syndrome (RDS)

164 呻 8画 シン 〔口〕
groan, moan
しんぎん 呻吟(3) groaning, moan

165 吟 7画 ギン 〔口〕
chant
しんぎん 呻吟(3) groaning, moan

166 崩 11画 ホウ (4) 〔山〕
crumble
にょうほうしょう 尿崩症 diabetes insipidus
じんせいにょうほうしょう 腎性尿崩症 nephrogenic diabetes insipidus
ちゅうすうせいにょうほうしょう 中枢性尿崩症 central diabetes insipidus
ずいしょうほうかい 髄鞘崩壊 myelinolysis
ほうらく 崩落する to collapse, to break and fall

167 梅 10画 バイ (5) 〔木〕
plum
ばいどく 梅毒 syphilis

168 阻 8画 ソ (6) 〔阝〕
obstruct
にんしん お そ 妊娠悪阻 hyperemesis gravidarum
そ がいやく 阻害薬 inhibitor

---

(2) 訓読みに「きわ - める」「きわ - まる」がある。

(3) 一般的には「うめき」「うめき声」という。

(4) 訓読みに「くず - れる」「くず - す」がある。

(5) 訓読みに「うめ」がある。

(6) 訓読みに「はば - む」がある。

169 consider	15画 **ケイ** 〔禾〕	<ruby>稽留流産<rt>けいりゅうりゅうざん</rt></ruby> missed abortion	<ruby>稽古<rt>けい こ</rt></ruby>(7)	practice, lesson

170 close	11画 **コウ** 〔木〕	<ruby>脳梗塞<rt>のうこうそく</rt></ruby> cerebral infarction, brain infarction	<ruby>心筋梗塞<rt>しんきんこうそく</rt></ruby>	myocardial infarction

171 close	13画 **ソク** (8) 〔土〕	<ruby>脳梗塞<rt>のうこうそく</rt></ruby> cerebral infarction, brain infarction <ruby>塞栓<rt>そくせん</rt></ruby> embolus	<ruby>心筋梗塞<rt>しんきんこうそく</rt></ruby> myocardial infarction <ruby>閉塞<rt>へいそく</rt></ruby> occulusion, obstruction, obliteration	

172 stopper	10画 **セン** 〔木〕	<ruby>塞栓<rt>そくせん</rt></ruby> embolus	<ruby>血栓<rt>けっせん</rt></ruby>	thrombus

173 cave	9画 **ドウ** (9) 〔氵〕	<ruby>洞性頻脈<rt>どうせいひんみゃく</rt></ruby> sinus tachycardia <ruby>上顎洞<rt>じょうがくどう</rt></ruby> maxillary sinus <ruby>洞停止<rt>どうていし</rt></ruby> cardiac sinus arrest	<ruby>洞調律<rt>どうちょうりつ</rt></ruby> sinus rhythm <ruby>空洞<rt>くうどう</rt></ruby> cavern	

174 悸 ● pulsate, shudder	11画 **キ** 〔忄〕	<ruby>動悸<rt>どう き</rt></ruby>	palpitation

175 state	11画 **チン** 〔阝〕	<ruby>陳旧性心筋梗塞<rt>ちんきゅうせいしんきんこうそく</rt></ruby>	old myocardial infarction

176 騎 riding on horses	18画 **キ** 〔馬〕	<ruby>大動脈騎乗<rt>だいどうみゃく き じょう</rt></ruby>	overriding of aorta

（7）芸術や武道などを習ったり練習したりすること。

（8）他の音読みに「サイ」、訓読みに「ふさ-ぐ」「ふさ-がる」がある。

（9）訓読みに「ほら」がある。

177 播 ● 15画 ハ 〔扌〕
plant. Sow

播種（はしゅ）	dissemination
播種性血管内凝固（はしゅせいけっかんないぎょうこ）	disseminated intravascular coagulation (DIC)
腹膜播種（ふくまくはしゅ）	peritoneal dissemination
思考伝播（しこうでんぱ）	broadcasting of thought

178 貪 11画 ドン (10) 〔貝〕
greed

貪食（どんしょく）	phagocytosis, englobement
貪食像（どんしょくぞう）	phagocytosis marker
血球貪食症候群（けっきゅうどんしょくしょうこうぐん）	hemophagocytic syndrome
貪食能（どんしょくのう）	phagocytic capacity

179 癆 ● 17画 ロウ 〔疒〕
addiction, pain

赤芽球癆（せきがきゅうろう）	pure red cell aplasia

180 奇 8画 キ 〔大〕
unusual

奇形（きけい）	deformity, abnormality, malformation
奇異性分裂（きいせいぶんれつ）	paradoxical splitting
奇跡（きせき）	miracle, wonder
奇胎（きたい）	mole
奇脈（きみゃく）	pulsus paradoxus

181 脚 11画 カク キャク (11) 〔月〕 あし
leg

脚気（かっけ）	beriberi
右脚ブロック（うきゃく）	right bundle branch block
立脚相（りっきゃくそう）	stance phase
むずむず脚症候群（あししょうこうぐん）	restless legs syndrome
開脚歩行（かいきゃくほこう）	widebased gait
脚本家（きゃくほんか）	scenario writer

182 耐 9画 タイ (12) 〔而〕
endure

耐糖能異常（たいとうのういじょう）	impaired glucose tolerance
耐性（たいせい）	resistance
耐久性（たいきゅうせい）	durability
乳糖不耐症（にゅうとうふたいしょう）	lactose intolerance
耐性株（たいせいかぶ）	resistance strain

183 耗 10画 モウ (13) 〔耒〕
wear out

消耗＊（しょうもう）	exhaustion, marasmus
全身性消耗性疾患（ぜんしんせいしょうもうせいしっかん）	systemic wasting disease

184 吠 ● 7画 ハイ ほ-える 〔口〕
bark, bay

犬吠様咳嗽（けんばいようがいそう）	barking cough
吠える（ほ-える）	to bark

---

(10) 訓読みに「むさぼ-る」がある。

(12) 訓読みに「た-える」がある。

(11) 他の音読みに「キャ」がある。

(13) 他の音読みに「コウ」がある。

I 下の言葉の読みを書きましょう。

①咳嗽　＿＿＿＿＿＿＿＿＿＿＿

②喘息　＿＿＿＿＿＿＿＿＿＿＿

③喀痰　＿＿＿＿＿＿＿＿＿＿＿

④呼吸窮迫症候群

　＿＿＿＿＿＿＿＿＿＿＿

⑤呻吟　＿＿＿＿＿＿＿＿＿＿＿

⑥稽留流産　＿＿＿＿＿＿＿＿＿＿＿

⑦洞性頻脈　＿＿＿＿＿＿＿＿＿＿＿

⑧陳旧性心筋梗塞

　＿＿＿＿＿＿＿＿＿＿＿

⑨大動脈騎乗　＿＿＿＿＿＿＿＿＿＿＿

⑩播種　＿＿＿＿＿＿＿＿＿＿＿

⑪貪食　＿＿＿＿＿＿＿＿＿＿＿

⑫赤芽球癆　＿＿＿＿＿＿＿＿＿＿＿

⑬脚気　＿＿＿＿＿＿＿＿＿＿＿

⑭犬吠様咳嗽　＿＿＿＿＿＿＿＿＿＿＿

II 下の言葉を漢字で書きましょう。

①にょうほうしょう　＿＿＿＿＿＿＿＿＿
diabetes insipidus

②ばいどく　＿＿＿＿＿＿＿＿＿
syphilis

③そがいやく　＿＿＿＿＿＿＿＿＿
inhibitor

④のうこうそく　＿＿＿＿＿＿＿＿＿
cerebral infarction

⑤へいそく　＿＿＿＿＿＿＿＿＿
obstruction

⑥けっせん　＿＿＿＿＿＿＿＿＿
thrombus

⑦くうどう　＿＿＿＿＿＿＿＿＿
cavernous

⑧どうき　＿＿＿＿＿＿＿＿＿
palpitation

⑨きけい　＿＿＿＿＿＿＿＿＿
deformity

⑩かいきゃくほこう　＿＿＿＿＿＿＿＿＿
widebased gait

⑪たいとうのういじょう
impaired glucose tolerance

　＿＿＿＿＿＿＿＿＿

⑫しょうもう　＿＿＿＿＿＿＿＿＿
exhaustion

Ⅲ 次の文に出ている漢字の読みを書きましょう。この課で学習した漢字、単語には＿＿が引いてあります。＿＿が引いてある単語は＿＿が引いてある漢字・単語といっしょになって一つの単語を作っています。意味がわからないときは自分で調べましょう。

① 外表に奇形を認めない。（第109回B問題43）

② 腹膜播種をきたしやすい。（第109回A問題6）

③ 喀痰細胞診で悪性細胞を認める。（第108回A問題25）

④ 右立脚時に骨盤を左側に傾ける。（第109回B問題28）

⑤ バルーンカテーテルによる血栓除去（第109回A問題34）

⑥ 生体弁は機械弁より耐久性が優れている。（第111回A問題15）

⑦ 鎮痛薬で気管支喘息を起こしたことがあった 。（第108回A問題24）

⑧ 数日前から、動悸、息苦しさ及び下腿の浮腫を自覚していた。（第108回A問題25）

⑨ 3年前に脳梗塞を発症し、その後アスピリンを内服している。（第108回A問題28）

⑩ 5日ほどで軽快した。2か月前から乾性咳嗽を自覚し同じ診療所で鎮咳薬を処方されたが

　 改善しなかった。（第108回A問題52）

⑪ 68歳で脂質異常症と骨粗鬆症とを指摘され、HMG-CoA還元酵素阻害薬と活性型ビタミン

　 Dとを服用中である。（第108回B 53〜55問題文）

疾患4（皮膚疾患）

Disease 4: Dermatosis (skin diseases)

ほかの言葉でなんと言いますか。

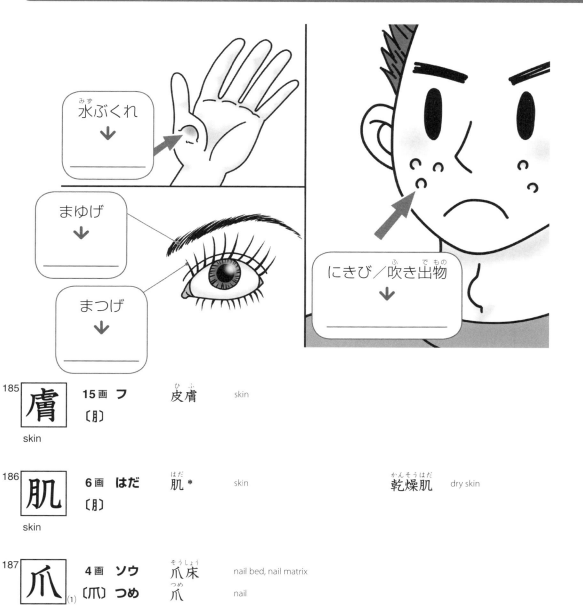

185	膚 skin	15画 フ 〔月〕	皮膚	skin

186	肌 skin	6画 はだ 〔月〕	肌 *	skin	乾燥肌	dry skin

187	爪 nail	4画 ソウ 〔爪〕 つめ (1)	爪床	nail bed, nail matrix
			爪	nail

（1）他の訓読みに「つま」がある。

188	睫	13画 ショウ 〔目〕		
	eyelashes		睫毛(2) しょうもう eyelash 睫毛(2) まつげ eyelash	睫毛反射 しょうもうはんしゃ eyelash reflex

189	眉	9画 ビ ミ まゆ 〔目〕		
	eyebrow		眉毛 びもう eyebrow 眉間 みけん glabella 眉毛 まゆげ eyebrow	眉弓 びきゅう brow ridge, supracilliary arch

190	疹	10画 シン 〔疒〕		
	measles		皮疹 ひしん exanthema 風疹 ふうしん rubella 膨疹 ぼうしん wheal	発疹 ほっしん exanthema 疱疹 ほうしん herpes 丘疹 きゅうしん papule

191	斑	12画 ハン 〔文〕		
	spot		紅斑 こうはん erythema, stigma 黄斑 おうはん macula lutea 死斑 しはん livor mortis	紫斑 しはん bruising, purpura 白斑 はくはん leukoma, leukoderma, vitiligo 母斑症 ぼはんしょう phacomatosis, phakomatosis

192	疱	10画 ホウ 〔疒〕		
	smallpox		水疱 すいほう blister 疱疹 ほうしん herpes	天疱瘡 てんぽうそう pemphigus 膿疱 のうほう pustule

193	瘡	15画 ソウ 〔疒〕		
	wound, boil		天疱瘡 てんぽうそう pemphigus Celsus 禿瘡 ケルスス とくそう kerion celsi, Celsus kerion	褥瘡 じょくそう bedsore, pressure sore 尋常性狼瘡 じんじょうせいろうそう lupus vulgaris

194	禿	7画 トク 〔禾〕		
	become bald		Celsus 禿瘡 ケルスス とくそう kerion celsi, Celsus kerion	

195	痤	12画 ザ 〔疒〕		
	swelling of the lymph glands		痤瘡(3) ざそう acne	尋常性痤瘡 じんじょうせいざそう acne vulgaris

(2) 「睫毛」は「まつ毛」と書く場合もある。

(3) 「痤瘡」は「ざ瘡」と書く場合もある。

196　痒　11画　ヨウ
〔疒〕　かゆ-い
itch
　　瘙痒(4)　そうよう　pruritus, itching
　　痒み　かゆ　pruritus, itching

197　苔　8画　タイ
〔艹〕
moss
　　苔癬　たいせん　lichen
　　白苔　はくたい　white coat

198　癬　22画　セン
〔疒〕
ringworn
　　苔癬　たいせん　lichen
　　乾癬　かんせん　psoriasis

199　蕁　15画　ジン
〔艹〕
a kind of grass
　　蕁麻疹　じんましん　urticaria, hives

200　丘　5画　キュウ
(5)〔一〕
hill
　　丘疹　きゅうしん　papule

201　鱗　24画　リン
〔魚〕
(fish)scales
　　鱗屑　りんせつ　dander, scale
　　魚鱗癬　ぎょりんせん　ichthyosis

202　屑　10画　セツ
(6)〔尸〕
rubbish, junk, trash, waste,
scraps, rags
　　鱗屑　りんせつ　dander, scale

203　痂　10画　カ
〔疒〕
scab
　　伝染性膿痂疹　てんせんせいのうかしん　impetigo contagiosa

（4）「瘙痒」は「搔痒」と書くこともある。

（5）訓読みに「おか」がある。

（6）「屑」は「屑」と書く場合もある。→ p.10 参照

204 **疣** wart	9画 **ユウ** 〔疒〕	疣贅（ゆうぜい）	wart, verruca

205 **贅** uselessness	18画 **ゼイ** 〔貝〕	疣贅（ゆうぜい）	wart, verruca	内眼角贅皮（ないがんかくぜいひ） epicanthus, epicanthic folds

206 **圭** corner, angle, edge, jewel	6画 **ケイ** 〔土〕	尖圭（せんけい）コンジローマ	condylomata acuminata

207 **狼** wolf	10画 **ロウ** 〔犭〕	尋常性狼瘡（じんじょうせいろうそう）	lupus vulgaris

208 **丹** red, red lead, pills	4画 **タン** 〔丶〕	丹毒（たんどく）	erysipelas, rose

209 **粃** empty grain husk	10画 **ヒ** 〔米〕 (7)	Gibert ばら色粃糠疹（ジベルいろひこうしん）	pityriasis rosea Gibert

210 **糠** rice bran	17画 **コウ** 〔米〕	Gibert ばら色粃糠疹（ジベルいろひこうしん）	pityriasis rosea Gibert

211 **蹠** sole of the foot	18画 **セキ** 〔足〕	掌蹠（しょうせき）	palmoplantar	掌蹠膿疱症（しょうせきのうほうしょう） palmoplantaris pustulosis

---

(7)「粃」は「秕」と書く場合もある。→ p.10 参照

I 下の言葉の読みを書きましょう。

① 睫毛　＿＿＿＿＿＿＿＿＿＿

② 眉間　＿＿＿＿＿＿＿＿＿＿

③ 発疹　＿＿＿＿＿＿＿＿＿＿

④ Celsus 禿瘡　＿＿＿＿＿＿＿＿

⑤ 痤瘡　＿＿＿＿＿＿＿＿＿＿

⑥ 瘙痒　＿＿＿＿＿＿＿＿＿＿

⑦ 苔癬　＿＿＿＿＿＿＿＿＿＿

⑧ 蕁麻疹　＿＿＿＿＿＿＿＿＿＿

⑨ 鱗屑　＿＿＿＿＿＿＿＿＿＿

⑩ 伝染性膿痂疹　＿＿＿＿＿＿＿＿

⑪ 疣贅　＿＿＿＿＿＿＿＿＿＿

⑫ 尋常性狼瘡　＿＿＿＿＿＿＿＿

⑬ Gibert ばら色粃糠疹

＿＿＿＿＿＿＿＿＿＿

⑭ 掌蹠　＿＿＿＿＿＿＿＿＿＿

II 下の言葉を漢字で書きましょう。

① ひふ　＿＿＿＿＿＿＿＿＿＿
skin, cutis

② はだ　＿＿＿＿＿＿＿＿＿＿
skin

③ つめ　＿＿＿＿＿＿＿＿＿＿
nail

④ びもう／まゆげ　＿＿＿＿＿＿＿
eyebrow

⑤ こうはん　＿＿＿＿＿＿＿＿
erythema

⑥ すいほう　＿＿＿＿＿＿＿＿
blister

⑦ てんぽうそう　＿＿＿＿＿＿＿＿
pemphigus

⑧ かゆみ　＿＿＿＿＿＿＿＿＿＿
pruritus

⑨ かんせん　＿＿＿＿＿＿＿＿
psoriasis

⑩ きゅうしん　＿＿＿＿＿＿＿＿
papule

⑪ せんけいコンジローマ
condylomata acuminata

＿＿＿＿＿＿＿＿＿＿

⑫ たんどく　＿＿＿＿＿＿＿＿
erysipelas

Ⅲ 次の文に出ている漢字の読みを書きましょう。この課で学習した漢字、単語には＿＿が引いてあります。

① 舌に白苔を認める。（第108回A問題52）

② 仙骨部に褥瘡がある。（第109回B問題1）

③ 眉間の正中にある赤い皮疹（第108回B問題26）

④ 陰嚢の経皮吸収は掌蹠に比べて低い。（第111回B問題15）

⑤ 眼瞼結膜と体幹皮膚に点状出血を認める。（第108回B問題58）

⑥ 尋常性乾癬の病理組織所見について正しいのはどれか。（第111回I問題17）

⑦ 両眼の睫毛徴候を認め、鼻唇溝は浅く、口笛を吹くまねができない。（第108回B 59〜61問題文）

⑧ 全身に痒みのない紅色丘疹が多発し、右下腿には黒褐色の痂皮が付着した紅斑を認める。

（第108回A問題51）

⑨ 直径2〜5mmの紅斑が顔、胸部、腹部および四肢に散在し、一部は水疱を伴っている。

（第108回C問題18）

⑩ 左手の写真（➡別冊No.14 A）と鱗屑の苛性カリ（KOH）直接鏡検標本（➡別冊No.14 B）とを別に示す。（第108回A問題40）

⑪ 開放創と手は油で汚染されているが、爪床はピンク色でcapillary-refilling time〈毛細血管再充満時間〉は正常範囲内である。（第109回A問題47）

9課 病理学的状態と損傷 1

Pathological state and Injury 1

なんと読みますか。

問 診 票

フリガナ		性別	□ 男性　□ 女性
お名前		生年月日	T・S・H 　　　　年　　　月　　　日

今日はどうされましたか	風邪症状	□ 熱　□ 咳　□ 鼻水　□ たん □ 喉が痛い　□ 寒気
	おなかの症状	□ 腹痛　□ 吐き気　□ 下痢　□ 便秘 □ 胃の調子が悪い　□ 食欲不振
	胸の症状	□ 胸痛　□ 胸が苦しい　□ 圧迫感 □ 動悸　□ 息苦しい
	その他の症状	□ 頭痛　□ めまい

・
・
・

---

212 **症** 〔疒〕 illness

10画　**ショウ**

しょうじょう 症状	symptom	しょうこうぐん 症候群	syndrome
はっしょう 発症	onset, crisis	えんしょう 炎症	inflammation
じゅうしょう 重症	advanced disease	じんしょう 腎症	kidney disease, nephropathy
のうしょう 脳症	encephalopathy		

213 **疾** 〔疒〕 disease

10画　**シツ**

しっかん 疾患	disease, illness, sickness	しっぺい 疾病	disease, illness, sickness

214	患 (1) 〔心〕 fall ill	11画 カン	患者 かんじゃ	patient	疾患 しっかん	disease, illness, sickness	
			患児 かんじ	child patient	罹患 りかん	sickening	
			患側 かんそく	affected side	被患率 ひかんりつ	morbidity incidence rate	

215	罹 〔罒〕 catch, get, contract	16画 リ	罹患 りかん	sickening	罹患率 りかんりつ	morbidity incidence rate
			罹病 りびょう	contraction		

216	障 (2) 〔阝〕 hinder	14画 ショウ	障害 しょうがい	disorder, damage	意識障害 いしきしょうがい	consciousness disorder, disturbance of consciousness
			感覚障害 かんかくしょうがい	sensation disorder, perceptual disorder	支障 ししょう	difficulty, obstacle
			白内障 はくないしょう	cataract	緑内障 りょくないしょう	glaucoma
			社会保障制度 しゃかいほしょうせいど	social security system	故障する こしょうする	to go wrong, to break down

217	嘔 〔口〕 nausea, vomit	14画 オウ	嘔吐 おうと	vomiting, emesis

218	吐 〔口〕 vomit	6画 ト	嘔吐 おうと	vomiting, emesis		
			吐血 とけつ	hematemesis	吐物 とぶつ	vomited matter
			制吐薬 せいとやく	antiemetic (agent)	催吐薬 さいとやく	emetic (drug)
		は-く	吐き気 はけ	nausea		

219	脱 (3) 〔月〕 take off	11画 ダツ	脱力 だつりょく	weakness	脱水 だっすい	dehydration, desiccation
			脱臼 だっきゅう	dislocation, luxation	脱毛 だつもう	hair removal, epilation
			虚脱 きょだつ	exhaustion, prostration, collapse	感覚脱失* かんかくだっしつ	anesthesia

220	振 (4) 〔扌〕 swing	10画 シン	食欲(食思)不振 しょくよく(しょくし)ふしん	anorexia, loss of appetite	眼振 がんしん	nystagmus
			振戦 しんせん	tremor, shaking, tremble	振動 しんどう	vibration
			振幅 しんぷく	amplitude		
		ふ-る	首振り くびふり	head waggling		

221	併 (5) 〔亻〕 unite	8画 ヘイ	合併する(6) がっぺい	to combine, to merge	合併症 がっぺいしょう	complication
			併用(7) へいよう	combination	併存 へいぞん	coexistance

(1) 訓読みに「わずら-う」がある。　　　　(2) 訓読みに「さわ-る」がある。

(3) 訓読みに「ぬ-ぐ」「ぬ-げる」がある　　(4) 他の訓読みに「ふ-るう」「ふ-れる」がある。

(5) 訓読みに「あわ-せる」がある。

(6) 「緑内障が糖尿病に合併する」「糖尿病が緑内障を合併する」「糖尿病に緑内障を合併する」などのように使われる。

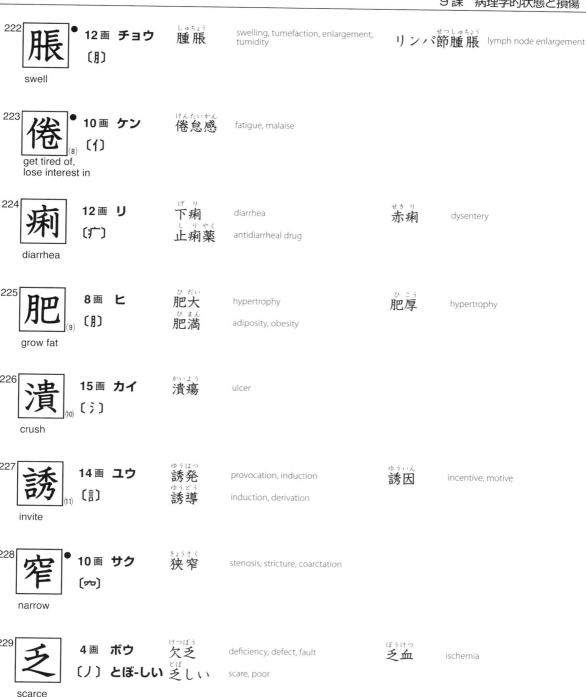

222	**脹** ● 12画 チョウ 〔月〕 swell	腫脹 しゅちょう swelling, tumefaction, enlargement, tumidity	リンパ節腫脹 せつしゅちょう lymph node enlargement
223	**倦** ● 10画 ケン (8) 〔亻〕 get tired of, lose interest in	倦怠感 けんたいかん fatigue, malaise	
224	**痢** 12画 リ 〔疒〕 diarrhea	下痢 げり diarrhea　止痢薬 しりやく antidiarrheal drug	赤痢 せきり dysentery
225	**肥** 8画 ヒ (9) 〔月〕 grow fat	肥大 ひだい hypertrophy　肥満 ひまん adiposity, obesity	肥厚 ひこう hypertrophy
226	**潰** 15画 カイ (10) 〔氵〕 crush	潰瘍 かいよう ulcer	
227	**誘** 14画 ユウ (11) 〔言〕 invite	誘発 ゆうはつ provocation, induction　誘導 ゆうどう induction, derivation	誘因 ゆういん incentive, motive
228	**窄** ● 10画 サク 〔穴〕 narrow	狭窄 きょうさく stenosis, stricture, coarctation	
229	**乏** 4画 ボウ 〔丿〕 とぼ-しい scarce	欠乏 けつぼう deficiency, defect, fault　乏しい とぼしい scare, poor	乏血 ぼうけつ ischemia

(7)「同時に2つ以上の物を使うこと」をさす。　　(8)「倦」は「倦」と書く場合もある。→ p.10 参照

(9) 訓読みに「こ-える」「こえ」「こ-やす」「こ-やし」がある。

(10) 訓読みに「つぶ-す」「つぶ-れる」がある。

(11) 訓読みに「さそ-う」がある。

230	萎 (12) 〔艹〕	11画 イ	wither	萎縮 いしゅく	atrophy		

230 萎 (12) 〔艹〕 11画 イ wither
萎縮（いしゅく） atrophy

231 虚 (13) 〔虍〕 11画 キョ empty
虚血（きょけつ） ischemia, bloodlessness
虚偽（きょぎ） deception
虚脱（きょだつ） exhaustion, prostration, collapse

232 壊 (14) 〔土〕 16画 エ カイ break
壊死（えし） necrosis, necrotizing
破壊（はかい） destruction, demolition
髄鞘崩壊（ずいしょうほうかい） myelinolysis
壊疽（えそ） gangrene
損壊（そんかい） damage, failure

233 疽 (233) 〔疒〕 10画 ソ carbuncle
壊疽（えそ） gangrene

234 瘢 (234) 〔疒〕 15画 ハン scar
瘢痕（はんこん） cicatrix, scar
瘢痕ヘルニア（はんこん） incisional hernia

235 痕 (15) 〔疒〕 11画 コン trace
圧痕（あっこん） impression, surface imprint
瘢痕（はんこん） cicatrix, scar
瘢痕ヘルニア（はんこん） incisional hernia

236 漏 (16) 〔氵〕 14画 ロウ leak
鼻漏（びろう） rhinorrhoea, nasal discharge
漏出（ろうしゅつ） defluxion
漏斗胸（ろうときょう） funnel chest, pectus excavatum
耳漏（じろう） otorrhea, ear discharge
脂漏性皮膚炎（しろうせいひふえん） seborrheic dermatitis

237 秘 (17) 〔禾〕 10画 ヒ secret
便秘（べんぴ） constipation
守秘義務（しゅひぎむ） duty of confidentiality
秘密（ひみつ） secret, privacy

238 偽 (18) 〔亻〕 11画 ギ false
偽性（ぎせい） pseudo
偽造（ぎぞう） forgery
偽膜（ぎまく） pseudomembrane
虚偽（きょぎ） deception

---

(12) 訓読みに「な‐える」がある。

(13) 他の音読みに「コ」がある。

(14) 訓読みに「こわ‐す」「こわ‐れる」がある。

(15) 訓読みに「あと」がある。

(16) 訓読みに「も‐る」「も‐れる」「も‐らす」がある。

(17) 訓読みに「ひ‐める」がある。

(18) 訓読みに「にせ」「いつわ‐る」がある。

I 下の言葉の読みを書きましょう。

①疾病 ＿＿＿＿＿＿＿＿＿＿＿

②罹患率 ＿＿＿＿＿＿＿＿＿＿＿

③嘔吐 ＿＿＿＿＿＿＿＿＿＿＿

④倦怠感 ＿＿＿＿＿＿＿＿＿＿＿

⑤下痢 ＿＿＿＿＿＿＿＿＿＿＿

⑥潰瘍 ＿＿＿＿＿＿＿＿＿＿＿

⑦狭窄 ＿＿＿＿＿＿＿＿＿＿＿

⑧萎縮 ＿＿＿＿＿＿＿＿＿＿＿

⑨虚血 ＿＿＿＿＿＿＿＿＿＿＿

⑩壊疽 ＿＿＿＿＿＿＿＿＿＿＿

⑪瘢痕 ＿＿＿＿＿＿＿＿＿＿＿

⑫圧痕 ＿＿＿＿＿＿＿＿＿＿＿

⑬鼻漏 ＿＿＿＿＿＿＿＿＿＿＿

⑭偽性 ＿＿＿＿＿＿＿＿＿＿＿

II 下の言葉を漢字で書きましょう。

①しょうじょう ＿＿＿＿＿＿＿＿
symptom

②かんかくしょうがい
sensation disorder

＿＿＿＿＿＿＿＿

③はきけ ＿＿＿＿＿＿＿＿
nausea

④だつりょく ＿＿＿＿＿＿＿＿
weakness

⑤しょくよく（しょくし）ふしん
anorexia

＿＿＿＿＿＿＿＿

⑥がっぺいしょう ＿＿＿＿＿＿＿＿
complication

⑦しゅちょう ＿＿＿＿＿＿＿＿
swelling

⑧ひだい ＿＿＿＿＿＿＿＿
hypertrophy

⑨ゆうはつ ＿＿＿＿＿＿＿＿
provocation

⑩けつぼう ＿＿＿＿＿＿＿＿
deficiency

⑪えし ＿＿＿＿＿＿＿＿
necrosis

⑫べんぴ ＿＿＿＿＿＿＿＿
constipation

Ⅲ 次の文に出ている漢字の読みを書きましょう。この課で学習した漢字、単語には＿＿が引いてあります。＿＿が引いてある単語は＿＿が引いてある漢字・単語といっしょになって一つの単語を作っています。意味がわからないときは自分で調べましょう。

① 息切れと食欲不振とを主訴に来院した。（第106回A問題42）

② 胸腺腫には重症筋無力症を合併する。（第108回A問題4）

③ 分娩後の頭痛と視野障害を主訴に来院した。（第108回A問題34）

④ 左手関節部の腫脹と疼痛を主訴に来院した。（第108回A問題48）

⑤ 上下肢とも筋萎縮と感覚障害とを認めない。（第108回B 59〜61の問題文）

⑥ 全身倦怠感、発熱および左季肋部違和感を主訴に来院した。（第108回A問題29）

⑦ 今朝、朝食中に右上下肢の脱力感と構音障害とが出現した。（第108回C問題21）

⑧ 12歳の息子が最近同一疾患を発症したことが疑われている。（第108回A問題31）

⑨ 食事摂取は良好であり、悪心や嘔吐はなく便通も正常である。（第108回A問題28）

⑩ ある地域における成人男性の肺癌罹患数は1年間に600名である。（第108回B問題40）

⑪ 60歳ころから、明らかな誘因なく隣家の男性が家の中を覗いていると言うようになり、警察に相談することがあった。（第108回A問題39）

病理学的状態と損傷2

Pathological state and Injury 2

なんと読みますか。

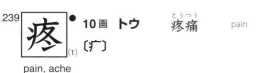
怪我の一例

打撲

熱傷

脱臼

---

239 **疼** 〔疒〕
(1)
pain, ache

10画 **トウ**

疼痛 （とうつう） pain

---

240 **叩** 〔口〕
strike, beat,hit, knock

5画 **コウ**

叩打 （こうだ） percussion

叩打痛 （こうだつう） knocking pain

(1) 「疼」は「疼」と書く場合もある。→ p.10 参照

241 **鈍** 12画 ドン
(2)〔釒〕
dull

鈍痛 <ruby>鈍痛<rt>どんつう</rt></ruby> dull pain   鈍化 <ruby>鈍化<rt>どんか</rt></ruby> blunting

感覚鈍麻 <ruby>感覚鈍麻<rt>かんかくどんま</rt></ruby> hypesthesia, imperception

242 **跳** 13画 チョウ
(3)〔足〕 は-ねる
jump

反跳痛 <ruby>反跳痛<rt>はんちょうつう</rt></ruby> rebound tenderness

跳ねる <ruby>跳<rt>は</rt></ruby>ねる to jump

243 **疝** •8画 セン
〔疒〕
abdominal pain

疝痛 <ruby>疝痛<rt>せんつう</rt></ruby>(4) colic, colicky pain

244 **蒼** •13画 ソウ
〔艹〕
blue, pale

蒼白 <ruby>蒼白<rt>そうはく</rt></ruby> pallor, discoloration

245 **敏** 10画 ビン
〔攵〕
nimble

過敏 <ruby>過敏<rt>かびん</rt></ruby> erethism   過敏性肺炎 <ruby>過敏性肺炎<rt>かびんせいはいえん</rt></ruby> hypersensitivity pneumonia

過敏性腸症候群 <ruby>過敏性腸症候群<rt>かびんせいちょうしょうこうぐん</rt></ruby> irritable bowel syndrome   敏感な <ruby>敏感<rt>びんかん</rt></ruby>な sensitive

246 **憩** 16画 ケイ
(5)〔心〕
rest

憩室 <ruby>憩室<rt>けいしつ</rt></ruby> diverticulum   休憩 <ruby>休憩<rt>きゅうけい</rt></ruby> rest

247 **癒** 18画 ユ
(6)〔疒〕
cure

癒着 <ruby>癒着<rt>ゆちゃく</rt></ruby> tissue adhesion, synechia   治癒 <ruby>治癒<rt>ちゆ</rt></ruby> healing, cure

癒合 <ruby>癒合<rt>ゆごう</rt></ruby> adhesion, union

248 **疸** •10画 タン
〔疒〕
jaundice

黄疸 <ruby>黄疸<rt>おうだん</rt></ruby> jaundice

---

(2) 訓読みに「にぶ-い」「にぶ-る」がある。   (3) 他の訓読みに「と-ぶ」がある。

(4) 「<ruby>疝痛<rt>せんつう</rt></ruby>」は「仙痛」と書く場合もある。   (5) 訓読みに「いこ-い」「いこ-う」がある。

(6) 訓読みに「い-える」「い-やす」がある。

| 249 | 滲
(7)〔氵〕
soak in, permeate | 14画 シン | しんしゅつ
滲出 | extravasation, exudation, effusion | しんしゅつせいちゅうじえん
滲出性中耳炎 otitis media with effusion |
| | | | しんしゅつえき
滲出液 | exudate, effusion | |

| 250 | 捻
〔扌〕
twist | 11画 ネン
ひね-る | ねんてん
捻転 | torsion abnormality, rotation,
volvulus | |
| | | | ひね
捻る | to twist, to bend | |

| 251 | 嵌
〔山〕
fit into, fall into | 12画 カン | かんとん
嵌頓 | incarceration, impaction,
strangulation | かんとん
ヘルニア嵌頓 strangulation of hernia |
| | | | かんにゅう
嵌入 | impaction | |

| 252 | 頓
〔頁〕
prostrate | 13画 トン | かんとん
嵌頓 | incarceration, impaction,
strangulation | かんとん
ヘルニア嵌頓 strangulation of hernia |
| | | | とんぷく
頓服 | dose of medicine to be taken only
once | |

| 253 | 跛
〔𧾷〕
lameness | 12画 ハ | はこう
跛行 | animal lameness, claudication | |
| | | | かんけつせいはこう
間欠性跛行 | intermittent claudication,
claudicatio intermittens | |

| 254 | 痩
(8)〔疒〕
thin | 12画 や-せる | や
痩せ | emaciation, thinness | や
痩せる to lose weight |

| 255 | 酪
〔酉〕
whey | 13画 ラク | かんらくえし
乾酪壊死(9) | caseous necrosis | |
| | | | ひかんらくせいるいじょうひさいぼうにくげしゅ
非乾酪性類上皮細胞肉芽腫 | noncaseating epithelioid cell granuloma | |

| 256 | 溢
(10)〔氵〕
overflow, flow over | 13画 イツ | いっけつ
溢血 | extravasation | いつにゅう
溢乳 lactorrhea |

---

(7)「滲」は「滲」と書く場合もある。→ p.10 参照

(9)「乾酪」は「チーズ」をさす。

(8) 音読みに「ソウ」がある。

(10)「溢」は「溢」と書く場合もある。→ p.10 参照

257	傷 (11) 〔亻〕 wound	13画 ショウ	外傷 (がいしょう) injury, trauma	損傷 (そんしょう) injury, damage, lesion
			受傷する (じゅしょう) to be injured	熱傷 (ねっしょう) burn, thermal injury, scalding
			裂傷 (れっしょう) laceration, tear	挫傷 (ざしょう) contusion, crush injury, strain

258	裂 (12) 〔衣〕 tear	12画 レツ	断裂 (だんれつ) rupture, laceration	破裂 (はれつ) rupture, laceration, explosion
			裂傷 (れっしょう) laceration, tear	食道裂孔 (しょくどうれっこう) esophageal hiatus
			支離滅裂 (しりめつれつ) incoherent, inconsistent	滅裂思考 (めつれつしこう) inconsistent thought

| 259 | 挫 〔扌〕 sprain | 10画 ザ | 挫創 (ざそう) contused wound | 挫傷 (ざしょう) contusion, crush injury, strain |
| | | | 挫滅創 (ざめつそう) crushed wound | |

260	創 (13) 〔刂〕 create	12画 ソウ	挫創 (ざそう) contused wound	創部 (そうぶ) wounded area, injury part
			創傷 (そうしょう) wound, injury	刺創 (しそう) stab wound
			切創 (せっそう) incised wound	創面 (そうめん) wound surface

| 261 | 撲 〔扌〕 give a blow | 15画 ボク | 打撲 (だぼく) blow, bruise, contusion | 撲滅 (ぼくめつ) eradication, extermination |

| 262 | 怪 (14) 〔忄〕 mysterious | 8画 ケ | 怪我 (けが) injury, wound | |

| 263 | 臼 (15) 〔臼〕 mortar, hand mill | 6画 キュウ | 脱臼 (だっきゅう) dislocation, luxation | 臼歯 (きゅうし) cheek tooth |

| 264 | 溺 (16) 〔氵〕 drown | 13画 デキ | 溺水 (できすい) near drowning | 溺死 (できし) drowning |

---

(11) 訓読みに「きず」「いた‐む」「いた‐める」がある。　(12) 訓読みに「さ‐く」「さ‐ける」がある。

(13) 訓読みに「つく‐る」がある。　(14) 音読みに「カイ」、訓読みに「あや‐しい」「あや‐しむ」がある。

(15) 訓読みに「うす」がある。　(16) 訓読みに「おぼ‐れる」がある。

10課 練習問題

I 下の言葉の読みを書きましょう。

① 蒼白 ＿＿＿＿＿＿＿＿＿＿＿

② 癒着 ＿＿＿＿＿＿＿＿＿＿＿

③ 黄疸 ＿＿＿＿＿＿＿＿＿＿＿

④ 滲出 ＿＿＿＿＿＿＿＿＿＿＿

⑤ 捻転 ＿＿＿＿＿＿＿＿＿＿＿

⑥ 捻る ＿＿＿＿＿＿＿＿＿＿＿

⑦ 嵌頓 ＿＿＿＿＿＿＿＿＿＿＿

⑧ 跛行 ＿＿＿＿＿＿＿＿＿＿＿

⑨ 痩せる ＿＿＿＿＿＿＿＿＿＿＿

⑩ 溢血 ＿＿＿＿＿＿＿＿＿＿＿

⑪ 損傷 ＿＿＿＿＿＿＿＿＿＿＿

⑫ 支離滅裂 ＿＿＿＿＿＿＿＿＿＿＿

⑬ 挫創 ＿＿＿＿＿＿＿＿＿＿＿

⑭ 溺水 ＿＿＿＿＿＿＿＿＿＿＿

II 下の言葉を漢字で書きましょう。

① とうつう ＿＿＿＿＿＿＿＿＿
pain

② こうだ ＿＿＿＿＿＿＿＿＿
percussion

③ どんつう ＿＿＿＿＿＿＿＿＿
dull pain

④ はんちょうつう ＿＿＿＿＿＿＿＿＿
rebound tenderness

⑤ せんつう ＿＿＿＿＿＿＿＿＿
colicky pain

⑥ かびん ＿＿＿＿＿＿＿＿＿
erethism

⑦ けいしつ ＿＿＿＿＿＿＿＿＿
diverticulum

⑧ がいしょう ＿＿＿＿＿＿＿＿＿
injury

⑨ だんれつ ＿＿＿＿＿＿＿＿＿
rupture

⑩ そうしょう ＿＿＿＿＿＿＿＿＿
wound

⑪ だぼく ＿＿＿＿＿＿＿＿＿
bruise

⑫ だっきゅう ＿＿＿＿＿＿＿＿＿
dislocation

Ⅲ 次の文に出ている漢字の読みを書きましょう。この課で学習した漢字、単語には＿＿が引いてあります。＿＿が引いてある単語は＿＿が引いてある漢字・単語といっしょになって一つの単語を作っています。意味がわからないときは自分で調べましょう。

① 筋性防御と反跳痛とは認めない。（第108回B問題43）

② 右肋骨脊柱角に叩打痛を認める。（第108回A問題46）

③ 感覚過敏を伴うことが特徴である。（第109回D問題3）

④ 腱断裂の診断で腱移行術が施行された。（第109回A問題51）

⑤ 顔面は蒼白で、皮膚は冷たく湿潤している。（第108回B問題　56〜58の問題文）

⑥ 腹筋を緊張させると疼痛と圧痛とは増強する。（第108回A問題28）

⑦ 手関節部以外に外傷はなく、他に治療中の疾患はない。（第108回A問題48）

⑧ 右母指から環指橈側にかけて軽度の感覚鈍麻を認め、二点識別覚10mm以上である。

（第109回A問題46）

⑨ 頭部と顔面とに打撲痕が認められ、鼻腔と口腔から呼気時に血液があふれ出てきている。

（第109回C問題24）

⑩ 不慮の事故のうち、「交通事故」、「転倒・転落」、「溺死及び溺水」、「窒息」、「中毒」の5種類における死亡数の年次推移を図に示す。（第109回B問題5）

⑪ 3週前にバスケットボールで着地した際に左膝を捻って受傷した21歳の男性の連続した左膝関節部MRIのT2強調矢状断像（➡別冊No.1 A、B）を別に示す。（第110回A問題5）

なんと読みますか。

排泄

排便

排尿

悪寒戦慄

陣痛

---

265 挙 raise, all	10画 キョ 〔手〕 (1) あ-げる	挙上 きょじょう 挙筋 きょきん 挙げる あ	lifting, elevation levator to raise, to list	挙児希望 きょじきぼう 選挙 せんきょ	desire to bear children election
266 旋 gyrate	11画 セン 〔方〕	回旋 かいせん 外旋 がいせん	rotation external rotation	内旋 ないせん	internal rotation

---

（1）他の訓読みに「あ-がる」がある。

267	摩 rub	15画 マ 〔手〕	摩擦 まさつ	friction		
268	擦 rub	17画 サツ (2) 〔扌〕	擦過 さっか	scraping, abrasion, scratch	摩擦 まさつ	friction
269	融 fuse	16画 ユウ 〔虫〕	融解 ゆうかい	melting, liquefaction	横紋筋融解症 おうもんきんゆうかいしょう	rhabdomyolysis
270	謝 thank, apologize	17画 シャ (3) 〔言〕	代謝 たいしゃ	metabolism	謝罪 しゃざい	apology
271	遺 leave behind	15画 イ (4) 〔辶〕	遺伝 いでん / 遺族 いぞく / 胎盤遺残 たいばんいざん	heredity, inheritance / bereaved family / retained placenta, retention of placenta	後遺症 こういしょう / 遺書 いしょ / 遺尿 いにょう	sequela, late effect / suicide note, testament / enuresis
272	劣 inferior	6画 レツ 〔力〕 おと-る	劣性遺伝 れっせいいでん / 劣る * おと	recessive inheritance / to be inferior (to)		
273	弛 slacken, loosen, relax	6画 シ 〔弓〕	弛緩 しかん	relaxation	弛張熱 しちょうねつ	remittent fever
274	殖 increase	12画 ショク (5) 〔歹〕	増殖 ぞうしょく / 生殖 せいしょく	growth, proliferation / reproduction	生殖器 せいしょくき	reproductive organ, genitals
275	慄 fear, shudder	13画 リツ 〔忄〕	戦慄 せんりつ	shaking	悪寒戦慄 おかんせんりつ	shivering, shaking chill, trembling

(2) 訓読みに「す - る」「す - れる」がある。　　(3) 訓読みに「あやま - る」がある。

(4) 他の音読みに「ユイ」がある。　　(5) 訓読みに「ふ - える」「ふ - やす」がある。

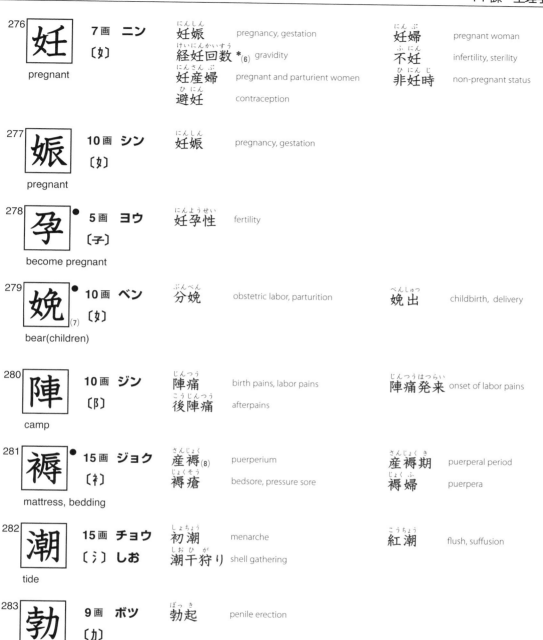

276 妊 7画 ニン 〔女〕 pregnant

にんしん
妊娠　pregnancy, gestation
にんぷ
妊婦　pregnant woman
けいにんかいすう
経妊回数 *(6)　gravidity
ふにん
不妊　infertility, sterility
にんさんぷ
妊産婦　pregnant and parturient women
ひにんじ
非妊時　non-pregnant status
ひにん
避妊　contraception

277 娠 10画 シン 〔女〕 pregnant

にんしん
妊娠　pregnancy, gestation

278 孕 5画 ヨウ 〔子〕 become pregnant

にんようせい
妊孕性　fertility

279 娩 10画 ベン 〔女〕(7) bear(children)

ぶんべん
分娩　obstetric labor, parturition
べんしゅつ
娩出　childbirth, delivery

280 陣 10画 ジン 〔阝〕 camp

じんつう
陣痛　birth pains, labor pains
じんつうはつらい
陣痛発来　onset of labor pains
こうじんつう
後陣痛　afterpains

281 褥 15画 ジョク 〔衤〕 mattress, bedding

さんじょく
産褥(8)　puerperium
さんじょくき
産褥期　puerperal period
じょくそう
褥瘡　bedsore, pressure sore
じょくふ
褥婦　puerpera

282 潮 15画 チョウ 〔氵〕 しお tide

しょちょう
初潮　menarche
こうちょう
紅潮　flush, suffusion
しおひがり
潮干狩り　shell gathering

283 勃 9画 ボツ 〔力〕 suddenness, rise

ぼっき
勃起　penile erection

(6) 医師国家試験では「〜回経妊」という形で使われる。0回の場合は「未経妊」とも言う。

(7)「娩」は「娩」と書く場合もある。→ p.10

(8)「産褥〜日」の形でも使われる。

284 **排** 11画 ハイ〔扌〕 exclude	はいにょう 排尿 urination	はいせつ 排泄 excretion
	はいべん 排便 defecation, bowel movement	はいのう 排膿 pus discharge, drainage
	はいえき 排液 drainage	はいらん 排卵 ovulation
	はいしゅつ 排出 extrusion, efflux	

285 **泄**・ 8画 セツ〔氵〕 leak	はいせつ 排泄 excretion	はいせつしょうがい 排泄障害 elimination disorder
	ふ かんじょうせつ 不感蒸泄 insensible water loss	

286 **潜** 15画 セン (9)〔氵〕 dive	せんけつ 潜血 occult blood	せんぶくき き かん 潜伏期(間) latency period, incubation period
	せんじ 潜時 latency	せんざいてき 潜在的な potential
	せんすい 潜水 diving	

287 **凝** 16画 ギョウ (10)〔冫〕 solidify	ぎょうこ 凝固 solidification, coagulation, curdling	ぎょうけつ 凝血 blood coagulation, blood clotting
	ぎょうしゅう 凝集 agglutination, coagulation	ぎょうし 凝視する to stare at, to gaze at

288 **駆** 14画 ク (11)〔馬〕 gallop	く しゅつ 駆出 ejection	く しゅつりつ 駆出率 ejection fraction
	く けつたい 駆血帯 tourniquet	く し 駆使する to make full use of

289 **循** 12画 ジュン〔彳〕 circulate	じゅんかん 循環 circulation	じゅんかんけつえきりょう 循環血液量 circulating blood volume
	じゅんかん ふ ぜん 循環不全 circulatory failure	じゅんかんき 循環器 circulatory organ

290 **抵** 8画 テイ〔扌〕 reach	ていこう 抵抗 resistance	はいけっかんていこう 肺血管抵抗 pulmonary vascular resistance
	ていこうせい インスリン抵抗性 insulin resistance	き どうていこう 気道抵抗 airway resistance

291 **渇** 11画 カツ (12)〔氵〕 thirsty	こうかつ 口渇 thirst	こ かつ 枯渇 depletion

---

(9) 訓読みに「ひそ-む」「もぐ-る」がある。　(10) 訓読みに「こ-る」「こ-らす」がある。

(11) 訓読みに「か-ける」「か-る」がある。　(12) 訓読みに「かわ-く」がある。

Ⅰ 下の言葉の読みを書きましょう。

① 回旋　_____

② 擦過　_____

③ 融解　_____

④ 弛緩　_____

⑤ 増殖　_____

⑥ 戦慄　_____

⑦ 妊娠　_____

⑧ 妊孕性　_____

⑨ 産褥　_____

⑩ 初潮　_____

⑪ 潮干狩り　_____

⑫ 勃起　_____

⑬ 排泄　_____

⑭ 凝固　_____

Ⅱ 下の言葉を漢字で書きましょう。

① きょじょう　_____
lifting

② まさつ　_____
friction

③ たいしゃ　_____
metabolism

④ こういしょう　_____
sequela

⑤ れっせいいでん　_____
recessive inheritance

⑥ ぶんべん　_____
obstetric labor

⑦ じんつう　_____
birth pains

⑧ はいにょう　_____
urination

⑨ せんけつ　_____
occult blood

⑩ くしゅくりつ　_____
ejection fraction

⑪ じゅんかん　_____
circulation

⑫ ていこう　_____
resistance

Ⅲ 次の文に出ている漢字の読みを書きましょう。この課で学習した漢字、単語には＿＿が引いてあります。＿＿が引いてある単語は＿＿が引いてある漢字・単語といっしょになって一つの単語を作っています。意味がわからないときは自分で調べましょう。

① 産褥3〜10日頃に発症する。（第111回H問題3）

② 手の挙上など簡単な命令には応じる。（第111回C 26〜27の問題文）

③ 妊娠38週3日に陣痛発来のため入院した。（第111回I問題80）

④ インスリン抵抗性を主病態とする2型糖尿病（第110回B問題36）

⑤ 会話をしている間は患者の目を凝視し続ける。（第111回H問題11）

⑥ 在胎26週、出生体重980gで経腟分娩で出生した。（第111回I問題75）

⑦ 筋力は正常だがアキレス腱反射で弛緩相の遅延を認める。（第107回A問題43）

⑧ 血清Na値とCl値の差の開大は代謝性アルカローシスと判断できる。（第111回H問題19）

⑨ 病変部の擦過物とコンタクトレンズ保存液の塗抹検鏡検査でGram陰性桿菌が検出された。

（第111回I問題52）

⑩ 近くから自筆の遺書が発見され、病苦が原因の自殺であること、対外的には病死として処理して欲しいことなどが記されていた。（第111回C問題20）

⑪ 胸部の聴診でⅡ音の奇異性分裂、Ⅲ音およびⅣ音を認め、胸骨右縁第2肋間を最強点とするⅣ／Ⅵの収縮期駆出性雑音を聴取し、頸部への放散を認める。（第109回A問題51）

Physiological phenomena 2

なんと読みますか。

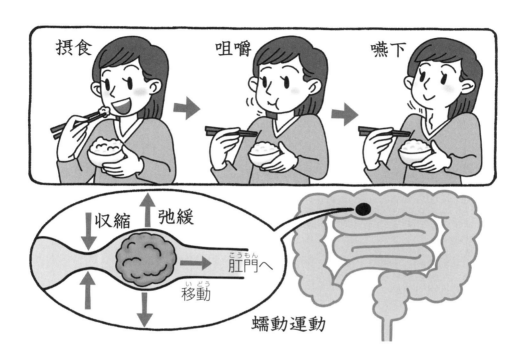

摂食　咀嚼　嚥下

収縮　弛緩

肛門へ（こうもん）

移動（いどう）

蠕動運動

| 292 摂 | 13画 **セツ** 〔扌〕 | 摂取（せっしゅ）| intake, uptake | 摂食（せっしょく）| eating, food intake |

take

| 293 嚥 | 19画 **エン** 〔口〕 | 嚥下（えんげ）| deglutition, swallowing | 誤嚥（ごえん）| aspiration |

swallow

| 294 哺 | 10画 **ホ** 〔口〕 | 哺乳（ほにゅう）| loctation, suckling | 哺育（ほいく）| suckling, nursing (at the breast) |
| | | 哺育器（ほいくき）(1) | infant incubator | | |

hold in the mouth

(1)「哺育器（ほいくき）」は「保育器」と書く場合もある。

295 **蠕** ● 20画 ゼン
〔虫〕
crawling(of a worm), squirming, moving

蠕動運動(2) peristalsis
蠕動亢進 hyperperistalsis
腸蠕動 intestinal peristalsis

296 **萌** ● 11画 ホウ
〔艹〕
sprout, bud

(歯の)萌出 (tooth) eruption

297 **啜** ● 11画 テツ
〔口〕
sip, suck up

吸啜反射 sucking reflex, suckling reflex

298 **咀** ● 8画 ソ
〔口〕
bite, eat

咀嚼 mastication, chewing

299 **嚼** ● 21画 シャク
〔口〕
bite, gnaw, chew, gear with

咀嚼 mastication, chewing

300 **飢** ●(3) 10画 キ
〔食〕
starve

飢餓 starvation, hunger

301 **餓** ● 15画 ガ
〔食〕
starve

飢餓 starvation, hunger

302 **射** ●(4) 10画 シャ
〔寸〕
shoot

反射 reflex
放射線 ray
照射 radiation, irradiation
放射 radiation
注射 injection, shot
射精 ejaculation

---

(2)「蠕動運動」は単に「蠕動」という場合もある。

(3) 訓読みに「う‐える」がある。

(4) 訓読みに「い‐る」がある。

303	緊	15画 キン〔糸〕	緊張	tone, tension	筋緊張	muscle tonus, muscle tone
	tighten		緊張性気胸	tension pneumothorax	緊満	distention
			緊急	emergency	緊急手術	emergency operation

304	仰 (5)	6画 ギョウ あお-ぐ 〔イ〕	仰臥位(6)	supine position		
	look up		仰向け	supine position		

305	臥	8画 ガ〔臣〕	臥位	recumbent position, decubitus	仰臥位(6)	supine position
	bend down, bow down, lie prostrate		側臥位(7)	lateral position, side position	腹臥位(8)	prone position
			臥床	recumbency		

306	姿 (9)	9画 シ〔女〕	姿勢	posture	姿位	posture
	figure					

307	握 (10)	12画 アク〔扌〕	把握	grasp, holding	握力	hand strength
	grasp		握雪感	snowgrasping sense		

308	免 (11)	8画 メン〔儿〕	免疫	immunity, immunization	免荷	relief, load limit
	exempt		免震構造	seismic isolation structure	免許	license

309	疫 (12)	9画 エキ〔疒〕	免疫	immunity, immunization	疫学	epidemiology
	epidemic		防疫対策	preventive measures	検疫所	quarantine station

310	己 (13)	3画 コ〔己〕	自己	self, autologous	自己抗体	autoantibody
	oneself		自己免疫	autoimmunity	自己導尿	self-catheterization
			利己主義	selfishness, egoism		

---

(5) 他の音読みに「コウ」、他の訓読みに「おお‐せ」がある。　(6) 一般的には「仰向け」という。
(7) 一般的には「横向き」などという。　(8) 一般的には「うつ伏せ」という。
(9) 訓読みには「すがた」がある。　(10) 訓読みには「にぎ‐る」がある。
(11) 訓読みには「まぬか‐れる／まぬが‐れる」がある。　(12) 他の音読みに「ヤク」がある。
(13) 他の音読みに「キ」、訓読みに「おのれ」がある。

311	菲	11画 ヒ 〔艹〕	菲薄化	thinning			
	thin, inferior						

312	輻	16画 フク 〔車〕	輻湊(14)	convergence	輻湊反射	convergence reflex
			輻湊反応	convergence reaction	輻湊訓練	convergence training
	spoke (of a wheel)					

313	湊	12画 ソウ 〔氵〕	輻湊(14)	convergence	輻湊反射	convergence reflex
			輻湊反応	convergence reaction	輻湊訓練	convergence training
	harbor, port					

| 314 | 輳 | 16画 ソウ 〔車〕 | 輻輳(15) | convergence |
| | gather | | | |

| 315 | 瞬 | (16) 18画 シュン 〔目〕 | 瞬目 | blinking, wink |
| | moment | | | |

316	縮	(17) 17画 シュク 〔糸〕	収縮	contraction	萎縮	atrophy
			短縮	shortening	縮瞳	miosis, pupil constriction
	shrink		拘縮	contracture	縫縮術	plication
			攣縮	spasm, contraction, jerk		

317	臭	(18) 9画 シュウ 〔自〕	悪臭	fetor, stench	酸臭	acid smell
			異臭	stink, off-flavor	臭気	odor
	bad smell					

| 318 | 嗅 | (19) 13画 キュウ 〔口〕 | 嗅覚 | olfactory perception, sense of smell | 嗅球 | olfactory bulb |
| | sniff | | | | | |

---

(14)「輻湊」は「輻輳」と書く場合もある。　　(15)「輻輳」は「輻湊」と書く場合もある。

(16) 訓読みに「またた - く」がある。

(17) 訓読みに「ちぢ - む」「ちぢ - まる」「ちぢ - める」「ちぢ - れる」「ちぢ - らす」がある。

(18) 訓読みに「くさ - い」「にお - う」がある。　　(19) 訓読みに「か - ぐ」がある。

I 下の言葉の読みを書きましょう。

① 嚥下 _____

② 蠕動運動 _____

③ 吸啜反射 _____

④ 咀嚼 _____

⑤ 飢餓 _____

⑥ 反射 _____

⑦ 緊急手術 _____

⑧ 仰向け _____

⑨ 臥位 _____

⑩ 把握 _____

⑪ 免疫 _____

⑫ 菲薄化 _____

⑬ 輻湊反射 _____

⑭ 萎縮 _____

II 下の言葉を漢字で書きましょう。

① せっしゅ _____
uptake

② ほにゅう _____
breast feeding

③ ほうしゅつ _____
eruption

④ ちゅうしゃ _____
injection

⑤ きんちょう _____
tone

⑥ ぎょうがい _____
supine position

⑦ しせい _____
posture

⑧ あくりょく _____
hand strength

⑨ えきがく _____
epidemiology

⑩ じздこうたい _____
autoantibody

⑪ しゅんもく _____
blinking

⑫ きゅうかく _____
olfaction

Ⅲ 次の文に出ている漢字の読みを書きましょう。この課で学習した漢字、単語には＿＿が引いてあ
ります。＿＿が引いてある単語は＿＿が引いてある漢字・単語といっしょになって一つの単語を
作っています。意味がわからないときは自分で調べましょう。

① 開口は 25mm で嚥下困難を認めた。（第 108 回 A 問題 56）

② 医療費の自己負担割合は 3 割である。（第 108 回 B 問題 4）

③ 体動は活発で鳴き声は強く哺乳も良好である。（第 109 回 B 問題 43）

④ 診察室には前かがみの姿勢で入ってきた。（第 108 回 A 問題 28）

⑤ HBs 抗体含有免疫グロブリン製剤を投与する。（第 109 回 C 問題 17）

⑥ 乳房は緊満し乳頭刺激により乳汁の分泌を認める。（第 108 回 B 問題 45）

⑦ 大量被ばく後の放射線障害で、最も遅く発現するのはどれか。（第 108 回 A 問題 10）

⑧ 摂取エネルギーと塩分とを制限する食事療法と運動療法とを開始した。（第 108 回 A 問題 54）

⑨ 我が国の感染症対策において発生数の全数把握を行っているのはどれか。（第 109 回 B 問題 7）

⑩ 皮膚切開予定部位の消毒のため仰臥位となったところ、3 分後に悪心を訴えた。（第 109 回 A 問

題 21）

⑪ 四肢の筋トーヌスは低下し、四肢体幹筋の素早い収縮による不随意運動があり、歩行時に

著明になる。（第 108 回 A 問題 31）

（　）にどのような言葉が入りますか。

陥没（　　　）

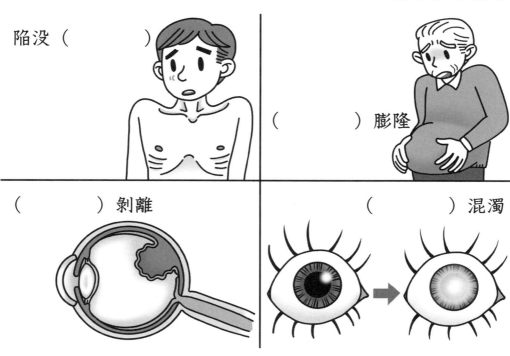

（　　　）膨隆

（　　　）剥離

（　　　）混濁

319 態 state	14画 タイ 〔心〕	状態(1) じょうたい	condition	病態 びょうたい	pathophysiology, disease state
		動態(2) どうたい	dynamics	態度 たいど	attitude, comportment
		形態(3) けいたい	form, shape	本態性 ほんたいせい	essential

320 良 (4)〔艮〕 good	7画 リョウ	不良 ふりょう	bad (poor) quality	再生不良性貧血 さいせいふりょうせいひんけつ	aplastic anemia, hypoplastic anemia
		良性 りょうせい	benign	良好 りょうこう	good, satisfactory

321 鎖 (5)〔釒〕 chain	18画 サ	閉鎖 へいさ	obstruction, occlusion	鎖骨 さこつ	clavicle
		連鎖 れんさ	chain, linkage	連鎖球菌 れんさきゅうきん	streptococcus
		胸鎖乳突筋 きょうさにゅうとつきん	sternocleidomastoid muscle	鎖肛 さこう	imperforate anus, anal atresia

(1) 医師国家試験では「栄養状態」「健康状態」「平衡状態」などのように使われる。

(2) 医師国家試験では「人口動態」「薬物動態」などのように使われる。

(3) 医師国家試験では「形態異常」「食事形態」などのように使われる。

(4) 訓読みに「よ - い」、特殊読みに「ら（奈良 なら など）」がある。　　(5) 訓読みに「くさり」がある。

322	隆 prosper	11画 リュウ 〔阝〕	膨隆（ぼうりゅう） distention, bulge 隆起（りゅうき） elevation, bulge, eminence, tuber	腹部膨隆（ふくぶぼうりゅう） abdominal swelling	

323 弾（6） 〔弓〕 flip　12画 ダン

弾性（だんせい） elasticity　弾性硬（だんせいこう） elastic hard
弾性包帯（だんせいほうたい） elastic bandage　弾性ストッキング（だんせい） compression stocking

324 濁（7） 〔氵〕 get muddy　16画 ダク

混濁（こんだく） opacity, cloudiness　硝子体混濁（しょうしたいこんだく） vitreous opacity
角膜混濁（かくまくこんだく） corneal opacity　濁音（だくおん） dull percussion sound, dull sound
白濁する（はくだく） to become clouded

325 陥（8） 〔阝〕 fall into　10画 カン

陥凹（かんおう） excavation, impression, indentation　視神経乳頭陥凹（ししんけいにゅうとうかんおう） excavation of optic nerve head
眼球陥凹（がんきゅうかんおう） enophthalmos
陥没（かんぼつ） retraction　陥没呼吸（かんぼつこきゅう） retractive breathing
注意欠陥多動性障害（ちゅういけっかんたどうせいしょうがい） attention deficit hyperactivity disorder (ADHD)
陥入（かんにゅう） invagination

326 没 〔氵〕 sink　7画 ボツ

陥没（かんぼつ） retraction　陥没呼吸（かんぼつこきゅう） retractive breathing

327 曝● 〔日〕 bleach, refine,expose,air　19画 バク

曝露（9）（ばくろ） exposure, exposition

328 露（10） 〔雨〕 dew　21画 ロ

曝露（9）（ばくろ） exposure, exposition　悪露（おろ） lochia
赤色悪露（せきしょくおろ） lochia rubra　露出（ろしゅつ） exposure, denudation
発露（はつろ） crowning

329 滑（11） 〔氵〕 slide, smooth　13画 カツ

平滑な（へいかつ） smooth　平滑筋（へいかつきん） smooth muscle
滑膜（かつまく） synovial membrane, synovium　滑車神経（かっしゃしんけい） trochlear nerve

---

(6) 訓読みに「ひ‐く」「はず‐む」「たま」がある。
(7) 訓読みに「にご‐る」「にご‐す」がある。
(8) 訓読みに「おちい‐る」「おとしい‐れる」がある。
(9) 「曝」は「暴」の字を書く場合もある。
(10) 他の音読みに「ロウ」、訓読みに「つゆ」がある。
(11) 他の音読みに「コツ」、訓読みに「すべ‐る」「なめ‐らか」がある。

330 滞 (12)〔氵〕13画 タイ　stay
精神遅滞／精神発達遅滞　mental retardation (deficiency)
うっ滞　stasis, retention
ＩＣＧ停滞率　ICG retention rate
滞在　stay
滞続言語　stehende Redensarten, verbal stereotypy

331 伏 (13)〔亻〕6画 フク　prostrate
潜伏期(間)　latency period, incubation period
大伏在静脈　great saphenous vein

332 蓄 (14)〔艹〕13画 チク　save
蓄尿　collection of urine
蓄積　storage, accumulation
前房蓄膿　hypopyon

333 衡 (15)〔行〕16画 コウ　balance
均衡　concordance
児頭骨盤不均衡　cephalopelvic disproportion
不均衡　disproportion, discordance
平衡　balance, equilibrium

334 穏 (15)〔禾〕16画 オン　mild
静穏な　calm, quiet
不穏　restless

335 飽 (16)〔飠〕13画 ホウ　satiate
飽和　saturation
不飽和鉄結合能　unsaturated iron binding capacity
酸素飽和度　oxygen saturation

336 衰 (17)〔衣〕10画 スイ　decline
衰弱　marasmus, debility
老衰　geromarasmus, senility

337 剝 (18)〔刂〕10画 ハク　peel off
剝離　dessection, avulsion, detachment
網膜剝離　retinal detachment
内視鏡的粘膜下層剝離術　endoscopic submucosal dissection
常位胎盤早期剝離　premature separation of normally implanted placenta

(12) 訓読みに「とどこお - る」がある。
(13) 訓読みに「ふ - せる」「ふ - す」がある。
(14) 訓読みに「たくわ - える」がある。
(15) 訓読みに「おだ - やか」がある。
(16) 訓読みに「あ - きる」「あ - かす」がある。
(17) 訓読みに「おとろ - える」がある。
(18) 訓読みに「は - がす」「は - ぐ」「は - がれる」「は - げる」がある。「剝」は「剥」と書く場合もある。→ p.10 参照

338 縊 ● 16画 イ 〔糸〕 縊頸 いっけい (suicide by) hanging　　縊首 いしゅ (suicide by) hanging
strangle (a person) to death

339 稠 ● 13画 チョウ 〔禾〕 粘稠な ねんちょう viscous
density

340 篤 16画 トク 〔馬〕 重篤な じゅうとく (19) severe, serious
kind, serious(illness)

341 覆 18画 フク 〔襾〕 被覆 ひふく covering, dressing
(20)
overturn, cover

342 酩 ● 13画 メイ 〔酉〕 酩酊 めいてい drunkenness, inebriation
sweet sake

343 酊 ● 9画 テイ 〔酉〕 酩酊 めいてい drunkenness, inebriation
intoxication

344 巧 5画 コウ 〔工〕 巧緻性 こうちせい motor skill
(21)
skill

345 緻 16画 チ 〔糸〕 巧緻性 こうちせい motor skill
minute

---

(19) 「重篤な呼吸困難 じゅうとく こきゅうこんなん」などのように使われる。

(20) 訓読みに「おお‐う」「くつがえ‐す」「くつがえ‐る」がある。

(21) 訓読みに「たく‐み」がある。

Ⅰ 下の言葉の読みを書きましょう。

① 鎖骨　＿＿＿＿＿＿＿＿＿

② 腹部膨隆　＿＿＿＿＿＿＿＿＿

③ 角膜混濁　＿＿＿＿＿＿＿＿＿

④ 陥凹　＿＿＿＿＿＿＿＿＿

⑤ 曝露　＿＿＿＿＿＿＿＿＿

⑥ 悪露　＿＿＿＿＿＿＿＿＿

⑦ 均衡　＿＿＿＿＿＿＿＿＿

⑧ 剝離　＿＿＿＿＿＿＿＿＿

⑨ 縊頸　＿＿＿＿＿＿＿＿＿

⑩ 粘稠な　＿＿＿＿＿＿＿＿＿

⑪ 重篤な　＿＿＿＿＿＿＿＿＿

⑫ 被覆　＿＿＿＿＿＿＿＿＿

⑬ 酩酊　＿＿＿＿＿＿＿＿＿

⑭ 巧緻性　＿＿＿＿＿＿＿＿＿

Ⅱ 下の言葉を漢字で書きましょう。

① じょうたい　＿＿＿＿＿＿＿＿＿
condition

② ふりょう　＿＿＿＿＿＿＿＿＿
bad quality

③ へいさ　＿＿＿＿＿＿＿＿＿
obstruction

④ だんせい　＿＿＿＿＿＿＿＿＿
elasticity

⑤ だくおん　＿＿＿＿＿＿＿＿＿
dull percussion sound

⑥ かんぼつ　＿＿＿＿＿＿＿＿＿
retraction

⑦ へいかつきん　＿＿＿＿＿＿＿＿＿
smooth muscle

⑧ せいしんちたい　＿＿＿＿＿＿＿＿＿
mental retardation

⑨ せんぷくき　＿＿＿＿＿＿＿＿＿
incubation period

⑩ ちくにょう　＿＿＿＿＿＿＿＿＿
collection of urine

⑪ ほうわ　＿＿＿＿＿＿＿＿＿
saturation

⑫ すいじゃく　＿＿＿＿＿＿＿＿＿
marasmus

Ⅲ 次の文に出ている漢字の読みを書きましょう。この課で学習した漢字、単語には___が引いてあります。___が引いてある単語は___が引いてある漢字・単語といっしょになって一つの単語を作っています。意味がわからないときは自分で調べましょう。

① 大泉門の膨隆を認めない。（第106回A問題55）

② 陰部神経は蓄尿に関与する。（第106回B問題5）

③ 潜伏期間は4〜6か月である。（第107回A問題17）

④ いずれも弾性硬で圧痛はない。（第106回A問題23）

⑤ 石綿曝露歴があったことを示す。（第111回A問題10）

⑥ 病態把握のために最も重要な検査はどれか。（第106回B問題50）

⑦ 身体診察で胸鎖乳突筋の筋緊張亢進を認める。（第106回I問題54）

⑧ リンパ節は表面平滑、軟で、圧痛なく可動性良好である。（第106回A問題45）

⑨ この患者の酸塩基平衡状態の診断として正しいのはどれか。（第106回B問題59）

⑩ 早朝に自宅敷地内の倉庫で梁にロープを掛け、縊頸した状態で発見された。（第111回C問題20）

⑪ 腹部は膨隆し、打診では仰臥位から左側臥位への体位変換で濁音境界が移動する。（第106回B

問題 49〜51の問題文）

なんと読みますか。

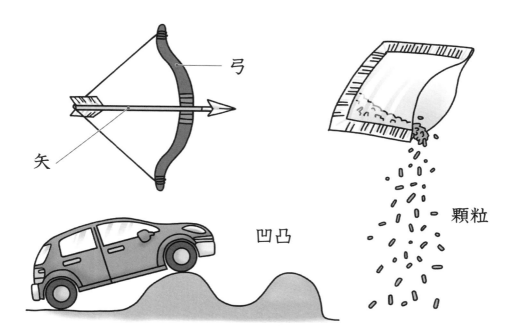

弓

矢

凹凸

顆粒

---

346 **坦** ● **8画 タン**
〔土〕
level, wide

平坦な へいたん flat, even, level

---

347 **孔** **4画 コウ**
〔孑〕
hole

瞳孔 どうこう	pupil	穿孔 せんこう	trephination, perforation
裂孔 れっこう	tear	卵円孔 らんえんこう	foramen ovale
鼻孔 びこう	nostrils, nares	耳孔 じこう	acoustid opening, ear hole

---

348 **屈** **8画 クツ**
〔尸〕
bend

屈曲 くっきょく	flexion	背屈 はいくつ	dorsiflexion, dorsal flexion
前屈 ぜんくつ	anteflexion, flexion	後屈 こうくつ	retroflexion, recurvation
底屈 ていくつ	plantar flexion	屈筋 くっきん	flexor

349	蓋 〔艹〕(1) lid	13画 ガイ	口蓋 (こうがい)	palate	頭蓋 (とうがい)	skull, cranium
			膝蓋 (しつがい)	patella	後腟円蓋 (こうちつえんがい)	posterior vaginal fornix

350	尖 〔小〕 be pointed, be sharp	6画 セン	心尖部 (しんせんぶ)	apex of heart, cardiac apex	心尖拍動 (しんせんはくどう)	apex beat, cardiac impulse
			三尖弁 (さんせんべん)	tricuspid valve	尖圭コンジローマ (せんけい)	condylomata acuminata
			舌尖 (ぜつせん)	tip of tongue	大動脈弁尖 (だいどうみゃくべんせん)	cusp of aortic valve
			尖足変形 (せんそくへんけい)	equinus deformity		

351	索 〔糸〕 cable	10画 サク	側索 (そくさく)	lateral funiculus, lateral cord	腱索 (けんさく)	chordae tendineae
			検索 (けんさく)	detection, retrieval, search	精索静脈瘤 (せいさくじょうみゃくりゅう)	varicocele
			索条痕 (さくじょうこん)	rope marks	鼓索神経 (こさくしんけい)	chorda tympani nerve

352	弓 〔弓〕 bow	3画 キュウ	弓 (きゅう)	arch, bow	肋骨弓 (ろっこつきゅう)	costal arch
			大動脈弓 (だいどうみゃくきゅう)	aortic arch	椎弓 (ついきゅう)	vertebral arch
			眉弓 (びきゅう)	brow ridge, supracilliary arch		
		ゆみ	弓 (ゆみ)	arch, bow		

353	矢 〔矢〕 arrow	5画 シ	矢状断像 (しじょうだんぞう)	sagittal section image	矢状縫合 (しじょうほうごう)	sagittal suture
			上矢状静脈洞 (じょうしじょうじょうみゃくどう)	superior sagittal sinus		
		や	矢印 (やじるし)	arrow head, arrow		

354	顆 〔頁〕 a grain(of rice etc.), small round object, clod of earth	17画 カ	顆粒 (かりゅう)	granule	顆粒球 (かりゅうきゅう)	granulocyte
			顆粒円柱 (かりゅうえんちゅう)	granular cylinder, granular cast	上腕骨顆上骨折 (じょうわんこつかじょうこっせつ)	supracondylar humerus fractures

355	粒 〔米〕 grain	11画 リュウ	顆粒 (かりゅう)	granule	顆粒球 (かりゅうきゅう)	granulocyte
			顆粒円柱 (かりゅうえんちゅう)	granular cylinder, granular cast	粒子 (りゅうし)	grain, particle
			粟粒 (ぞくりゅう)	miliary, grain of millet	砂粒状石灰化 (さりゅうじょうせっかいか)	psammomatous calcifications
		つぶ	粟粒 (あわつぶ)	miliary, grain of millet		

356	凹 〔凵〕 hollow, sunken	5画 オウ	陥凹 (かんおう)	excavation, impression, indentation	凹凸 (おうとつ)	irregularity, convexoconcave
			凹足 (おうそく)	talipes cavus, pes cavus, hollow foot		

---

(1) 訓読みに「ふた」がある。

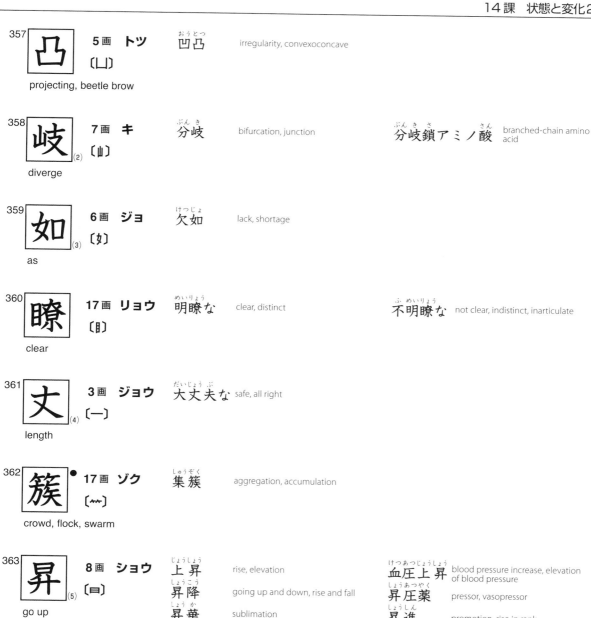

357	凸	5画 トツ 〔凵〕	凹凸（おうとつ）	irregularity, convexoconcave		
projecting, beetle brow						
358	岐	7画 キ (2) 〔山〕	分岐（ぶんき）	bifurcation, junction	分岐鎖アミノ酸（ぶんきさアミノさん）	branched-chain amino acid
diverge						
359	如	6画 ジョ (3) 〔女〕	欠如（けつじょ）	lack, shortage		
as						
360	瞭	17画 リョウ 〔目〕	明瞭な（めいりょうな）	clear, distinct	不明瞭な（ふめいりょうな）	not clear, indistinct, inarticulate
clear						
361	丈	3画 ジョウ (4) 〔一〕	大丈夫な（だいじょうぶな）	safe, all right		
length						
362	簇	17画 ゾク 〔竹〕	集簇（しゅうぞく）	aggregation, accumulation		
crowd, flock, swarm						
363	昇	8画 ショウ (5) 〔日〕	上昇（じょうしょう）	rise, elevation	血圧上昇（けつあつじょうしょう）	blood pressure increase, elevation of blood pressure
			昇降（しょうこう）	going up and down, rise and fall	昇圧薬（しょうあつやく）	pressor, vasopressor
go up			昇華（しょうか）	sublimation	昇進（しょうしん）	promotion, rise in rank
364	膨	16画 ボウ (6) 〔月〕	膨隆（ぼうりゅう）	distention, bulge	腹部膨隆（ふくぶぼうりゅう）	abdominal swelling
			膨満（ぼうまん）	swelling, distention	腹部膨満（ふくぶぼうまん）	abdominal distention, abdominal swelling
expand			膨疹（ぼうしん）	wheal	(肺の)過膨張（はいのかぼうちょう）	pulmonary overinflation

(2) 特殊読みに「ぎ」（「岐阜（ぎふ）」など）がある。　　　(3) 他の音読みに「ニョ」がある。

(4) 訓読みに「たけ」がある。　　　(5) 訓読みに「のぼ-る」がある。

(6) 訓読みに「ふく-らむ」「ふく-れる」がある。

365	及 (7) reach to	3画 キュウ おょ-び	普及 (ふきゅう) popularization, dissemination, spread / 追及 (ついきゅう) pursuit / 及び (およ) and	言及する (げんきゅう) to refer to, to mention
366	潤 (8) moist	15画 ジュン 〔氵〕	浸潤 (しんじゅん) infiltration, invasion / 湿潤 (しつじゅん) wetting	浸潤影 (しんじゅんえい) infiltrative shadow
367	響 (9) sound	20画 キョウ 〔音〕	影響 (えいきょう) influence, effect, impact / 反響言語 (はんきょうげんご) echolalia	音響 (おんきょう) sound
368	腐 (10) rot	14画 フ 〔肉〕	腐敗 (ふはい) decay, putrid / 腐食性食道炎 (ふしょくせいしょくどうえん) corrosive esophagitis	腐食 (ふしょく) corrosion / 豆腐 (とうふ) soybean curd, tofu
369	漸 gradually	14画 ゼン 〔氵〕	漸増 (ぜんぞう) gradual increase, waxing	漸減* (ぜんげん) gradual decrease, tapering
370	枯 (11) wither	9画 コ 〔木〕	枯渇する (こかつ) to be depleted, to be exhausted	
371	亢 high spirits	4画 コウ 〔亠〕	亢進する (こうしん) to accentuate, to grow worse / 門脈圧亢進症 (もんみゃくあつこうしんしょう) portal hypertension	甲状腺機能亢進症 (こうじょうせんきのうこうしんしょう) hyperthyroidism
372	寛 broad-minded	13画 カン 〔宀〕	寛解 (かんかい) remission / 寛解導入療法 (かんかいどうにゅうりょうほう) remission induction therapy	

---

(7) 他の訓読みに「およ - ぶ」「およ - ぼす」がある。

(8) 訓読みに「うるお - う」「うるお - す」「うる - む」がある。　　(9) 訓読みに「ひび - く」がある。

(10) 訓読みに「くさ - る」「くさ - れる」「くさ - らす」がある。　　(11) 訓読みに「か - れる」「か - らす」がある。

I 下の言葉の読みを書きましょう。

① 平坦な　＿＿＿＿＿＿＿＿＿　　　⑧ 欠如　＿＿＿＿＿＿＿＿＿

② 瞳孔　＿＿＿＿＿＿＿＿＿　　　⑨ 明瞭な　＿＿＿＿＿＿＿＿＿

③ 口蓋　＿＿＿＿＿＿＿＿＿　　　⑩ 集簇　＿＿＿＿＿＿＿＿＿

④ 側索　＿＿＿＿＿＿＿＿＿　　　⑪ 膨隆　＿＿＿＿＿＿＿＿＿

⑤ 顆粒球　＿＿＿＿＿＿＿＿＿　　　⑫ 漸増　＿＿＿＿＿＿＿＿＿

⑥ 凹凸　＿＿＿＿＿＿＿＿＿　　　⑬ 枯渇する　＿＿＿＿＿＿＿＿＿

⑦ 分岐　＿＿＿＿＿＿＿＿＿　　　⑭ 亢進する　＿＿＿＿＿＿＿＿＿

II 下の言葉を漢字で書きましょう。

① くっきょく　＿＿＿＿＿＿＿＿＿
flexion

② しんせんぶ　＿＿＿＿＿＿＿＿＿
apex of heart

③ けんさく　＿＿＿＿＿＿＿＿＿
detection

④ だいどうみゃくきゅう
aortic arch

　＿＿＿＿＿＿＿＿＿

⑤ しじょうだんぞう　＿＿＿＿＿＿＿＿＿
sagittal section image

⑥ りゅうし　＿＿＿＿＿＿＿＿＿
grain

⑦ じょうしょう　＿＿＿＿＿＿＿＿＿
rise

⑧ ふきゅう　＿＿＿＿＿＿＿＿＿
popularization

⑨ しんじゅんえい　＿＿＿＿＿＿＿＿＿
infiltrative shadow

⑩ えいきょう　＿＿＿＿＿＿＿＿＿
influence

⑪ ふはい　＿＿＿＿＿＿＿＿＿
putrid

⑫ かんかい　＿＿＿＿＿＿＿＿＿
remission

Ⅲ 次の文に出ている漢字の読みを書きましょう。この課で学習した漢字、単語には＿＿が引いてあります。＿＿が引いてある単語は＿＿が引いてある漢字・単語といっしょになって一つの単語を作っています。意味がわからないときは自分で調べましょう。

① 抗重力筋の緊張が亢進する。（第108回B問題10）

② 受診時、病識は欠如していた。（第108回A問題39）

③ 血清 β -D- グルカン値は上昇する。（第107回A問題28）

④ 腫瘤は境界不明瞭で硬く圧痛を認めない。（第108回A問題59）

⑤ 右瞳孔は散大し、対光反射は消失している。（第106回A問題39）

⑥ 腹部膨満感と全身倦怠感とを主訴に来院した。（第107回A問題41）

⑦ 腹部は平坦、軟で、右肋骨弓下に肝の辺縁を触知する。（第106回A問題36）

⑧ 心尖拍動を鎖骨中線から2cm外側に触知する。Ⅲ音を聴取する。（第106回D問題59）

⑨ 腹部触診で両側の腹部に凹凸のある腫瘤を触れるが圧痛はない。（第107回A問題42）

⑩ 骨盤部MRIのT2強調矢状断像（⮕別冊No.15A）とT2強調横断像（⮕別冊No.15B）とを別に示す。（第107回A問題41）

⑪ 10日後、経尿道的に膀胱の発赤粘膜を生検したところ、上皮細胞に異型を認めるが間質への浸潤は認めない。（第109回D問題39）

15課 状態と変化3

Conditions and Changes 3

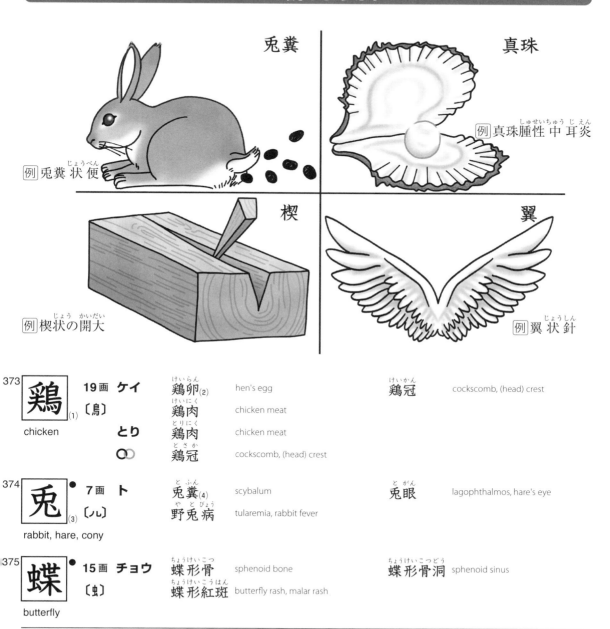

なんと読みますか。

兎糞
例 兎糞状便

真珠
例 真珠腫性 中耳炎
(しゅせいちゅうじえん)

楔
例 楔状の開大
(じょう かいだい)

翼
例 翼状針
(じょうしん)

373 鶏 (1) chicken	19画 ケイ 〔鳥〕 とり	鶏卵(2) (けいらん) hen's egg 鶏肉 (けいにく) chicken meat 鶏肉 (とりにく) chicken meat 鶏冠 (とさか) cockscomb, (head) crest	鶏冠 (けいかん) cockscomb, (head) crest
374 兎 (3) rabbit, hare, cony	7画 ト 〔ル〕	兎糞(4) (とふん) scybalum 野兎病 (やとびょう) tularemia, rabbit fever	兎眼 (とがん) lagophthalmos, hare's eye
375 蝶 butterfly	15画 チョウ 〔虫〕	蝶形骨 (ちょうけいこつ) sphenoid bone 蝶形紅斑 (ちょうけいこうはん) butterfly rash, malar rash	蝶形骨洞 (ちょうけいこつどう) sphenoid sinus

(1) 訓読みに「にわとり」がある。

(2) 医師国家試験では「鶏卵大の腫瘤」のように大きさを表すために使われることが多い。
(けいらんだい) (しゅりゅう)

(3) 「兎」は「兔」と書く場合もある。→ p.10 参照 (4) 医師国家試験では「兎糞状便」のように使われる。
(とふんじょうべん)

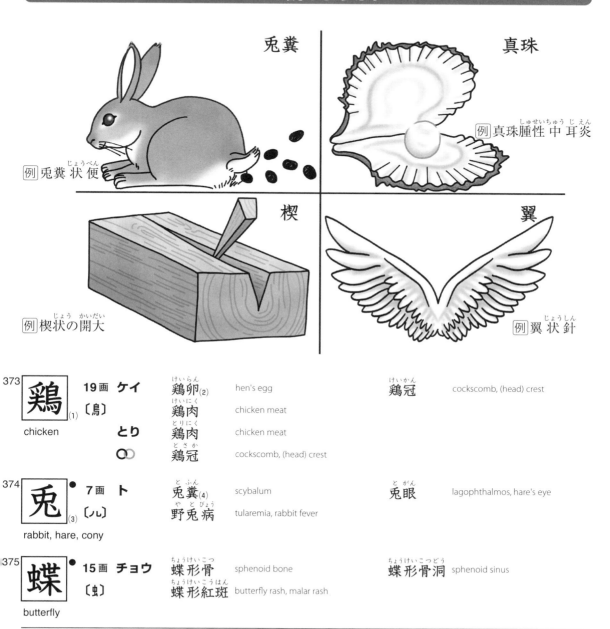

376	鵞	18画 ガ 〔鳥〕	鵞卵大 がらんだい goose-egg size	鵞口瘡 がこうそう thrush
	goose			

377	蛇	11画 ジャ ダ へび 〔虫〕	蛇口 じゃぐち * faucet, (water) tap 蛇行 だこう contortion, tortuousness 蛇 へび snake, serpent	
	snake			

378	拳	10画 ケン 〔手〕(4)	手拳大 しゅけんだい fist-sized	
	fist			

379	泡	8画 ホウ あわ 〔氵〕	泡沫状 ほうまつじょう foamy 泡立ち あわだち bubble, effervescence	水泡音 すいほうおん bubbling rale
	bubble			

380	沫	8画 マツ 〔氵〕	泡沫状 ほうまつじょう foamy	飛沫 ひまつ spray, splash. droplet
	bubble, foam, froth, scum, suds			

381	塊	13画 カイ 〔土〕(5)	食塊 しょくかい bolus of food	
	lump			

382	珠	10画 シュ 〔王〕	真珠 しんじゅ pearl 真珠腫性中耳炎 しんじゅしゅせいちゅうじえん chronic suppurative otitis media with cholesteatoma	
	pearl			

383	溝	13画 コウ みぞ 〔氵〕	溝 こう * sulcus, groove 鼻唇溝 びしんこう nasolabial sulcus, nasolabial groove 溝 みぞ * sulcus, groove	前室間溝 ぜんしつかんこう anterior interventricular sulcus
	gutter			

(4) 訓読みに「こぶし」がある。

(5) 訓読みに「かたまり」がある。

384	楔	13画 ケツ 〔木〕 くさび	肺動脈楔入圧 (はいどうみゃくけつにゅうあつ) pulmonary wedge pressure 楔状 (くさびじょう) cuneiform	
	wedge			

385 翼 17画 ヨク 〔羽〕(6)
wing
翼状 (よくじょう) alar, pterygial
鼻翼 (びよく) ala of nose, nose wing

386 錐 16画 スイ 〔金〕
pyramid, cone, gimlet
錐体 (すいたい) pyramid, cone
大錐体神経 (だいすいたいしんけい) greater petrosal nerve
円錐 (えんすい) conus, cone
円錐切除 (えんすいせつじょ) conization

387 敷 15画 し-く 〔攵〕(7)
spread
敷石像 (しきいしぞう) cobblestone appearance
敷地 (しきち) (building) site
下敷きになる (したじき) to be caught under something

388 樹 16画 ジュ 〔木〕
tree
樹状細胞 (じゅじょうさいぼう) dendritic cell, interdigitating cell
陰イオン交換樹脂 (いんイオンこうかんじゅし) anion exchange resin
樹脂 (じゅし) plant resin, resin

389 穴 5画 あな 〔穴〕(8)
hole
穴 (あな) hole, opening
ボタン穴変形 (あなへんけい) button hole deformity

390 粟 12画 ゾク 〔米〕 あわ
miller
粟粒 (ぞくりゅう) miliary, grain of millet
粟粒 (あわつぶ) miliary, grain of millet
粟粒結核 (ぞくりゅうけっかく) miliary tuberculosis

391 峡 9画 キョウ 〔山〕
gorge
子宮峡部 (しきゅうきょうぶ) isthmus of uterus

---

(6) 訓読みに「つばさ」がある。

(7) 音読みに「フ」がある。

(8) 音読みに「ケツ」がある。

| 392 | 鋸 <br> saw | 16画 キョ
 〔金〕 | 前鋸筋
 <small>ぜんきょきん</small> | serratus anterior, <br> anterior serratus muscle | | |

| 393 | 叢 <br> grassy place | 18画 ソウ
 〔又〕 | 腕神経叢
 <small>わんしんけいそう</small> | brachial plexus | 腸内細菌叢
 <small>ちょうないさいきんそう</small> | intestinal flora, <br> intestinal bacterial flora |

| 394 | 菱 <br> water chestnut, <br> diamond(shape) | 11画 リョウ
 〔艹〕 | 菱形筋 *(9)
 <small>りょうけいきん</small> | rhomboideus muscle | | |

392 鋸 16画 キョ 〔金〕 saw — 前鋸筋（ぜんきょきん） serratus anterior, anterior serratus muscle

393 叢 18画 ソウ 〔又〕 grassy place — 腕神経叢（わんしんけいそう） brachial plexus ／ 腸内細菌叢（ちょうないさいきんそう） intestinal flora, intestinal bacterial flora

394 菱 11画 リョウ 〔艹〕 water chestnut, diamond(shape) — 菱形筋（りょうけいきん）*(9) rhomboideus muscle

395 紫 12画 シ 〔糸〕 むらさき purple
- 紫斑（しはん） bruising, purple spot
- 暗紫色（あんししょく） dark purple
- 青紫色（せいししょく） bluish purple
- 赤紫色（あかむらさきいろ） reddish purple
- 紫斑病（しはんびょう） purpura, peliosis
- 赤紫色（せきししょく） reddish purple
- 紫赤色（しせきしょく） purplish red
- 青紫色（あおむらさきいろ） bluish purple

396 淡 11画 タン 〔氵〕(10) light
- 淡黄色（たんこうしょく／たんおうしょく） pale yellow, light yellow
- 淡紅色（たんこうしょく） pink, salmon(-pink)
- 淡赤色（たんせきしょく） pale red

397 褐 13画 カツ 〔衤〕 brown
- 褐色（かっしょく） brown
- 赤褐色（せきかっしょく／せっかっしょく） reddish brown
- 褐色細胞腫（かっしょくさいぼうしゅ） pheochromocytoma

398 鮮 17画 セン 〔魚〕(11) fresh
- 鮮紅色（せんこうしょく） scarlet color, florid
- 新鮮血（しんせんけつ） fresh blood
- 鮮血（せんけつ） fresh blood

399 桜 10画 オウ 〔木〕 さくら cherry
- 桜実紅斑（おうじつこうはん） cherry red spot
- 桜（さくら） cherry tree, cherry blossoms

---

(9) 「菱形」は一般的には「ひしがた」と読む。　(10) 訓読みに「あわ‐い」がある。

(11) 訓読みに「あざ‐やか」がある。

Ⅰ 下の言葉の読みを書きましょう。

① 兎糞 ＿＿＿＿＿＿＿＿＿

② 蝶形骨洞 ＿＿＿＿＿＿＿＿＿

③ 鵞卵大 ＿＿＿＿＿＿＿＿＿

④ 泡立ち ＿＿＿＿＿＿＿＿＿

⑤ 楔状 ＿＿＿＿＿＿＿＿＿

⑥ 翼状 ＿＿＿＿＿＿＿＿＿

⑦ 錐体 ＿＿＿＿＿＿＿＿＿

⑧ 粟粒 ＿＿＿＿＿＿＿＿＿

⑨ 子宮峡部 ＿＿＿＿＿＿＿＿＿

⑩ 前鋸筋 ＿＿＿＿＿＿＿＿＿

⑪ 腕神経叢 ＿＿＿＿＿＿＿＿＿

⑫ 菱形筋 ＿＿＿＿＿＿＿＿＿

⑬ 褐色 ＿＿＿＿＿＿＿＿＿

⑭ 桜実紅斑 ＿＿＿＿＿＿＿＿＿

Ⅱ 下の言葉を漢字で書きましょう。

① けいらん ＿＿＿＿＿＿＿＿＿
hen's egg

② しゅけんだい ＿＿＿＿＿＿＿＿＿
fist-sized

③ すいほうおん ＿＿＿＿＿＿＿＿＿
bubbling rale

④ ひまつ ＿＿＿＿＿＿＿＿＿
spray

⑤ しょくかい ＿＿＿＿＿＿＿＿＿
bolus of food

⑥ しんじゅ ＿＿＿＿＿＿＿＿＿
pearl

⑦ びしんこう ＿＿＿＿＿＿＿＿＿
nasolabial sulcus

⑧ しきいしぞう ＿＿＿＿＿＿＿＿＿
cobblestone appearance

⑨ じゅじょうさいぼう ＿＿＿＿＿＿＿＿＿
dendritic cell

⑩ あな ＿＿＿＿＿＿＿＿＿
hole

⑪ しはん ＿＿＿＿＿＿＿＿＿
bruising

⑫ せんこうしょく ＿＿＿＿＿＿＿＿＿
bright red

Ⅲ 次の文に出ている漢字の読みを書きましょう。この課で学習した漢字、単語には＿＿が引いてあります。

①帯下は泡沫状である。（第108回A問題6）

②下腿に浮腫と紫斑とを認めない。（第107回A問題50）

③腸内細菌叢としてビフィズス菌が多い。（第109回E問題45）

④2週前に一度、少量の褐色帯下がみられた。（第106回C問題18）

⑤内診で子宮は正常大で、右付属器が手拳大に腫大していた。（第108回A問題30）

⑥経腟超音波検査で頸管長10mm、内子宮口の楔状の開大を認める。（第109回E問題43）

⑦その後も腹痛は持続し、新鮮血の排泄が数回あったため受診した。（第107回A問題49）

⑧経鼻胃管からの16時間排液量は1,200mLで性状は淡黄色混濁である。（第111回I問題44）

⑨直腸指診で、小鶏卵大、弾性硬および表面平滑の前立腺を触知するが、明らかな硬結は認めない。（第108回A問題47）

⑩1か月前から、誰もいないのに「人が座っている」と訴えたり、「蛇がいる」と怖がったりするようになったため、1週前にリスペリドンを少量投与したところ、四肢の筋強剛と流涎とを認めるようになった。（第108回A問題38）

16課 化学物質

Chemicals

左の元素記号や化学式は、漢字でどのように書くでしょうか。線で結びましょう。

O_2 ・ ・ 硫酸

N_2 ・ ・ 尿素

Zn ・ ・ 銅

Cu ・ ・ 酢酸

CH_4N_2O ・ ・ 酸素

H_2SO_4 ・ ・ 亜鉛

CH_3COOH ・ ・ 窒素

---

400 **10画 ソ** 〔糸〕(1)

element

尿素	urea	窒素	nitrogen
酸素	oxygen	酵素	enzyme
炭素	carbon	色素	pigment, dye, coloring matter

401 **酸** **14画 サン** 〔酉〕(2)

acid, oxygen

酸素	oxygen	好酸球	eosinophil
尿酸	uric acid	酸化	oxidation
硝酸	nitric acid	炭酸	carbonic acid
葉酸	folic acid, vitamin M	抗酸菌	acid-fast bacteria, mycobacteria

---

(1) 他の音読みに「ス」がある。

(2) 訓読みに「す - い」がある。

107

402 窒 block	11画 チツ 〔穴〕	窒素 （ちっそ） nitrogen	尿素窒素 （にょうそちっそ） urea nitrogen
		窒息 （ちっそく） asphyxia, suffocation	

403 尿 urine	7画 ニョウ 〔尸〕	尿 （にょう） urine	尿素 （にょうそ） urea
		糖尿病 （とうにょうびょう） diabetes mellitus, diabetes	尿酸 （にょうさん） uric acid
		利尿薬 （りにょうやく） diuretic, diuretic agent	尿道 （にょうどう） urethra
		排尿 （はいにょう） urination, micturition	検尿 （けんにょう） urinalysis

404 酵 ferment	14画 コウ 〔酉〕	酵素 （こうそ） enzyme	酵素阻害薬 （こうそそがいやく） enzyme inhibitor

405 硝 saltpeter	12画 ショウ 〔石〕	硝酸 （しょうさん） nitric acid	

406 硫 sulfur	12画 リュウ 〔石〕 ∞	硫酸 （りゅうさん） sulfuric acid	硫酸マグネシウム （りゅうさん） magnesium sulfate
		硫化水素 （りゅうかすいそ） hydrogen sulfide	二酸化硫黄 （にさんかいおう） sulfur dioxide
		硫黄 （いおう） sulfur	

407 酢 vinegar	12画 サク （3）〔酉〕	酢酸 （さくさん） acetic acid	

408 苛 torment, scold, chastise	8画 カ 〔艹〕	苛性カリ （かせい） caustic potash, potassium hydroxide	

409 亜 sub, next	7画 ア 〔二〕	亜鉛 （あえん） zinc	
		次亜塩素酸ナトリウム （じあえんそさん） sodium hypochlorite	

(3) 訓読みに「す」がある。

410	鉛 lead	13画 エン 〔金〕なまり	亜鉛 — zinc 鉛 — lead	鉛筆 — pencil
411	銅 copper	14画 ドウ 〔金〕	銅 — copper	
412	還 return	16画 カン 〔辶〕	還元 — reduction 静脈還流 — venous return 総肺静脈還流異常症 — total anomalous pulmonary venous return (drainage) 還納 — reduction, reposition	還元酵素 — reducing enzyme 帰還支援 — support for return to home
413	糖 sugar	16画 トウ 〔米〕	糖 — sugar 糖尿病 — diabetes mellitus, diabetes 乳糖 — lactose, milk sugar ムコ多糖体代謝異常 — abnormality of mucopolysaccharide metabolism	血糖 — blood glucose 糖質 — saccharide
414	脂 fat	10画 シ (4) 〔月〕 やに	脂質 — lipid 脂肪 — fat 胎脂 — vernix caseosa 豚脂様角膜後面沈着物 — mutton fat keratic precipitates 眼脂 — (eye) discharge	脂質異常症 — dyslipidemia 眼脂 — (eye) discharge
415	肪 fat	8画 ボウ 〔月〕	脂肪 — fat	
416	抗 resist	7画 コウ 〔扌〕	抗体 — antibody 拮抗薬 — antagonist 抵抗 — resistance	抗菌薬 — antibacterial agent 抗原 — antigen 抗生物質 — antibiotics
417	蛋 barbarian, egg	11画 タン 〔虫〕	蛋白／蛋白質(5) — protein 肺胞蛋白症(7) — pulmonary alveolar proteinosis	高蛋白食(6) — high protein diet

(4)　訓読みに「あぶら」がある。　　(5)「蛋白質」は「タンパク質」のようにカタカナで書く場合もある。
(6)「高蛋白食」は「高タンパク食」のようにカタカナで書く場合もある。
(7)「肺胞蛋白症」は「肺胞タンパク症」のようにカタカナで書く場合もある。

418 **芳** 7画 **ホウ** 〔艹〕 (8)
fragrant

芳香族アミノ酸 （ほうこうぞく～さん） aromatic amino acid

419 **剤** 10画 **ザイ** 〔刂〕
drug

製剤(9) （せいざい） pharmaceutical preparation
合剤(10) （ごうざい） mixture
多剤併用 （たざいへいよう） polypharmacy
下剤 （げざい） cathartic

薬剤 （やくざい） medicine, medicament
鉄剤 （てつざい） chalybeate medicine, iron preparation
調剤 （ちょうざい） drug compounding, dispensing

420 **錠** 16画 **ジョウ** 〔金〕
lock

錠剤 （じょうざい） tablet

〜錠(11) （～じょう） counter for tablet

421 **遮** 14画 **シャ** 〔辶〕 (12)
block

遮蔽 （しゃへい） blocking, blockade

遮断薬 （しゃだんやく） blocker, blocking drug

422 **拮** ● 9画 **キツ** 〔扌〕
be imminent

拮抗薬 （きっこうやく） antagonist

423 **膏** ● 14画 **コウ** 〔月〕
paste, ointment, plaster

軟膏 （なんこう） ointment

424 **蟻** ● 19画 **ギ** 〔虫〕
ant

蟻酸 （ぎさん） formic acid

425 **媒** 12画 **バイ** 〔女〕
mediate

有機溶媒 （ゆうきようばい） organic solvent

媒介 （ばいかい） intermediation, transmission

(8) 訓読みに「かんば‐しい」がある。　　(9) 医師国家試験には「輸液製剤」（ゆえきせいざい）「カルシウム製剤」（せいざい）などの例がある。

(10) 医師国家試験には「ST合剤」「スルバクタム・アンピシリン合剤」などの例がある。

(11) 「［薬の名前］錠」もしくは「［数］錠」と使われる。

(12) 訓読みに「さえぎ‐る」がある。

16課 練習問題

I 下の言葉の読みを書きましょう。

① 利尿薬 _____

② 硝酸 _____

③ 硫黄 _____

④ 苛性カリ _____

⑤ 鉛 _____

⑥ 静脈還流 _____

⑦ 脂質異常症 _____

⑧ 蛋白質 _____

⑨ 芳香族アミノ酸 _____

⑩ 遮断薬 _____

⑪ 拮抗薬 _____

⑫ 軟膏 _____

⑬ 蟻酸 _____

⑭ 有機溶媒 _____

II 下の言葉を漢字で書きましょう。

① こうさんきゅう _____
eosinophil

② ちっそ _____
nitrogen

③ にょうどう _____
urethra

④ こうそ _____
enzyme

⑤ さくさん _____
acetic acid

⑥ あえん _____
zinc

⑦ どう _____
copper

⑧ かんげん _____
reduction

⑨ けっとう _____
blood glucose

⑩ しぼう _____
fat

⑪ こうたい _____
antibody

⑫ じょうざい _____
tablet

Ⅲ 次の文に出ている漢字の読みを書きましょう。この課で学習した漢字、単語には＿＿が引いてあります。＿＿が引いてある単語は＿＿が引いてある漢字・単語といっしょになって一つの単語を作っています。意味がわからないときは自分で調べましょう。

① 治療は抗菌薬投与と外科的ドレナージである。（第111回 I 問題39）

② 血清尿素窒素〈BUN〉値は蛋白異化の影響を受ける。（第111回 H 問題19）

③ 鱗屑の苛性カリ〈KOH〉直接鏡検法で真菌を認めない。（第111回 B 問題49）

④ スルバクタム・アンピシリン合剤の点滴静注を開始する。（第111回 I 問題66）

⑤ 数年前から感冒に罹患すると褐色尿になることを自覚していた。（第111回 I 問題63）

⑥ 鼻カニューラで 2L/ 分の酸素投与を開始し、胸部エックス線撮影を行った。（第111回 I 問題46）

⑦ 糖尿病のため経口血糖降下薬を服用中で、地震前は約 50 km 離れた自宅から自家用車で通院していた。（第111回 H 問題27）

⑧ タクシーの運転手で、高血圧症、糖尿病、脂質異常症および高尿酸血症に対して食事療法と運動療法とを行っている。（第111回 C 問題25）

⑨ 半年前の学校検尿で蛋白尿と尿潜血とを指摘され、近くの小児科で専門医療機関の受診を勧められていたが、自覚症状がないため受診していなかった。（第111回 I 問題57）

⑩ 10 年前から高血圧症、うつ病、胃潰瘍および便秘症のためサイアザイド系降圧利尿薬、カルシウム拮抗薬、四環系抗うつ薬、ヒスタミン H2 受容体拮抗薬、甘草を含む漢方薬および刺激性の下剤を内服している。（第111回 I 問題69）

17課 診断と治療 1

Diagnosis and Treatment 1

なんと読みますか。

診察　　エックス線撮影

先生、前回出していただいた薬を飲んだんですが、咳が止まらないんです。

じゃあ、**精密検査**をしましょう。

426 **診** (1) examine a patient	12画 シン 〔言〕	受診 診療 内診	consultation medical service, medical care pelvic examination, internal examination	診断 診察 直腸指診	diagnosis clinical examination digital rectal examination
427 **訴** appeal	12画 ソ 〔言〕 うった-える	主訴 訴え	chief complaint complaint	訴訟	lawsuit, action
428 **拍** (2) beat	8画 ハク 〔扌〕	心拍 拍動 頻拍	heart beat beat, pulsation tachycardia, frequent pulse	心拍数 心拍出量 脈拍数	heart rate cardiac output pulse rate

(1) 訓読みに「み‐る」がある。

(2) 他の音読みに「ヒョウ」がある。

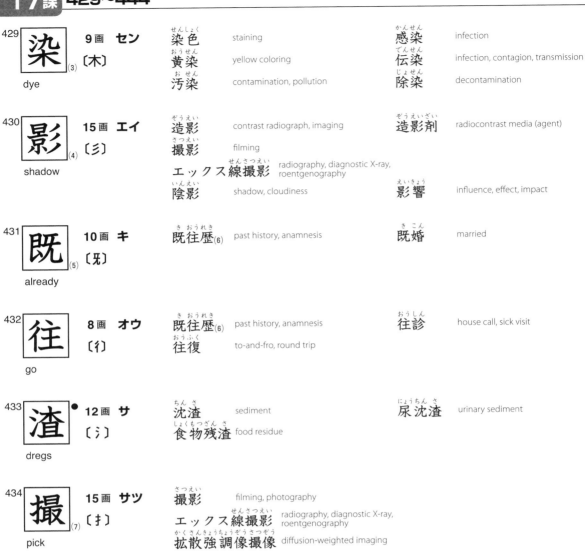

429	染 (3) 〔木〕 dye	9画 セン	染色 せんしょく staining 黄染 おうせん yellow coloring 汚染 おせん contamination, pollution	感染 かんせん infection 伝染 でんせん infection, contagion, transmission 除染 じょせん decontamination	
430	影 (4) 〔彡〕 shadow	15画 エイ	造影 ぞうえい contrast radiograph, imaging 撮影 さつえい filming エックス線撮影 せんさつえい radiography, diagnostic X-ray, roentgenography 陰影 いんえい shadow, cloudiness	造影剤 ぞうえいざい radiocontrast media (agent) 影響 えいきょう influence, effect, impact	
431	既 (5) 〔旡〕 already	10画 キ	既往歴(6) きおうれき past history, anamnesis	既婚 きこん married	
432	往 〔彳〕 go	8画 オウ	既往歴(6) きおうれき past history, anamnesis 往復 おうふく to-and-fro, round trip	往診 おうしん house call, sick visit	
433	渣 〔氵〕 dregs	12画 サ	沈渣 ちんさ sediment 食物残渣 しょくもつざんさ food residue	尿沈渣 にょうちんさ urinary sediment	
434	撮 (7) 〔扌〕 pick	15画 サツ	撮影 さつえい filming, photography エックス線撮影 せんさつえい radiography, diagnostic X-ray, roentgenography 拡散強調像撮像 かくさんきょうちょうぞうさつぞう diffusion-weighted imaging		
435	塗 (8) 〔土〕 paint	13画 ト	塗抹 とまつ smear 塗抹標本 とまつひょうほん smear preparation, smear 塗料 とりょう paint	塗抹検査 とまつけんさ direct smear examination 塗布 とふ coating, application 塗装 とそう painting, coating	
436	抹 〔扌〕 crush to powder	8画 マツ	塗抹 とまつ smear 塗抹標本 とまつひょうほん smear preparation, smear	塗抹検査 とまつけんさ direct smear examination	

(3) 訓読みに「そ-める」「そ-まる」「し-みる」「し-み」がある。

(4) 訓読みに「かげ」がある。　　　　　　(5) 訓読みに「すで-に」がある。

(6) 「28歳時に十二指腸潰瘍の既往がある。」のように「既往」のみで使うこともある。

(7) 訓読みに「と-る」がある。　　　　　(8) 訓読みに「ぬ-る」がある。

437 密
11画　ミツ
〔宀〕
close, secret

せいみつけんさ		みっぷう	
精密検査	detailed examination	密封	sealing
みつど		ひみつ	
密度	density	秘密	secret, privacy
しんみつ			
親密な	intimate, close		

438 鑑
23画　カン
(9)　〔金〕
mirror

かんべつ		かんべつしんだん	
鑑別	differentiation	鑑別診断	differential diagnosis
かんてい		ずかん	
鑑定	judgement, legal advice	図鑑	illustrated reference book

439 蛍
11画　ケイ
(10)　〔虫〕
firefly

けいこうこうたいほう		けいこうがんていぞうえい	
蛍光抗体法	fluorescent antibody technique (test)	蛍光眼底造影	fluorescent fundus angiography

440 唆
10画　サ
(11)　〔口〕
tempt

しさ	
示唆する	to suggest, to hint

441 渉
11画　ショウ
〔氵〕
cross

かんしょう		こうかんしょうだんそうけい	
干渉	interference	光干渉断層計	optical coherence tomograph
せいこうしょう			
性交渉	sexual intercourse		

442 叉
3画　サ
(11)　〔又〕
fork (of a road), crotch(of a tree)

おんさけんさ	
音叉検査	tuning fork test

443 釈
11画　シャク
〔釆〕
untie

かいしゃく		かいしゃく	
解釈	interpretation, explanation	解釈モデル	explanatory model
きしゃく			
希釈	dilution		

444 貌
14画　ボウ
〔豸〕
form, appearance, countenance

がんぼう		そうぼうしつにん	
顔貌	facies, facial expression	相貌失認	prosopagnosia

(9)　訓読みに「かんが-みる」がある。

(10)　訓読みに「ほたる」がある。

(11)　訓読みに「そそのか-す」がある。

445 蕩 ● 17画 トウ 〔皿〕
melt, be charmed, be captivated

声音振蕩 (せいおんしんとう) vocal fremitus　　振蕩音 (しんとうおん) fremitus

446 狙 8画 ねら-う 〔犭〕(12)
aim

狙い組織診 (ねらいそしきしん) colposcopically directed biopsy

447 戯 15画 ギ 〔戈〕(13)
play

遊戯 (ゆうぎ) play, amusement　　遊戯聴力検査 (ゆうぎちょうりょくけんさ) play audiometry
遊戯療法 (ゆうぎりょうほう) play therapy

448 裸 13画 ラ 〔衤〕(14)
naked

裸眼視力 (らがんしりょく) uncorrected visual acuity

449 墨 14画 ボク 〔土〕(15)
india ink

墨汁染色標本 (ぼくじゅうせんしょくひょうほん) India ink specimen

450 徹 15画 テツ 〔彳〕
go through

徹照 (てっしょう) transillumination, diaphanoscopy

451 磁 14画 ジ 〔石〕
magnetism

磁気 (じき) magnetics
磁気共鳴胆管膵管撮影 (じききょうめいたんかんすいかんさつえい) magnetic resonance cholangiopancreatography (MRCP)

452 呈 7画 テイ 〔口〕
present

呈する (てい) to show, to display

---

(12) 音読みに「ソ」がある。

(14) 訓読みに「はだか」がある。

(13) 訓読みに「たわむ - れる」がある。

(15) 訓読みに「すみ」がある。

I 下の言葉の読みを書きましょう。

① 訴え _____

② 心拍数 _____

③ 往診 _____

④ 沈渣 _____

⑤ 塗布 _____

⑥ 示唆する _____

⑦ 音叉検査 _____

⑧ 顔貌 _____

⑨ 声音振盪 _____

⑩ 狙い組織診 _____

⑪ 遊戯 _____

⑫ 墨汁染色標本 _____

⑬ 徹照 _____

⑭ 磁気 _____

II 下の言葉を漢字で書きましょう。

① しんだん _____
diagnosis

② せんしょく _____
staining

③ ぞうえいざい _____
radiocontrast media

④ きおうれき _____
past history

⑤ さつえい _____
filming

⑥ とまつけんさ _____
direct smear examination

⑦ せいみつけんさ _____
detailed examination

⑧ かんべつ _____
differentiation

⑨ けいこうこうたいほう
fluorescent antibody technique

_____

⑩ かんしょう _____
interference

⑪ かいしゃく _____
interpretation

⑫ らがんしりょく _____
uncorrected visual acuity

Ⅲ 次の文に出ている漢字の読みを書きましょう。この課で学習した漢字、単語には＿＿が引いてあります。＿＿が引いてある単語は＿＿が引いてある漢字・単語といっしょになって一つの単語を作っています。意味がわからないときは自分で調べましょう。

①眼球結膜に軽度の黄染を認める。（第 106 回 A 問題 34）

②搬入時、顔貌は苦悶様であった。（第 107 回 A 問題 54）

③発熱と陰嚢痛とを主訴に来院した。（第 111 回 A 問題 23）

④沈渣に赤血球と白血球とを認めない。（第 106 回 A 問題 21）

⑤末梢血塗抹標本で破砕赤血球を認める。（第 106 回 A 問題 60）

⑥既往歴と家族歴とに特記すべきことはない。（第 106 回 A 問題 51）

⑦脳脊髄液の墨汁染色標本（◆別冊 No.2）を別に示す。（第 106 回 A 問題 22）

⑧胸部エックス線写真で両側肺野に異常陰影を認める。（第 106 回 A 問題 32）

⑨直腸指診で超鶏卵大の前立腺を触知するが、硬結を認めない。（第 106 回 A 問題 21）

⑩診療所で撮影されて患者が持参した胸部エックス線写真（◆別冊 No.6）を別に示す。（第 106 回 A 問題 28）

⑪眼底写真（◆別冊 No.4 A）と光干渉断層計〈OCT〉の結果（◆別冊 No.4 B）とを別に示す。

（第 111 回 A 問題 24）

なんと読みますか。

点滴

鎮痛薬

麻酔

心肺蘇生

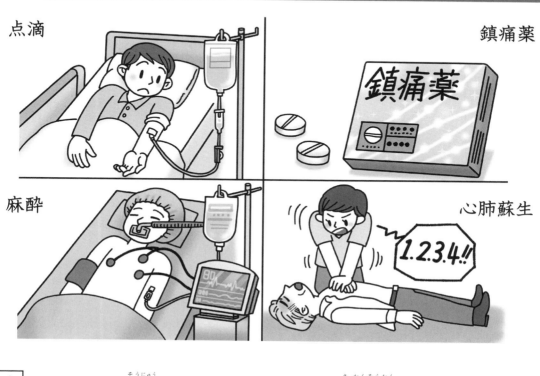

| 453 | 挿 (1)〔扌〕 insert | 10画 **ソウ** | 挿入 そうにゅう insertion | 気管挿管 きかんそうかん tracheal intubation |

| 454 | 滴 (2)〔氵〕 drop | 14画 **テキ** | 点滴 てんてき intravenous drip | 点滴静注 てんてきじょうちゅう intravenous drip |

| 455 | 浄 〔氵〕 clean | 9画 **ジョウ** | 洗浄 せんじょう lavage, irrigation, wash
空気清浄器 くうきせいじょうき air cleaner | 血液浄化療法 けつえきじょうかりょうほう hemoperfusion, blood purification therapy |

（1）訓読みに「さ-す」がある。

（2）訓読みに「しずく」「したた-る」がある。

| 456 | 矯 (3) 〔矢〕 reform | 17画 キョウ | 矯正 きょうせい | correction | 矯正視力 きょうせいしりょく corrected visual acuity |

| 457 | 砕 (4) 〔石〕 crush | 9画 サイ | 破砕 はさい | fragmentation, crush | 砕石位 さいせきい lithotomy position |

体外衝撃波結石破砕術 たいがいしょうげきはけっせきはさいじゅつ extracorporeal shockwave lithotripsy (ESWL)

経尿道的尿管砕石術 けいにょうどうてきにょうかんさいせきじゅつ transurethral ureterolithotripsy (TUL)

| 458 | 蘇 ● (19画) ソ 〔艹〕 be resurrected | 蘇生 そせい | resuscitation, vivification, reanimation | 心肺蘇生法 しんぱいそせいほう cardiopulmonary resuscitation |

| 459 | 侵 (5) 〔亻〕 invade | 9画 シン | 侵襲 しんしゅう | invasion | 非侵襲的 ひしんしゅうてき noninvasive |
| | | | 侵入 しんにゅう | invasion, infestation | |

| 460 | 襲 (6) 〔衣〕 attack | 22画 シュウ | 侵襲 しんしゅう | invasion |

| 461 | 忌 (7) 〔心〕 mourning | 7画 キ | 禁忌 きんき | contraindication |

| 462 | 奏 (8) 〔大〕 play | 9画 ソウ | 奏効する そうこう(9) | to be effective, to take effect |

| 463 | 浣 ● (10画) カン 〔氵〕 wash | 浣腸 かんちょう | enema |

---

(3) 訓読みに「た‐める」がある。

(4) 訓読みに「くだ‐く」「くだ‐ける」がある。

(5) 訓読みに「おか‐す」がある。

(6) 訓読みに「おそ‐う」がある。

(7) 訓読みに「い‐む」「い‐まわしい」がある。

(8) 訓読みに「かな‐でる」がある。

(9) 「奏効」は「奏功」と書かれる場合もある。

464	功	5画 コウ 〔力〕	成功 せいこう	success		

464 功 achievement — 5画 コウ 〔力〕(10) — 成功 せいこう success

465 却 withdraw — 7画 キャク 〔卩〕 — 冷却 れいきゃく cooling — 却下する きゃっか reject, dismiss

466 瀉 purgation, evacuation — 18画 シャ 〔氵〕 — 瀉血 しゃけつ bloodletting, exsanguination, phlebotomy

467 鋼 steel — 16画 コウ 〔金〕(11) — 鋼線牽引 こうせんけんいん wire extension — 鋼材 こうざい steel materials

468 挺 excel — 10画 テイ 〔扌〕 — 挺舌 ていぜつ tongue protrusion

469 鎮 quell — 18画 チン 〔金〕(12) — 鎮痛 ちんつう analgesia — 鎮痛薬 ちんつうやく analgesic — 鎮咳薬 ちんがいやく antitussive agent — 鎮静 ちんせい sedation

470 酔 get drunk — 11画 スイ 〔酉〕(13) — 麻酔 ますい anesthesia, narcosis — 放射線宿酔 ほうしゃせんしゅくすい radiation sickness — 泥酔 でいすい drunkenness, getting dead drunk

471 摘 pick — 14画 テキ 〔扌〕(14) — 摘出 てきしゅつ extraction, enucleation — 摘除 てきじょ extirpation — 全摘 ぜんてき total extraction — 指摘する してき to point out, to indicate

(10) 他の音読みに「ク」がある。
(11) 訓読みに「はがね」がある。
(12) 訓読みに「しず‐める」「しず‐まる」がある。
(13) 訓読みに「よ‐う」がある。
(14) 訓読みに「つ‐む」がある。

472 離　18画　リ　〔隹〕
separate

はく り
剝離　dessection, avulsion, detachment

だいどうみゃくかい り
大動脈解離　aortic dissection

り しょう
離床　getting out of bed, leaving one's sick-bed

り じんしょう
離人症　depersonalization

かい り
解離　dissociation

ゆう り
遊離　release, free

そう き り しょう
早期離床　early ambulation, early mobilization

(15)

---

473 穿　9画　セン　〔穴〕
put on (the feet or legs), dig, cut through

せん し
穿刺　paracentesis, puncture, stab

せん ぱ
穿破　perforation

せんこう
穿孔　perforation, trephination, boring

(16)

---

474 帝　9画　テイ　〔巾〕
emperor

ていおうせっかい
帝王切開　cesarean section

---

475 吻　7画　フン　〔口〕
proboscis, sides of the mouth

ふんごう
吻合　anastomosis

そうたんかんくうちょうふんごう
総胆管空腸吻合　choledochojejunostomy

---

476 紮　11画　サツ　〔糸〕
tie up, pack up, tuck up

けっさつ
結紮　ligation, ligature

---

477 灼　7画　シャク　〔火〕
miraculous

しょうしゃく
焼灼　cauterization, ablation

しゃくねつかん
灼熱感　burning sensation

(17)

---

478 掻　11画　ソウ　〔扌〕
scratch, clear away

そう は
掻爬　curettage, scraping out

(18)

---

479 爬　8画　ハ　〔爪〕
scratch

そう は
掻爬　curettage, scraping out

⒂　訓読みに「はな - れる」「はな - す」がある。

⒃　「穿」は「穿」と書く場合もある。→ p.10 参照

⒄　「灼」は「灼」と書く場合もある。→ p.10 参照

⒅　「掻」は「掻」と書く場合もある。→ p.10 参照

I 下の言葉の読みを書きましょう。

① 蘇生 _____

② 侵襲 _____

③ 禁忌 _____

④ 浣腸 _____

⑤ 却下する _____

⑥ 瀉血 _____

⑦ 鋼線牽引 _____

⑧ 挺舌 _____

⑨ 鎮咳薬 _____

⑩ 穿刺 _____

⑪ 吻合 _____

⑫ 結紮 _____

⑬ 焼灼 _____

⑭ 搔爬 _____

II 下の言葉を漢字で書きましょう。

① そうにゅう _____
insertion

② てんてき _____
intravenous drip

③ せんじょう _____
lavage

④ きょうせい _____
correction

⑤ はさい _____
fragmentation

⑥ しんにゅう _____
invasion

⑦ せいこう _____
success

⑧ れいきゃく _____
cooling

⑨ ますい _____
anesthesia

⑩ てきしゅつ _____
extraction

⑪ かいり _____
dissociation

⑫ ていおうせっかい _____
cesarean section

Ⅲ 次の文に出ている漢字の読みを書きましょう。この課で学習した漢字、単語には＿＿が引いてあります。＿＿が引いてある単語は＿＿が引いてある漢字・単語といっしょになって一つの単語を作っています。意味がわからないときは自分で調べましょう。

① 矯正視力は右 1.0、左 0.9。（第 108 回 A 問題 23）

② 5 年前に胃癌のため胃全摘術を受けた。（第 107 回 A 問題 38）

③ 術後呼吸不全に対して気管挿管を行った。（第 107 回 B 問題 29）

④ 直ちに心肺蘇生法を行ったが、反応せず死亡した。（第 107 回 B 問題 40）

⑤ 骨盤位で選択的帝王切開を受けるため妊娠 38 週に入院した。（第 109 回 A 問題 21）

⑥ 右大腿骨頸部骨折と診断し、入院 3 日目に全身麻酔下で人工骨頭置換術を行った。（第 107 回 B 問題 50）

⑦ 結核菌特異的全血インターフェロンγ遊離測定法〈IGRA〉が陽性であれば直ちに治療を開始する。（第 107 回 C 問題 11）

⑧ 高度の貧血に対して濃厚赤血球 2 単位を輸血するとともに、乳酸リンゲル液の急速輸液とセフェム系抗菌薬の点滴投与とを行った。（第 107 回 B 問題 40）

⑨ 利尿薬、鎮咳薬および非ステロイド性抗炎症薬の処方にて落ち着いていたが、3 日前から新たに腹部の鈍痛が出現したため受診した。（第 107 回 C 問題　30 ～ 31 の問題文）

⑩ 肺野条件の胸部単純 CT（➡別冊 No.7 A）と気管支肺胞洗浄〈BAL〉液の墨汁染色標本（➡別冊 No.7 B）とを別に示す。（第 107 回 A 問題 28）

なんと読みますか。

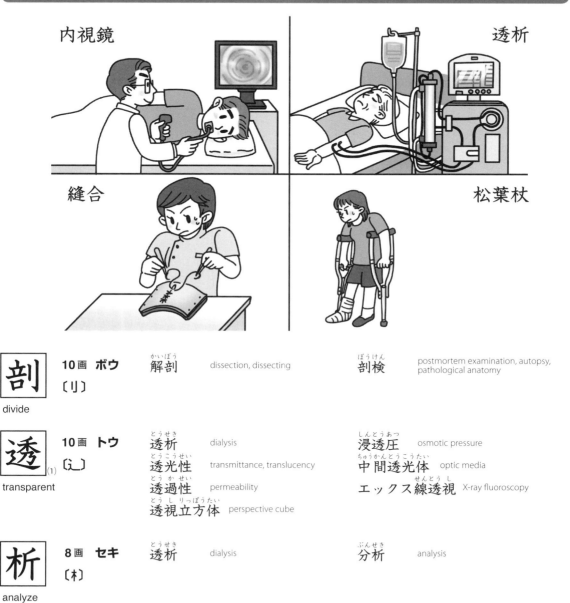

内視鏡

透析

縫合

松葉杖

480	剖 〔リ〕 10画 ボウ	解剖 (かいぼう) dissection, dissecting	剖検 (ぼうけん) postmortem examination, autopsy, pathological anatomy

divide

481	透 〔辶〕(1) 10画 トウ	透析 (とうせき) dialysis 透光性 (とうこうせい) transmittance, translucency 透過性 (とうかせい) permeability 透視立方体 (とうしりっぽうたい) perspective cube	浸透圧 (しんとうあつ) osmotic pressure 中間透光体 (ちゅうかんとうこうたい) optic media エックス線透視 (せんとうし) X-ray fluoroscopy

transparent

482	析 〔木〕 8画 セキ	透析 (とうせき) dialysis	分析 (ぶんせき) analysis

analyze

(1) 訓読みに「す‐く」「す‐かす」「す‐ける」がある。

483 **培**(2) 〔土〕 cultivate	11画 バイ	培養	culture, cultivation, incubation	培地	culture media, medium		

483 **培**(2) 〔土〕
cultivate
11画 バイ
培養 — culture, cultivation, incubation
培地 — culture media, medium

484 **浸**(3) 〔氵〕
soak
10画 シン
浸漬 — immersion, submersion
浸透圧 — osmotic pressure
含浸 — impregnation
浸潤 — infiltration, invasion
浸出液 — effusion, exudate
浸水 — inundation, retting

485 **漬**(4) 〔氵〕 つ-ける
pickle
14画 シ
浸漬 — immersion, submersion
漬物 — pickled vegetables, pickle

486 **汁** 〔氵〕 しる
juice
5画 ジュウ
鼻汁 — nasal lavage fluid
乳汁 — milk
膿汁(5) — pus
米のとぎ汁(6) — the water in which rice has been washed
胆汁 — bile
墨汁染色標本 — India ink specimen

487 **絞**(7) 〔糸〕
wring
12画 コウ
肺動脈絞扼術 — pulmonary artery banding (PAB)
胸部絞扼感 — chest tightness
絞扼性イレウス — strangulation ileus

488 **扼** 〔扌〕
hold, grip
7画 ヤク
肺動脈絞扼術 — pulmonary artery banding (PAB)
胸部絞扼感 — chest tightness
絞扼性イレウス — strangulation ileus

489 **濾** 〔氵〕
strain, filter, percolate
18画 ロ
濾過 — filtration
濾胞 — follicle

490 **尤** 〔尢〕
superb, outstanding
4画 ユウ
尤度比 — likelihood ratio

---

(2) 訓読みに「つちか-う」がある。

(3) 訓読みに「ひた-す」「ひた-る」がある。

(4) 他の訓読みに「つ-かる」がある。

(5) 一般的には「膿」という。

(6) 医師国家試験では、「米のとぎ汁様の白濁した気管支肺胞洗浄〈BAL〉液」のように白く濁った状態を表すために使われる。

(7) 訓読みに「しぼ-る」「し-める」「し-まる」がある。

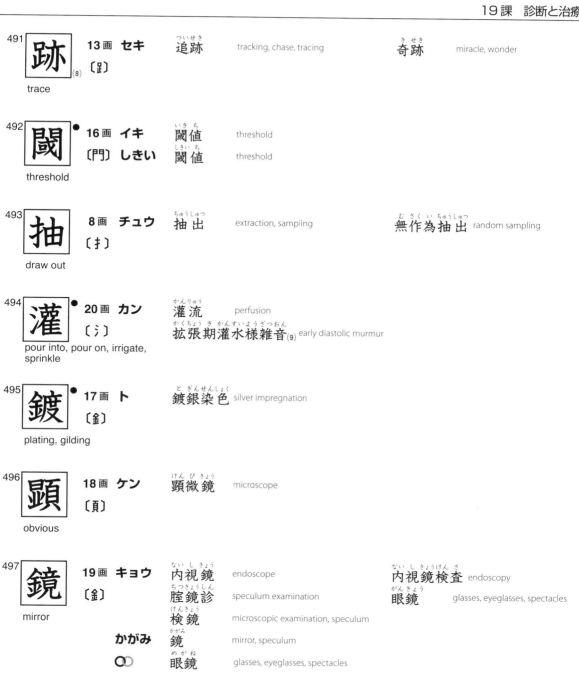

491 跡 (8) 13画 セキ 〔⻊〕 trace
追跡 ついせき tracking, chase, tracing
奇跡 きせき miracle, wonder

492 閾 ● 16画 イキ 〔門〕 しきい threshold
閾値 いきち threshold
閾値 しきいち threshold

493 抽 8画 チュウ 〔扌〕 draw out
抽出 ちゅうしゅつ extraction, sampling
無作為抽出 むさくいちゅうしゅつ random sampling

494 灌 ● 20画 カン 〔氵〕 pour into, pour on, irrigate, sprinkle
灌流 かんりゅう perfusion
拡張期灌水様雑音 かくちょうきかんすいようざつおん (9) early diastolic murmur

495 鍍 ● 17画 ト 〔金〕 plating, gilding
鍍銀染色 とぎんせんしょく silver impregnation

496 顕 18画 ケン 〔頁〕 obvious
顕微鏡 けんびきょう microscope

497 鏡 19画 キョウ 〔金〕 mirror
内視鏡 ないしきょう endoscope
腔鏡診 ちつきょうしん speculum examination
検鏡 けんきょう microscopic examination, speculum
鏡 かがみ mirror, speculum
眼鏡 めがね glasses, eyeglasses, spectacles
内視鏡検査 ないしきょうけんさ endoscopy
眼鏡 がんきょう glasses, eyeglasses, spectacles

498 椅 12画 イ 〔木〕 flacourtia
椅子 いす chair
車椅子 くるまいす wheel chair

(8) 訓読みに「あと」がある。

(9)「灌水」は「水を注ぐこと」である。

| 499 縫
(10)
sew | 16画 **ホウ**
〔糸〕 | 縫合 _{ほうごう} | suture | 縫縮術 _{ほうしゅくじゅつ} | plication |
| | | 縫工筋 _{ほうこうきん} | sartorius muscle | 縫製工場 _{ほうせいこうじょう} | garment factory |

縫合 suture
縫縮術 plication
縫工筋 sartorius muscle
縫製工場 garment factory

---

500 貼 (11) stick
12画 **チョウ** **テン** 〔貝〕

貼付 （ちょうふ） pasting
貼付 （てんぷ） pasting
貼付剤 （ちょうふざい） transdermal patch

---

501 杖 staff, cane
7画 **つえ** 〔木〕

杖 （つえ） walking stick (cane)
松葉杖 （まつばづえ） crutch
杖歩行 （つえほこう） crutch walking

---

502 隙 (12) opening
13画 **ゲキ** 〔阝〕

細隙灯顕微鏡 （さいげきとうけんびきょう） slit-lamp biomicroscope
上半規管裂隙症候群 （じょうはんきかんれつげきしょうこうぐん） superior canal dehiscence syndrome

---

503 鉗 shut (one's mouth)
13画 **カン** 〔金〕

鉗子 （かんし） forceps, clamp

---

504 煮 (13) boil
12画 **シャ** **に-る** 〔灬〕

煮沸 （しゃふつ） boiling
煮豆 （にまめ） boiled beans, cooked beans

---

505 絆 tie, bonds
11画 **バン** 〔糸〕

絆創膏 （ばんそうこう） adhesive bandage

---

506 松 (14) pine tree
8画 **まつ** 〔木〕

松葉杖 （まつばづえ） crutch

---

(10) 訓読みに「ぬ-う」がある。

(11) 訓読みに「は-る」がある。

(12) 訓読みに「すき」がある。

(13) 他の訓読みに「に-える」「に-やす」がある。

(14) 音読みに「ショウ」がある。

I 下の言葉の読みを書きましょう。

① 剖検 ＿＿＿＿＿＿＿＿＿＿＿＿

② 浸透圧 ＿＿＿＿＿＿＿＿＿＿＿＿

③ 浸漬 ＿＿＿＿＿＿＿＿＿＿＿＿

④ 肺動脈絞扼術 ＿＿＿＿＿＿＿＿＿＿＿＿

⑤ 濾過 ＿＿＿＿＿＿＿＿＿＿＿＿

⑥ 尤度比 ＿＿＿＿＿＿＿＿＿＿＿＿

⑦ 閾値 ＿＿＿＿＿＿＿＿＿＿＿＿

⑧ 灌流 ＿＿＿＿＿＿＿＿＿＿＿＿

⑨ 鍍銀染色 ＿＿＿＿＿＿＿＿＿＿＿＿

⑩ 内視鏡 ＿＿＿＿＿＿＿＿＿＿＿＿

⑪ 細隙灯顕微鏡 ＿＿＿＿＿＿＿＿＿＿＿＿

⑫ 鉗子 ＿＿＿＿＿＿＿＿＿＿＿＿

⑬ 煮豆 ＿＿＿＿＿＿＿＿＿＿＿＿

⑭ 絆創膏 ＿＿＿＿＿＿＿＿＿＿＿＿

II 下の言葉を漢字で書きましょう。

① かいぼう
dissection ＿＿＿＿＿＿＿＿＿＿

② とうせき
dialysis ＿＿＿＿＿＿＿＿＿＿

③ ばいよう
culture ＿＿＿＿＿＿＿＿＿＿

④ しんじゅん
infiltration ＿＿＿＿＿＿＿＿＿＿

⑤ びじゅう
nasal lavage fluid ＿＿＿＿＿＿＿＿＿＿

⑥ ついせき
tracking ＿＿＿＿＿＿＿＿＿＿

⑦ ちゅうしゅつ
extraction ＿＿＿＿＿＿＿＿＿＿

⑧ いす
chair ＿＿＿＿＿＿＿＿＿＿

⑨ ほうごう
suture ＿＿＿＿＿＿＿＿＿＿

⑩ ちょうふ・てんぷ
pasting ＿＿＿＿＿＿＿＿＿＿

⑪ しゃふつ
boiling ＿＿＿＿＿＿＿＿＿＿

⑫ まつばづえ
crutch ＿＿＿＿＿＿＿＿＿＿

Ⅲ　次の文に出ている漢字の読みを書きましょう。この課で学習した漢字、単語には＿＿が引いてあります。＿＿が引いてある単語は＿＿が引いてある漢字・単語といっしょになって一つの単語を作っています。意味がわからないときは自分で調べましょう。

① 糸球体濾過量が増加している。(第111回B問題36)

② 腟鏡診で外子宮口からの出血を認める。(第111回A問題47)

③ 尿培養を提出して抗菌薬の投与を開始した。(第111回A問題30)

④ 絞扼性イレウスの原因となりうるのはどれか。(第111回H問題15)

⑤ 米のとぎ汁様の白濁した気管支肺胞洗浄〈BAL〉液 (第107回A問題16)

⑥ 胸部エックス線写真で右下肺野に浸潤影を認める。(第111回A問題52)

⑦ 3年前から糖尿病腎症による腎不全で透析中である。(第106回A問題28)

⑧ 歩行は不安定で杖を用いてかろうじて自力歩行している。(第107回D問題44)

⑨ 40歳まで縫製工場で工具、その後65歳まで同工場の給食調理。(第111回B問題 56〜58の問題文)

⑩ フルオレセイン染色後の細隙灯顕微鏡写真（◗別冊No.3）を別に示す。(第111回B問題43)

⑪ 1年前から、椅子から立ち上がったり車の後部座席から降りたりする際に尻もちをつくようになり、次第にその頻度が増加した。(第106回A問題52)

20課 精神医学

Psychiatry

なんと読みますか。

自殺企図

憑依妄想

強迫行為

滅裂思考

507

我 〔戈〕 (1)

7画 ガ

自我 (じが)	ego	
怪我 (けが)	injury, wound	

我慢する (がまん) to endure, to control oneself

508

抑 〔扌〕 (2)

suppress

7画 ヨク

抑うつ (よく) (3) depression, repression

抑圧 (よくあつ) psychology repression, repression

抑制 (よくせい) inhibition, repression, suppression

---

(1) 訓読みに「われ」「わ」がある。

(2) 訓読みに「おさ - える」がある。

(3) 「抑うつ」は「抑鬱」と書く場合もある。

509 妬 (4) 〔女〕 6画 **モウ** 妄想 (もうそう) delusion せん妄 (もう)(5) delirium
random

510 拒 (6) 〔扌〕 8画 **キョ** 拒否 (きょひ) refusal, denial　拒絶 (きょぜつ) rejection, refusal
拒薬 (きょやく) drug (medicine) refusal
refuse

511 企 (7) 〔へ〕 6画 **キ** 自殺企図 (じさつきと) attempted suicide　企業 (きぎょう) firm, company
attempt

512 悶 〔心〕 12画 **モン** 苦悶 (くもん) agony, anguish, anxiety
be in agony, be worried

513 徘 〔彳〕 11画 **ハイ** 徘徊 (はいかい) wandering behavior
wander

514 徊 〔彳〕 9画 **カイ** 徘徊 (はいかい) wandering behavior
wandering

515 華 (8) 〔艹〕 10画 **カ** 昇華 (しょうか) sublimation　中華料理 (ちゅうかりょうり) Chinese food
gorgeous

516 憑 〔心〕 16画 **ヒョウ** 憑依妄想 (ひょういもうそう) delusion of possession
be possessed

---

(4) 他の音読みに「ボウ」がある。

(6) 訓読みに「こば‐む」がある。

(8) 他の音読みに「ケ」、訓読みに「はな」がある。

(5) 「せん妄」は「譫妄」と書く場合もある。

(7) 訓読みに「くわだ‐てる」がある。

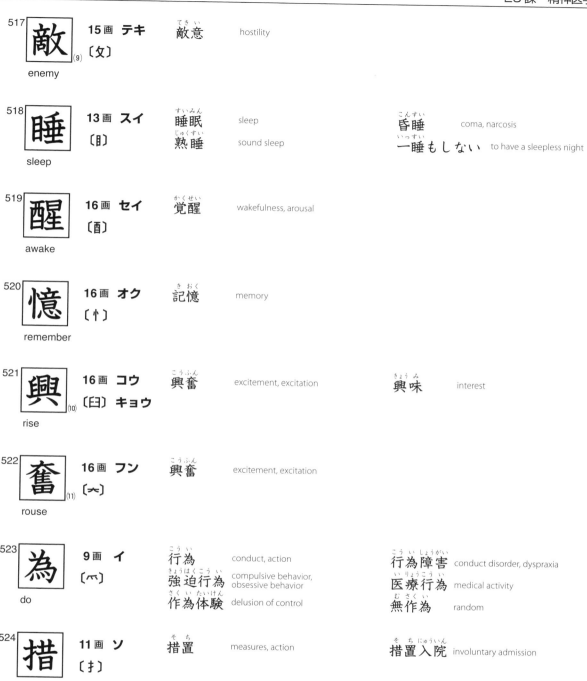

517	敵 (9) 〔攵〕 enemy	15画 **テキ**	敵意 (てきい)	hostility			
518	睡 〔目〕 sleep	13画 **スイ**	睡眠 (すいみん) 熟睡 (じゅくすい)	sleep sound sleep	昏睡 (こんすい) 一睡もしない (いっすい)	coma, narcosis to have a sleepless night
519	醒 〔酉〕 awake	16画 **セイ**	覚醒 (かくせい)	wakefulness, arousal		
520	憶 〔忄〕 remember	16画 **オク**	記憶 (きおく)	memory		
521	興 (10) 〔臼〕 rise	16画 **コウ** **キョウ**	興奮 (こうふん)	excitement, excitation	興味 (きょうみ)	interest
522	奮 (11) 〔大〕 rouse	16画 **フン**	興奮 (こうふん)	excitement, excitation		
523	為 〔灬〕 do	9画 **イ**	行為 (こうい) 強迫行為 (きょうはくこうい) 作為体験 (さくいたいけん)	conduct, action compulsive behavior, obsessive behavior delusion of control	行為障害 (こういしょうがい) 医療行為 (いりょうこうい) 無作為 (むさくい)	conduct disorder, dyspraxia medical activity random
524	措 〔扌〕 dispose	11画 **ソ**	措置 (そち)	measures, action	措置入院 (そちにゅういん)	involuntary admission

(9) 訓読みに「かたき」がある。

(10) 訓読みに「おこ - る」「おこ - す」がある。

(11) 訓読みに「ふる - う」がある。

525 滅 〔氵〕 perish, destroy	13画 メツ	支離滅裂 incoherent, inconsistent 滅菌 sterilization 撲滅 eradication, extermination	滅裂思考 inconsistent thoughts 挫滅 crush injury, detrition

525 (12)

526 奔 〔大〕 run	8画 ホン	観念奔逸 flight of ideas	奔馬調律 gallop rhythm

527 逸 〔辶〕 let escape, deviat from	11画 イツ	観念奔逸 flight of ideas 僧帽弁逸脱症候群 mitral valve prolapse syndrome	逸脱 deviation, escape

528 銘 〔金〕 inscription	14画 メイ	記銘力 capacity to register, memory retention	

529 躁 〔足〕 frenzy,raving madness, wild excitement	20画 ソウ	躁状態 manic state 躁うつ病 (13) manic-depressive psychosis, manic-depressive illness	躁病 mania

530 遂 〔辶〕 accomplish	12画 スイ	遂行機能障害 executive function disorders	

530 (14)

531 驚 〔馬〕 surprise	22画 キョウ	夜驚症 night terrors, pavor nocturnus	

531 (15)

532 催 〔亻〕 hold	13画 サイ	催眠療法 hypnotherapy 開催する to hold (a meeting), to open (an exhibition)	催吐薬 emetic (drug)

532 (16)

---

(12) 訓読みに「ほろ-びる」「ほろ-ぼす」がある。

(14) 訓読みに「と-げる」がある。

(16) 訓読みに「もよお-す」がある。

(13) 「躁うつ病」は「躁鬱病」と書く場合もある。

(15) 訓読みに「おどろ-く」「おどろ-かす」がある。

I 下の言葉の読みを書きましょう。

① 怪我 ＿＿＿＿＿＿＿＿＿

② 妄想 ＿＿＿＿＿＿＿＿＿

③ 苦悶 ＿＿＿＿＿＿＿＿＿

④ 徘徊 ＿＿＿＿＿＿＿＿＿

⑤ 憑依妄想 ＿＿＿＿＿＿＿＿＿

⑥ 昏睡 ＿＿＿＿＿＿＿＿＿

⑦ 覚醒 ＿＿＿＿＿＿＿＿＿

⑧ 支離滅裂 ＿＿＿＿＿＿＿＿＿

⑨ 滅菌 ＿＿＿＿＿＿＿＿＿

⑩ 奔馬調律 ＿＿＿＿＿＿＿＿＿

⑪ 観念奔逸 ＿＿＿＿＿＿＿＿＿

⑫ 記銘力 ＿＿＿＿＿＿＿＿＿

⑬ 躁状態 ＿＿＿＿＿＿＿＿＿

⑭ 夜驚症 ＿＿＿＿＿＿＿＿＿

II 下の言葉を漢字で書きましょう。

① よくせい
repression ＿＿＿＿＿＿＿＿＿

② きょひ
refusal ＿＿＿＿＿＿＿＿＿

③ じさつきと
attempted suicide ＿＿＿＿＿＿＿＿＿

④ しょうか
sublimation ＿＿＿＿＿＿＿＿＿

⑤ てきい
hostility ＿＿＿＿＿＿＿＿＿

⑥ すいみん
sleep ＿＿＿＿＿＿＿＿＿

⑦ きおく
memory ＿＿＿＿＿＿＿＿＿

⑧ きょうみ
interest ＿＿＿＿＿＿＿＿＿

⑨ こうふん
excitement ＿＿＿＿＿＿＿＿＿

⑩ そち
measures ＿＿＿＿＿＿＿＿＿

⑪ すいこうきのうしょうがい
executive dysfunction

＿＿＿＿＿＿＿＿＿

⑫ さいみんりょうほう
hypnotherapy

＿＿＿＿＿＿＿＿＿

Ⅲ　次の文に出ている漢字の読みを書きましょう。この課で学習した漢字、単語には＿＿が引いてあります。＿＿が引いてある単語は＿＿が引いてある漢字・単語といっしょになって一つの単語を作っています。意味がわからないときは自分で調べましょう。

① 妻に対する無意識の<u>敵意</u>が原因である。（第111回 I 問題41）

② <u>自殺企図</u>のあったことを警察に通報する。（第111回 H 問題23）

③ 最終月経は<u>記憶</u>があいまいではっきりしない。（第106回 B 問題45）

④ 双^{そうきょく}極性障害の<u>躁状態</u>でみられる症状はどれか。（第111回 A 問題14）

⑤ 副腎皮質ステロイドと<u>免疫抑制薬</u>とを内服している。（第110回 A 問題39）

⑥ <u>睡眠時無呼吸症候群</u>に行う在宅人工換気療法はどれか。（第110回 B 問題28）

⑦ 「（前略）このまま癌で死んでもかまわない」と手術を<u>拒否</u>した。（第110回 B 問題42）

⑧ <u>記銘力低下</u>を認める患者の家族の訴えで、Pick 病を最も疑わせるのはどれか。（第111回 I 問題6）

⑨ 1週前から咳が出るようになり、2日前から発熱が出現したが、入院を嫌って自宅で<u>我慢</u>していた。（第106回 B 問題41）

⑩ 同級生らの話では、病院の近くの公園で、青年男性の無差別な暴力<u>行為</u>が発生しており、他にも数人が負傷しているとのことである。（第110回 B 問題　50～52の問題文）

⑪ 周囲に対して関心を示さず、部屋に閉じこもるようになり、最近は目的もなく毎日決まった時刻に全く同じルートを<u>徘徊</u>し、制止しても言うことをきかないという。（第111回 A 問題46）

なんと読みますか。

臨床検査技師　　　　　　管理栄養士

介護福祉士　　　　　　　養護教諭

---

533 護 20画 ゴ 〔言〕
protect

- 介護 (かいご) care
- 保護 (ほご) protection, conservation
- 養護 (ようご) nursing, protective care
- 防護 (ぼうご) protection
- 看護 (かんご) nursing
- 救護 (きゅうご) rescue, aid
- 特別養護老人ホーム (とくべつようごろうじん) special nursing home for the elderly

534 臨 18画 リン 〔臣〕(1)
look over, face

- 臨床 (りんしょう) medical practice, clinical
- 臨床試験 (りんしょうしけん) clinical trial, clinical study
- 臨場する (りんじょう) to go to, to attend
- 臨床研究 (りんしょうけんきゅう) clinical research
- 臨床検査技師 (りんしょうけんさぎし) laboratory personnel, clinical technologist

535 衛 16画 エイ 〔行〕
guard

- 衛生 (えいせい) sanitation, hygiene

---

(1) 訓読みに「のぞ-む」がある。

536	虐 〔虍〕(2) cruel	9画	ギャク	虐待 ぎゃくたい	torture, abuse		
537	載 〔車〕(3) put on	13画	サイ	記載 きさい	mention, record		
538	欄 〔木〕 column	20画	ラン	欄(4) らん	field, column	欄干 らんかん	handrail, parapet
539	巡 〔巛〕(5) go round	6画	ジュン	巡視 じゅんし	tour of inspection, patrol	巡回 じゅんかい	round, tour, patrol
540	揮 〔扌〕 wield	12画	キ	指揮 しき	command, supervision		

541	養 〔食〕(6) bring up	15画	ヨウ	栄養 えいよう	nutrition, alimentation	培養 ばいよう	culture, cultivation, incubation
				療養 りょうよう	recuperation, convalescence	養護 ようご	nursing, protective care
				特別養護老人ホーム とくべつようごろうじん	special nursing home for the elderly		
				養育 よういく	(child) rearing, bringing up	供養 くよう	memorial service

542	搬 〔扌〕 carry	13画	ハン	搬入する はんにゅう	to carry something in	搬送する はんそう	to transport
				運搬 うんぱん	haulage, transportation		

543	施 〔方〕(7) carry out	9画	シ	実施 じっし	enforcement, execution	施行 しこう	operation, enforcement
				施設 しせつ	institution, facility	施術所 しじゅつしょ	treatment place
				施工(8) しこう	execution (of works)		
			セ	施行 せこう	operation, enforcement	施術所 せじゅつしょ	treatment place
				施工(8) せこう	execution (of works)		

---

(2) 訓読みに「しいた-げる」がある。　　(3) 訓読みに「の-る」「の-せる」がある。

(4) 医師国家試験では「書類などの記入する部分」の意味で使われる。

(5) 訓読みに「めぐ-る」がある。　　(6) 訓読みに「やしな-う」がある。

(7) 訓読みに「ほどこ-す」がある。　　(8) 工事に対して使う。

544 援 aid	12画 エン 〔扌〕	支援 support	援助 help, assistance, aid
		応援(9) help, support, cheering	後援会 supporters' association

545 祉 happiness	8画 シ 〔衤〕	福祉 welfare, well-being	社会福祉 social welfare
		介護福祉士 certified care worker	救急救命士 paramedic, emergency medical technician

546 士 man	3画 シ 〔士〕	管理栄養士 (cartified) dietitian, nutrionist	介護福祉士 certified care worker

547 諭(10) admonish	16画 ユ 〔言〕	教諭 teacher	養護教諭 school nurse

548 偶 couple	11画 グウ 〔亻〕	配偶者 spouse	偶発 accidental

549 寿(11) longevity	7画 ジュ 〔士〕	寿命 life span, duration of life	平均寿命 mean life

550 姻 marriage	9画 イン 〔女〕	婚姻 marriage	婚姻率 marriage rate, nuptiality rate

551 籍 writing	20画 セキ 〔⺮〕	本籍 one's legally registered domicile	

(9) 医師国家試験では「応援の医師と看護師を呼んだ」のように、「人手が足りない状況を改善すること」という意味で使われる。

(10) 訓読みに「さと - す」がある。

(11) 訓読みに「ことぶき」がある。

552	殊 (12) 〔歹〕 special	10画 シュ	特殊な (とくしゅ)	special, particular, unique	合計特殊出生率 (ごうけいとくしゅしゅっせいりつ) total fertility rate
553	僚 〔亻〕 colleague	14画 リョウ	同僚 (どうりょう)	colleague, fellow worker	
554	扱 〔扌〕 handle	6画 あつか-う	取扱い (とりあつか) (13)	treatment, handling, management	
555	墜 〔土〕 fall	15画 ツイ	墜落 (ついらく)	accidental fall, (airplane) crash	
556	煤 〔火〕 soot	13画 すす	煤 (すす)	soot	
557	塵 〔土〕 dust	14画 ジン	粉塵 (ふんじん)	fine particles (of stone, coal, metal)	
558	伐 〔亻〕 cut	6画 バツ	伐採 (ばっさい)	(tree) felling, defrorestation	
559	綱 (14) 〔糸〕 rope	14画 つな	命綱 (いのちづな)	lifeline	

(12) 訓読みに「こと」がある。

(13) 「取扱い」は「取り扱い」「取扱」と書かれる場合もある。

(14) 音読みに「コウ」がある。

I 下の言葉の読みを書きましょう。

①虐待　＿＿＿＿＿＿＿＿＿　　⑧本籍　＿＿＿＿＿＿＿＿＿

②欄　　＿＿＿＿＿＿＿＿＿　　⑨特殊　＿＿＿＿＿＿＿＿＿

③巡視　＿＿＿＿＿＿＿＿＿　　⑩墜落　＿＿＿＿＿＿＿＿＿

④指揮　＿＿＿＿＿＿＿＿＿　　⑪煤　　＿＿＿＿＿＿＿＿＿

⑤施行　＿＿＿＿＿＿＿＿＿　　⑫粉塵　＿＿＿＿＿＿＿＿＿

⑥寿命　＿＿＿＿＿＿＿＿＿　　⑬伐採　＿＿＿＿＿＿＿＿＿

⑦婚姻　＿＿＿＿＿＿＿＿＿　　⑭命綱　＿＿＿＿＿＿＿＿＿

II 下の言葉を漢字で書きましょう。

①かいご　＿＿＿＿＿＿＿
care

②りんしょう　＿＿＿＿＿＿＿
medical practice

③えいせい　＿＿＿＿＿＿＿
sanitation

④きさい　＿＿＿＿＿＿＿
mention

⑤りょうよう　＿＿＿＿＿＿＿
recuperation

⑥はんにゅうする　＿＿＿＿＿＿＿
to carry something in

⑦じっし　＿＿＿＿＿＿＿
enforcement

⑧しえん　＿＿＿＿＿＿＿
support

⑨ふくし　＿＿＿＿＿＿＿
welfare

⑩かんりえいようし
national registered dietitian

　　　　　　＿＿＿＿＿＿＿

⑪はいぐうしゃ　＿＿＿＿＿＿＿
spouse

⑫どうりょう　＿＿＿＿＿＿＿
colleague

Ⅲ 次の文に出ている漢字の読みを書きましょう。この課で学習した漢字、単語には＿＿が引いてあります。＿＿が引いてある単語は＿＿が引いてある漢字・単語といっしょになって一つの単語を作っています。意味がわからないときは自分で調べましょう。

① 術前に中心静脈栄養を行う。（第107回A問題13）

② 実生活の場での援助が重要である。（第107回C問題2）

③ 予診票に「熱がある」と記載されている。（第108回C問題　26〜27の問題文）

④ 災害現場では医師は救急救命士の指揮下に入る。（第107回B問題5）

⑤ その後、意識を失い倒れたため、救急搬入された。（第107回A問題40）

⑥ 精神保健及び精神障害者福祉に関する法律による措置入院（第108回B問題2）

⑦ これまでの臨床経過と既往歴から下部消化管内視鏡検査を行った。（第107回B問題　58〜60の問題文）

⑧ 先日、同僚が大腸癌で手術を受けたため、自分も癌ではないかと気になり自宅近くの診療所を受診した。（第107回B問題　58〜60の問題文）

⑨ 合計特殊出生率、周産期死亡率、出生時の平均体重、低出生体重児の出生割合、複産〈多胎〉の出生割合を図に示す。（第108回B問題20）

⑩ いったん状態は安定したが、翌日の深夜、モニターのアラームが鳴ったため看護師が病室に駆けつけたところ心肺停止状態であった。（第107回B問題40）

なんと読みますか。

560 **緩** (1)	15画 **カン** 〔糸〕 loose	緩和（かんわ）	mitigation, relaxation	緩和ケア（かんわケア） palliative care
		弛緩（しかん）	relaxation	連合弛緩（れんごうしかん） loosening of association
		緩徐な（かんじょな）	slow	

561 **従** (2)	10画 **ジュウ** 〔彳〕 follow	従事する（じゅうじする）	to engage in (business), to follow a profession	医療従事者（いりょうじゅうじしゃ） medical staff, health care staff
		従量式（じゅうりょうしき）	volume-controlled	従圧式（じゅうあつしき） pressure-controlled
		専従（せんじゅう）	working full-time	従属人口指数（じゅうぞくじんこうしすう） ratio of dependent population

562 **棟** (3)	12画 **トウ** 〔木〕 ridge	病棟（びょうとう）	hospital ward, inpatient department	転棟（てんとう） transfer of patients between wards

(1) 訓読みに「ゆる - い」「ゆる - やか」「ゆる - む」「ゆる - める」がある。

(2) 他の音読みに「ショウ」「ジュ」、訓読みに「したが - う」「したが - える」がある。

(3) 訓読みに「むね」「むな」がある。

563 **括** 9画 カツ 〔扌〕
lump together

<ruby>地域包括支援<rt>ち いき ほう かつ し えん</rt></ruby>センター Comprehensive Community Support Center

<ruby>内肛門括約筋<rt>ない こう もん かつ やく きん</rt></ruby> internal anal sphincter　　<ruby>外尿道括約筋<rt>がい にょう どう かつ やく きん</rt></ruby> external urethral sphincter

564 **箋** 14画 セン 〔⺮〕
tag

<ruby>処方箋<rt>しょ ほう せん</rt></ruby>(4) prescription, formula

565 **献** 13画 ケン 〔犬〕
offer コン

<ruby>献血<rt>けん けつ</rt></ruby> blood donation　　<ruby>文献<rt>ぶん けん</rt></ruby> literature, documents

<ruby>献身的な<rt>けん しん てき</rt></ruby> devoted

<ruby>献立<rt>こん だて</rt></ruby> menu

566 **派** 9画 ハ 〔氵〕
group

<ruby>派遣<rt>は けん</rt></ruby> dispatch, detachment

<ruby>災害派遣医療<rt>さい がい は けん い りょう</rt></ruby>チーム Disaster Medical Assistance Team (DMAT)

567 **遣** 13画 ケン 〔辶〕(5) つか-う
dispatch

<ruby>派遣<rt>は けん</rt></ruby> dispatch, detachment　　<ruby>災害派遣医療<rt>さい がい は けん い りょう</rt></ruby>チーム Disaster Medical Assistance Team (DMAT)

<ruby>無駄遣い<rt>む だ づか</rt></ruby> wasting

568 **票** 11画 ヒョウ 〔示〕
slip, card

<ruby>問診票<rt>もん しん ひょう</rt></ruby> (medical) interview sheet, medical questionnaire　　<ruby>予診票<rt>よ しん ひょう</rt></ruby> vaccine screening questionnaire

569 **隊** 12画 タイ 〔阝〕
party

<ruby>救急隊<rt>きゅう きゅう たい</rt></ruby> ambulance crew, rescue squad　　<ruby>消防隊員<rt>しょう ぼう たい いん</rt></ruby> fireman

570 **請** 15画 セイ 〔言〕(6)
ask

<ruby>要請する<rt>よう せい</rt></ruby> to request　　<ruby>申請<rt>しん せい</rt></ruby> application, request

<ruby>請求<rt>せい きゅう</rt></ruby> demand, request, claim

---

(4) 「<ruby>処方箋<rt>しょ ほう せん</rt></ruby>」は「処方せん」のようにひらがなで書く場合もある。

(5) 他の訓読みに「つか-わす」がある。

(6) 他の音読みに「シン」、訓読みに「こ-う」「う-ける」がある。

571 源 (7) 13画 ゲン 〔氵〕
source

資源 しげん resource
電源 でんげん power source, power supply
財源 ざいげん source of revenue, (financial) resources

572 償 (8) 17画 ショウ 〔亻〕
compensate

補償 ほしょう compensation
代償性変化 だいしょうせいへんか compensatory change
無償 むしょう gratis, free (of charge)

573 扶 7画 フ 〔扌〕
support

医療扶助 いりょうふじょ medical-assistance, medical treatment aid

574 帳 11画 チョウ 〔巾〕
notebook

母子健康手帳 ぼしけんこうてちょう mother-children health passbook, maternity health record book
身体障害者手帳 しんたいしょうがいしゃてちょう Physically Disabled Certificate
お薬手帳 くすりてちょう medication notebook

575 審 15画 シン 〔宀〕
investigate

審査 しんさ examination, investigation, judgement
審議 しんぎ careful discussion, deliberation
不審な ふしん doubtful, suspicious

576 宣 9画 セン 〔宀〕
declare

宣言 せんげん declaration, proclamation, statement
ヘルシンキ宣言 せんげん Declaration of Helsinki
リスボン宣言 せんげん Declaration of Lisbon
アルマ・アタ宣言 せんげん Declaration of Alma-Ata

577 圏 12画 ケン 〔囗〕
sphere

二次医療圏 にじいりょうけん secondary medical care area
日常生活圏域 にちじょうせいかつけんいき daily living area

578 避 (9) 16画 ヒ 〔辶〕
avoid

避難 ひなん refuge, evacuation
逃避 とうひ escape, flight
避妊 ひにん contraception, anticonception
回避 かいひ avoidance, evasion

（7）訓読みに「みなもと」がある。

（8）訓読みに「つぐな-う」がある。

（9）訓読みに「さ-ける」がある。

579	災 (10) 〔火〕 disaster	7画 サイ	災害 disasters 防災体制 disaster prevention system	火災 fire, conflagration 被災患者 patients affected by disasters

579 災 7画 サイ 〔火〕 disaster (10)

さいがい 災害 disasters
ぼうさいたいせい 防災体制 disaster prevention system
かさい 火災 fire, conflagration
ひさいかんじゃ 被災患者 patients affected by disasters

580 策 12画 サク 〔⺮〕 scheme

たいさく 対策 measures, countermeasures
さくてい 策定する to draw up (a plan), to work out (a program)
かんせんたいさく 感染対策 infection control
せいさく 政策 policy

581 廃 12画 ハイ 〔广〕 abolish (11)

はいき 廃棄 disposal, abolition
はいようしょうこうぐん 廃用症候群 disuse syndrome
はいきぶつ 廃棄物 waste product

582 棄 13画 キ 〔木〕 throw away

はいき 廃棄 disposal, abolition
はき 破棄する to destroy (a document, etc.), to annul (an agreement, etc.)
はいきぶつ 廃棄物 waste product

583 衆 12画 シュウ 〔血〕 multitude (12)

こうしゅう 公衆 public
こうしゅうえいせい 公衆衛生 public health

584 督 13画 トク 〔目〕 supervise

かんとく 監督する to supervise, to control
ろうどうきじゅんかんとくしょ 労働基準監督署 Labor Standards Inspection Office

585 潔 15画 ケツ 〔氵〕 clean (13)

せいけつ 清潔 cleanliness, neatness
ふけつな 不潔な dirty, filthy

586 蔓● 14画 マン 〔艹〕 spread, sprawl

まんえん 蔓延 spread (of a disease, etc.)

---

(10) 訓読みに「わざわ - い」がある。

(11) 訓読みに「すた - れる」「すた - る」がある。

(12) 他の音読みに「シュ」がある。

(13) 訓読みに「いさぎよ - い」がある。

22課 練習問題

I 下の言葉の読みを書きましょう。

① 弛緩 ＿＿＿＿＿＿＿＿

② 地域包括支援センター

＿＿＿＿＿＿＿＿

③ 処方箋 ＿＿＿＿＿＿＿＿

④ 無駄遣い ＿＿＿＿＿＿＿＿

⑤ 補償 ＿＿＿＿＿＿＿＿

⑥ 医療扶助 ＿＿＿＿＿＿＿＿

⑦ 母子健康手帳 ＿＿＿＿＿＿＿＿

⑧ 審査 ＿＿＿＿＿＿＿＿

⑨ 二次医療圏 ＿＿＿＿＿＿＿＿

⑩ 廃棄 ＿＿＿＿＿＿＿＿

⑪ 従事する ＿＿＿＿＿＿＿＿

⑫ 監督する ＿＿＿＿＿＿＿＿

⑬ 清潔 ＿＿＿＿＿＿＿＿

⑭ 蔓延 ＿＿＿＿＿＿＿＿

II 下の言葉を漢字で書きましょう。

① かんわ ＿＿＿＿＿＿＿＿
mitigation

② びょうとう ＿＿＿＿＿＿＿＿
hospital ward

③ けんけつ ＿＿＿＿＿＿＿＿
blood donation

④ はけん ＿＿＿＿＿＿＿＿
dispatch

⑤ もんしんひょう ＿＿＿＿＿＿＿＿
medical interview sheet

⑥ きゅうきゅうたい ＿＿＿＿＿＿＿＿
rescue squad

⑦ ようせいする ＿＿＿＿＿＿＿＿
to request

⑧ しげん ＿＿＿＿＿＿＿＿
resource

⑨ ひなん ＿＿＿＿＿＿＿＿
refuge

⑩ さいがい ＿＿＿＿＿＿＿＿
disasters

⑪ たいさく ＿＿＿＿＿＿＿＿
measures

⑫ こうしゅう ＿＿＿＿＿＿＿＿
public

Ⅲ 次の文に出ている漢字の読みを書きましょう。この課で学習した漢字、単語には＿＿＿が引いてあります。＿＿＿が引いてある単語は＿＿＿が引いてある漢字・単語といっしょになって一つの単語を作っています。意味がわからないときは自分で調べましょう。

① 衛生委員会での審議 （第 109 回 E 問題 10）

② 救急隊からの病歴聴取 （第 109 回 C 問題 24）

③「医療費の無駄遣いです」（第 109 回 C 問題 18）

④ 着衣は汚く、不潔な状況である。 （第 106 回 F 問題 23）

⑤ 健康日本 21 にその対策が位置付けられている。 （第 109 回 C 問題 15）

⑥「母子健康手帳で予防接種歴を確認しましょう」（第 110 回 A 問題 53）

⑦ 災害拠点病院は被災患者を 24 時間体制で受け入れる。 （第 110 回 B 問題 19）

⑧ ショック状態と判断し、直ちに医療従事者を集めた。 （第 110 回 B 問題 50 ～ 52 の問題文）

⑨ 四肢に弛緩性で左右対称性の麻痺があり、徒手筋力テストで 2 程度である。 （第 110 回 A 問題 60）

⑩ 今朝起きてこないので、妻が様子を見に行ったところ反応がなかったため救急車を要請した。 （第 108 回 C 問題 28 ～ 29 の問題文）

⑪ 頭部外傷で救急搬送された患者が、痛み刺激で開眼せず、意味不明の発声があり、疼痛刺激部分からの逃避運動をするとき、Glasgow coma scale による評価で正しいのはどれか。

（第 109 回 C 問題 8）

23課 関係と空間

Relationship and Space

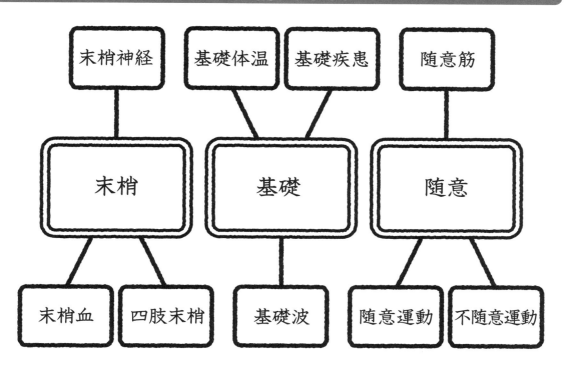

587 系	7画 ケイ 〔糸〕	系統 (けいとう)	system, strain, line	家系図 (かけいず)	pedigree
relate		時系列 (じけいれつ)	time series	〜系(1) (けい)	... system, ... derivatives

588 統(2)	12画 トウ 〔糸〕	統合 (とうごう)	intergration, unification	統合失調症 (とうごうしっちょうしょう)	schizophrenia, schizophrenic disorder
unify		系統 (けいとう)	strain, system, line	多系統萎縮症 (たけいとういしゅくしょう)	multiple system atrophy
		統計 (とうけい)	statistics		

589 徴	14画 チョウ 〔彳〕	特徴 (とくちょう)	characteristic, special feature	二次性徴 (にじせいちょう)	secondary sex characteristics
sign, collect		Fallot四徴症 (ファロー しちょうしょう)	Fallot's tetralogy, tetralogy of Fallot		

（1）「脳神経系（のうしんけいけい）」「ペニシリン系」などのように使う。

（2）訓読みに「す‐べる」がある。

| 590 拠
grounds | 8画 キョ
〔扌〕

コ | 根拠 reason, evidence
占拠 occupation
証拠 evidence, proof | 拠点 foothold, base
占拠性病変 space-occupying lesion |

| 591 偏
uneven | 11画 ヘン
〔亻〕

かたよ-る | 偏位 deviation, shift
偏光顕微鏡 polarizing microscope
偏り bias, deviation, inclination | 偏食 unbalanced diet |

| 592 随
follow | 12画 ズイ
〔阝〕 | 随意 voluntary
不随意運動 involuntary movement
随時 whenever necessary, as required
随伴する to be concomitant, to accompany | 随意運動 voluntary movement
随意筋 voluntary muscle
随時血糖 casual blood glucose |

| 593 模
pattern | 14画 モ
〔木〕 ボ | 模式図 schema
大規模災害 mass disaster | 模写 copy, facsimile
規模 scale |

| 594 該
correspond | 13画 ガイ
〔訁〕 | 該当する to be applicable (to),
to correspond (to) | |

| 595 致
do | 10画 チ
〔至〕(3) | 合致する to coincide with
致命率 case fatality rate | 一致する to be consistent with,
to coincide with
致死薬 lethal drug |

| 596 礎
foundation stone | 18画 ソ
〔石〕(4) | 基礎 foundation, base, basis
基礎疾患 underlying disease | 基礎体温 basal body temperature
基礎波 basic wave |

| 597 詳
detailed | 13画 ショウ
〔訁〕(5) | 詳細 details | |

---

(3) 訓読みに「いた-す」がある。

(4) 訓読みに「いしずえ」がある。

(5) 訓読みに「くわ-しい」がある。

598 称 call	10画 ショウ 〔禾〕	対称 たいしょう symmetry 呼称 こしょう name	左右対称 さゆうたいしょう left-right symmetry, bilateral symmetry 名称 めいしょう name, title
599 携 carry	13画 ケイ (6)〔扌〕	連携 れんけい cooperation 携帯電話 けいたいでんわ cellular phone 携帯型心電図記録計 けいたいがたしんでんずきろくけい ambulatory electro cardiogram	携帯する けいたい to carry, to have something with one
600 須 must	12画 ス 〔頁〕	必須 ひっす indispensable, essential	
601 典 standard, book	8画 テン 〔ハ〕	典型的な てんけいてきな typical	
602 概 general	14画 ガイ 〔木〕	概要 がいよう summary, outline	
603 又 again	2画 また 〔又〕	又は また or	
604 縦 vertical	16画 ジュウ 〔糸〕 たて	縦隔 じゅうかく mediastinum 内側縦束 ないそくじゅうそく medial longitudinal fasciculus 縦軸 たてじく longitudinal axis	縦走する じゅうそう to be longitudinal 縦幅 たてはば height
605 隔 separate	13画 カク (7)〔阝〕	隔離 かくり isolation, segregation, sequestration 中隔 ちゅうかく septum 遠隔転移 えんかくてんい distant metastasis	縦隔 じゅうかく mediastinum 横隔膜 おうかくまく diaphragm 隔年 かくねん every other year

(6) 訓読みに「たずさ - える」「たずさ - わる」がある。

(7) 訓読みに「へだ - てる」「へだ - たる」がある。

606 軸 axie	12画 ジク 〔車〕	縦軸 longitudinal axis 眼軸長 eye axial length 左室短軸像 left ventricular short-axis image	横軸 transverse axis, horizontal axis 環軸関節 atlanto-axial joint

607 梢 twig, treetop	11画 ショウ (8)〔木〕	末梢 peripheral 末梢神経 peripheral nerve	末梢血 peripheral blood 四肢末梢 distal portion of the extremities

608 縁 edge	15画 エン (9)〔糸〕	胸骨左縁 left sternal border 辺縁 limbic, verge, border 後縁 posterior margin	胸骨右縁 right sternal border 下縁 inferior margin, inferior border

609 端 end	14画 タン (10)〔立〕	先端 point, pointed end 末端 distal part, ending, terminal 上端 upper end, superior extremity	骨端 epiphysis, apophysis 断端 stump 下端 lower end, inferior extremity

610 範 model	15画 ハン 〔竹〕	範囲 range 広範囲切除 massive resection	正常範囲 normal limits

611 隣 neighbor	16画 リン (11)〔阝〕 となり	近隣 neighborhood 隣人 neighbor 隣県 neighboring prefecture 隣町 neighboring town	隣家 nearby house, the house next door 隣接 neighboring, adjacent

612 沿 along	8画 そ-う (12)〔氵〕	道沿い along the road	

613 距 distance	12画 キョ 〔𧾷〕	距離 distance	

(8) 「梢」は「梢」と書く場合もある。→ p.10

(9) 訓読みに「ふち」がある。

(10) 訓読みに「はし」「は」「はた」がある。

(11) 他の訓読みに「とな‐る」がある。

(12) 音読みに「エン」がある。

I 下の言葉の読みを書きましょう。

①基礎 ＿＿＿＿＿＿＿＿＿

②詳細 ＿＿＿＿＿＿＿＿＿

③対称 ＿＿＿＿＿＿＿＿＿

④連携 ＿＿＿＿＿＿＿＿＿

⑤必須 ＿＿＿＿＿＿＿＿＿

⑥概要 ＿＿＿＿＿＿＿＿＿

⑦又は ＿＿＿＿＿＿＿＿＿

⑧縦軸 ＿＿＿＿＿＿＿＿＿

⑨横隔膜 ＿＿＿＿＿＿＿＿＿

⑩模式図 ＿＿＿＿＿＿＿＿＿

⑪末梢 ＿＿＿＿＿＿＿＿＿

⑫範囲 ＿＿＿＿＿＿＿＿＿

⑬近隣 ＿＿＿＿＿＿＿＿＿

⑭距離 ＿＿＿＿＿＿＿＿＿

II 下の言葉を漢字で書きましょう。

①けいとう
system ＿＿＿＿＿＿＿＿＿

②とうごう
integration ＿＿＿＿＿＿＿＿＿

③とくちょう
characteristic ＿＿＿＿＿＿＿＿＿

④こんきょ
reason ＿＿＿＿＿＿＿＿＿

⑤へんい
deviation ＿＿＿＿＿＿＿＿＿

⑥ずいい
voluntary ＿＿＿＿＿＿＿＿＿

⑦がいとうする
to be applicable ＿＿＿＿＿＿＿＿＿

⑧いっちする
to be consistent with ＿＿＿＿＿＿＿＿＿

⑨てんけいてきな
typical ＿＿＿＿＿＿＿＿＿

⑩じゅうかく
mediastinum ＿＿＿＿＿＿＿＿＿

⑪きょうこつさえん
left sternal border ＿＿＿＿＿＿＿＿＿

⑫せんたん
point ＿＿＿＿＿＿＿＿＿

Ⅲ 次の文に出ている漢字の読みを書きましょう。この課で学習した漢字、単語には＿＿が引いてあります。＿＿が引いてある単語は＿＿が引いてある漢字・単語といっしょになって一つの単語を作っています。意味がわからないときは自分で調べましょう。

① 口蓋垂の<u>偏位</u>を認める。（第111回C問題24）

② 脳波における<u>基礎波</u>の徐波化（第111回H問題1）

③ 血友病に<u>特徴</u>的な出血部位はどれか。（第110回B問題11）

④ 体幹筋と下肢筋の<u>随意</u>運動は不可能。（第111回B問題48）

⑤ 縦軸に20歳時の発達・発育量を100%としたときの値、<u>横軸</u>に年齢を示す。（第111回H問題12）

⑥ 5日前の大地震で主要道路が破壊され、<u>大規模</u>な余震が続く地域に居住している。（第111回H

問題27）

⑦ 四肢近位筋に<u>左右対称性</u>の把握痛と徒手筋力テストで3～4の筋力低下とを認める。（第111

回B問題 53～55の問題文）

⑧ 10日前から、急性細菌性前立腺炎の診断でニューキノロン<u>系</u>抗菌薬の投与を受けている。

（第111回H問題 35～36の問題文）

⑨ 医療、介護および福祉の分野で<u>連携</u>する職種の専門性や主たる役割について最も適切なの

はどれか。（第111回B問題2）

⑩ 約半年前から物忘れを自覚していた。最近になり認知症の妻の服薬内容をたびたび間違え、

十分に管理できなくなっており、心配した<u>隣町</u>に住む長女に連れられて妻とともに受診し

た。（第111回C問題23）

Chinese characters Used as Verbs

なんと読みますか。

勧める　付き添う

励ます　尋ねる

がんばって !!!

---

614 **伴**
accompany

7画　ハン
〔亻〕バン
　　　ともな-う

同伴（どうはん）accompanying
伴走する（ばんそう）to run alongside
伴う（ともな）to follow, to accompany

随伴する（ずいはん）to be concomitant, to accompany

---

615 **勧**
urge

13画　カン
〔力〕すす-める

勧奨（かんしょう）encouragement, recommendation
勧める（すす）to advise, to encourage

勧告（かんこく）advice, counsel

---

616 **促**
urge

9画　ソク
〔亻〕
　　　うなが-す

促進（そくしん）augmentation, promotion acceleration
促通（そくつう）facilitation, canalization
促す（うなが）to encourage, to urge, to stimulate

陣痛促進法（じんつうそくしんほう）augmentation of labor pains
急性呼吸促迫症候群（きゅうせいこきゅうそくはくしょうこうぐん）acute respiratory distress syndrome

617 添 (1) add	11画 テン 〔氵〕そ-う	添加 addition 付き添う to accompany	添付 attachment 付き添い attendant, accompanying

618 坐 seat, sit	7画 ザ 〔土〕すわ-る	坐骨(2) ischium 坐る(4) to sit, to sit down	起坐呼吸(3) orthopnea

619 撃 strike	15画 ゲキ 〔手〕 う-つ	衝撃 shock, impact 目撃 witnessing 攻撃的な aggressive, offensive 撃つ to fire, to shoot	体外衝撃波結石破砕術 extracorporeal shockwave lithotripsy (ESWL) 直撃する to hit directly

620 励 (5) encourage	7画 レイ 〔力〕はげ-ます	励行する to enforce regidly, to carry out (one's orders) strictly 励ます to encourage, to cheer up	奨励 encouragement

621 揺 (6) shake	12画 ヨウ 〔扌〕ゆ-れる	動揺 shaking, restlessness, deflection 揺れる to shake, to tremble	動揺病 motion sickness

622 履 carry out	15画 リ 〔尸〕は-く	履歴 personal history, past record 履く to put on, to wear (pants, shoes, socks, etc.)	履行する to carry out, to execute

623 締 (7) tighten	15画 し-める 〔糸〕し-まる	締め付ける to fasten tight, to compress 取締(8) regulation, supervision	

624 叱 scold	5画 シツ 〔口〕しか-る	叱責する to scold 叱る to scold	

---

(1) 他の訓読みに「そ-える」がある。　(2)「坐骨」は「座骨」と書く場合もある。

(3)「起坐呼吸」は「起座呼吸」と書く場合もある。　(4)「座る」と書く場合もある。

(5) 他の訓読みに「はげ-む」がある。

(6) 他の訓読みに「ゆ-る」「ゆ-らぐ」「ゆ-るぐ」「ゆ-する」「ゆ-さぶる」「ゆ-すぶる」がある。

(7) 音読みに「テイ」がある。　(8)「取締」は「取締まり」「取り締まり」と書く場合もある。

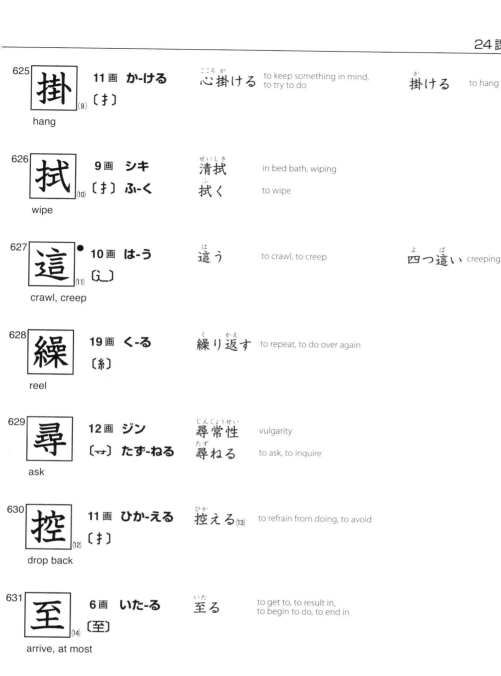

625	掛 (9) 〔扌〕 hang	11画 か-ける	心掛ける	to keep something in mind, to try to do	掛ける	to hang

626 拭 (10) 〔扌〕 wipe　9画 シキ　ふ-く
清拭　in bed bath, wiping
拭く　to wipe

627 這 (11) 〔辶〕 crawl, creep　●10画 は-う
這う　to crawl, to creep
四つ這い　creeping

628 繰 (12) 〔糸〕 reel　19画 く-る
繰り返す　to repeat, to do over again

629 尋 〔⺕〕 ask　12画 ジン たず-ねる
尋常性　vulgarity
尋ねる　to ask, to inquire

630 控 (12) 〔扌〕 drop back　11画 ひか-える
控える (13)　to refrain from doing, to avoid

631 至 (14) 〔至〕 arrive, at most　6画 いた-る
至る　to get to, to result in, to begin to do, to end in

632 妨 (15) 〔女〕 disturb　7画 さまた-げる
妨げる　to disturb, to prevent

---

(9) 他の訓読みに「か‐かる」「かかり」がある。　(10) 音読みに「ショク」、他の訓読みに「ぬぐ‐う」がある。
(11) 「這」は「這」と書く場合もある。→ p.10 参照　(12) 音読みに「コウ」がある。
(13) 「大学剣道部の最後の大会を夏に控えている」のように「(出来事が) 近づいている」という意味でも使う。
(14) 音読みに「シ」がある。　　(15) 音読みに「ボウ」がある。

633 遭 (16) 〔辶〕 encounter
14画 あ-う 遭う(17) to meet (someone), to have (an accident etc.)

634 殴 (18) 〔殳〕 beat
8画 なぐ-る 殴る to hit, to punch

635 濡 〔氵〕 be wet, be damp, be soaked
17画 ぬ-れる 濡れる to get wet

636 咬 〔口〕 bite, gnaw, chew, gear with
9画 コウ 咬合障害（こうごうしょうがい） occlusal disharmony, occlusal interference
か-む 咬む to masticate, to bite

637 揉 〔扌〕 rub, massage
12画 も-む 揉む to rub, to massage

638 隠 (19) 〔阝〕 hide
14画 かく-す 隠す to hide, to cover

639 焦 (20) 〔灬〕 burn
12画 こ-げる 焦げる to be scorched, to be burned

640 歪 〔止〕 warp, be croocked, get bent, be strained
9画 ゆが-む 歪む to be warped, to be distorted

---

(16) 音読みに「ソウ」がある。

(17) 「ひどい目に遭う」「地震に遭う」などのようにも使われる。　(18) 音読みに「オウ」がある。

(19) 他の訓読みに「かく - れる」、音読みに「イン」がある。

(20) 他の訓読みに「こ - がす」「こ - がれる」「あせ - る」、音読みに「ショウ」がある。

24課 練習問題

I 下の言葉の読みを書きましょう。

① 坐る ＿＿＿＿＿＿＿＿＿＿＿＿

② 撃つ ＿＿＿＿＿＿＿＿＿＿＿＿

③ 動揺 ＿＿＿＿＿＿＿＿＿＿＿＿

④ 叱る ＿＿＿＿＿＿＿＿＿＿＿＿

⑤ 這う ＿＿＿＿＿＿＿＿＿＿＿＿

⑥ 控える ＿＿＿＿＿＿＿＿＿＿＿＿

⑦ 妨げる ＿＿＿＿＿＿＿＿＿＿＿＿

⑧ 遭う ＿＿＿＿＿＿＿＿＿＿＿＿

⑨ 殴る ＿＿＿＿＿＿＿＿＿＿＿＿

⑩ 濡れる ＿＿＿＿＿＿＿＿＿＿＿＿

⑪ 咬む ＿＿＿＿＿＿＿＿＿＿＿＿

⑫ 揉む ＿＿＿＿＿＿＿＿＿＿＿＿

⑬ 焦げる ＿＿＿＿＿＿＿＿＿＿＿＿

⑭ 歪む ＿＿＿＿＿＿＿＿＿＿＿＿

II 下の言葉を漢字で書きましょう。

① ともなう
to follow ＿＿＿＿＿＿＿＿＿＿

② すすめる
to advise ＿＿＿＿＿＿＿＿＿＿

③ うながす
to encourage ＿＿＿＿＿＿＿＿＿＿

④ つきそう
to escort ＿＿＿＿＿＿＿＿＿＿

⑤ はげます
to encourage ＿＿＿＿＿＿＿＿＿＿

⑥ ゆれる
to shake ＿＿＿＿＿＿＿＿＿＿

⑦ はく
to put on ＿＿＿＿＿＿＿＿＿＿

⑧ しめつける
to fasten tight ＿＿＿＿＿＿＿＿＿＿

⑨ ふく
to wipe ＿＿＿＿＿＿＿＿＿＿

⑩ くりかえす
to repeat ＿＿＿＿＿＿＿＿＿＿

⑪ たずねる
to ask ＿＿＿＿＿＿＿＿＿＿

⑫ かくす
to hide ＿＿＿＿＿＿＿＿＿＿

Ⅲ 次の文に出ている漢字の読みを書きましょう。この課で学習した漢字、単語には＿＿が引いてあります。

①注射後24時間は入浴を<u>控える</u>。（第111回H問題9）

②両下腿に圧痕を<u>伴う</u>浮腫を認める。（第111回H問題　33〜34の問題文）

③発症前のペースで業務が行えるよう<u>励ます</u>。（第111回B問題47）

④患者の信頼を得るために、医師が最も<u>心掛ける</u>べきなのはどれか。（第111回H問題4）

⑤今朝トイレに行こうとして自宅の<ruby>廊下<rt>ろうか</rt></ruby>で転倒し、家族に<u>付き添われて</u>受診した。（第111回I問題45）

⑥今朝から30分に1回程度の間隔で数秒間の意識消失を<u>繰り返す</u>ため、家族が救急車を要請した。（第111回H問題　35〜36の問題文）

⑦次第に睡眠中に大声で叫んだり笑ったりするようになり、上肢を振り回し妻に<u>殴りかかる</u>ことがあった。（第111回I問題41）

⑧担当医は指示が<u>履行</u>されなかったことを患者に説明し、引き続き副作用の観察について看護師に指示書を渡した。（第111回H問題30）

⑨1週間前から食欲が低下し、本日の昼から頭部全体が<u>締め付けられる</u>ような頭痛と全身<ruby>倦<rt>けん</rt></ruby><ruby>怠<rt>たい</rt></ruby>感とを自覚したため受診した。（第111回A問題38）

⑩職場の産業医に<u>勧められて</u><u>血圧</u>を測定したところ、発作時は200/100mmHgを超えるが治まった後は110/60mmHg程度に下がるという。（第111回A問題57）

25課 いろいろな動作

Various Actions

なんと読みますか。

提出する

復唱する

さくら さくら

衝突する

撹拌する

641	推 (1)	11画 スイ 〔扌〕 push	推定 すいてい	estimate, presumption	推移 すいい	transition, change

641 **推** (1) 11画 **スイ** 〔扌〕 push

すいてい 推定 estimate, presumption
すいしょう 推奨 recommendation
すいけい 推計 estimating, estimation

すいい 推移 transition, change
すいそく 推測する to guess, to presume
すいろん 推論する to reason, to infer

642 **奨** 13画 **ショウ** 〔大〕 encourage

すいしょう 推奨 recommendation
しょうれい 奨励 encouragement

かんしょう 勧奨 encouragement, recommendation

643 **迫** (2) 8画 **ハク** 〔辶〕 press, approach

あっぱく 圧迫 compression, oppression
にょういせっぱく 尿意切迫 urinary urgency
きょうはくかんねん 強迫観念 obsession
きゅうせいこきゅうそくはくしょうこうぐん 急性呼吸促迫症候群 acute respiratory distress syndrome
こきゅうきゅうはくしょうこうぐん 呼吸窮迫症候群 respiratory distress syndrome (RDS)

せっぱくそうざん 切迫早産 threatened premature delivery
きょうはく 強迫 coercion, compulsion
きょうはくせいしょうがい 強迫性障害 obsessive-compulsive disorder

（1）訓読みに「お-す」がある。

（2）訓読みに「せま-る」がある。

161

| 644 | 択 | 7画 タク 〔扌〕 | 選択 choice, selection | 第一選択 first choice |
| | select | | | |

| 645 | 提 | 12画 テイ (3) 〔扌〕 | 提供 offering, offer
提案する to propose, to suggest
抗原提示細胞 antigen-presenting cell
提唱する to put forward (a new doctrine), to propose | 提出する to submit, to hand in, to offer
提示する to present, to indicate
前提 presupposition, prerequisite |
| | present | | | |

| 646 | 衝 | 15画 ショウ 〔彳〕 | 衝突する to collide with, to run into
体外衝撃波結石破砕術 extracorporeal shockwave lithotripsy (ESWL) | 衝撃 shock, impact |
| | collide | | | |

| 647 | 把 | 7画 ハ 〔扌〕 | 把握 grasp, holding | 把持する to hold, to retain |
| | grip | | | |

| 648 | 討 | 10画 トウ (4) 〔訁〕 | 検討する to examine, to investigate, to discuss | |
| | attack, examine | | | |

| 649 | 監 | 15画 カン 〔皿〕 | 監視 monitoring, observation
監察医 medical examiner
労働基準監督署 Labor Standards Inspection Office | 分娩監視装置 tocomonitor, warning apparatus of delivery
監督する to supervise, to control
監査 audit, inspection |
| | oversee | | | |

| 650 | 牽● | 11画 ケン 〔牛〕 | 牽引 traction, stretching, elongation, extraction
直達牽引 skeletal traction | 鋼線牽引 wire extension |
| | draw, pull, haul, tug, jerk, drag, trail | | | |

| 651 | 描 | 11画 ビョウ (5) 〔扌〕 | 描出する to delineate, to visualize
皮膚描記法 dermography | 時計描画 clock drawing |
| | draw | | | |

---

(3) 訓読みに「さ‐げる」がある。

(4) 訓読みに「う‐つ」がある。

(5) 訓読みに「えが‐く」「か‐く」がある。

652 唱 (6) 〔口〕 sing	11画 ショウ	復唱 ふくしょう repeating (what somebody said)	提唱する ていしょう to put forward (a new doctrine), to propose

652 唱 (6) 〔口〕 sing 11画 ショウ
復唱（ふくしょう） repeating (what somebody said)
提唱する（ていしょう） to put forward (a new doctrine), to propose

653 啼 •（animals and birds) cry, bark, chirp 〔口〕 12画 テイ
啼泣（ていきゅう） crying, weeping

654 覧 look at 〔見〕 17画 ラン
閲覧する（えつらん） to read, to peruse
一覧する（いちらん） to read through, to take a look at

655 黙 (7) silent 〔黒〕 15画 モク
沈黙（ちんもく） silence
選択緘黙（せんたくかんもく） selective mutism, elective mutism

656 翻 (8) turn over 〔羽〕 18画 ホン
翻転する（ほんてん） to change by reversal, to reverse
腹膜翻転部（ふくまくほんてんぶ） peritoneal reflection

657 搭 get on 〔扌〕 12画 トウ
搭乗する（とうじょう） to board (a plane), to go on board (the aircraft)

658 削 (9) whittle 〔刂〕 9画 サク
削減（さくげん） curtailment, reduction
乳突洞削開術（にゅうとつどうさくかいじゅつ） antrotomy, mastoidectomy
削除する（さくじょ） to delete

659 掲 (10) put up 〔扌〕 11画 ケイ
掲示する（けいじ） to post a notice (on the wall)

⑹ 訓読みに「とな‐える」がある。

⑺ 訓読みに「だま‐る」がある。

⑻ 訓読みに「ひるがえ‐る」「ひるがえ‐す」がある。

⑼ 訓読みに「けず‐る」がある。

⑽ 訓読みに「かか‐げる」がある。

660 獲 (11)〔犭〕 catch
16画 カク
獲得 かくとく acquisition

661 閲 〔門〕 review
15画 エツ
閲覧する えつらん to read, to peruse

662 攪 (12)〔扌〕 disturb, throw into confusion
15画 カク
攪拌 かくはん stirring

663 拌 〔扌〕 stir and mix
8画 ハン
攪拌 かくはん stirring

664 蔽 〔艹〕 cover, covering, shade
15画 ヘイ
遮蔽 しゃへい blocking, blockade

665 撤 〔扌〕 remove
15画 テツ
撤回する てっかい to withdraw, to retract

666 酷 〔酉〕 cruel
14画 コク
音声酷使 おんせいこくし vocal abuse

667 慰 (13)〔心〕 console
15画 イ
自慰 じい onanism

---

(11) 訓読みに「え - る」がある。

(12) 「攪」は「撹」と書く場合もある。→ p.10 参照

(13) 訓読みに「なぐさ - める」「なぐさ - む」がある。

25課 練習問題

I 下の言葉の読みを書きましょう。

① 推奨 ＿＿＿＿＿＿＿＿＿＿

② 切迫早産 ＿＿＿＿＿＿＿＿＿＿

③ 提案する ＿＿＿＿＿＿＿＿＿＿

④ 牽引 ＿＿＿＿＿＿＿＿＿＿

⑤ 描出する ＿＿＿＿＿＿＿＿＿＿

⑥ 啼泣 ＿＿＿＿＿＿＿＿＿＿

⑦ 翻転する ＿＿＿＿＿＿＿＿＿＿

⑧ 搭乗する ＿＿＿＿＿＿＿＿＿＿

⑨ 閲覧する ＿＿＿＿＿＿＿＿＿＿

⑩ 撹拌 ＿＿＿＿＿＿＿＿＿＿

⑪ 遮蔽 ＿＿＿＿＿＿＿＿＿＿

⑫ 撤回する ＿＿＿＿＿＿＿＿＿＿

⑬ 音声酷使 ＿＿＿＿＿＿＿＿＿＿

⑭ 自慰 ＿＿＿＿＿＿＿＿＿＿

II 下の言葉を漢字で書きましょう。

① すいてい
estimate ＿＿＿＿＿＿＿＿

② あっぱく
compression ＿＿＿＿＿＿＿＿

③ せんたく
choice ＿＿＿＿＿＿＿＿

④ ていきょう
offering ＿＿＿＿＿＿＿＿

⑤ しょうとつする
to collide with ＿＿＿＿＿＿＿＿

⑥ はあく
grasp ＿＿＿＿＿＿＿＿

⑦ けんとうする
to examine ＿＿＿＿＿＿＿＿

⑧ かんし
monitoring ＿＿＿＿＿＿＿＿

⑨ ふくしょう
repeating what somebody said ＿＿＿＿＿＿＿＿

⑩ ちんもく
silence ＿＿＿＿＿＿＿＿

⑪ さくげん
curtailment ＿＿＿＿＿＿＿＿

⑫ かくとく
acquisition ＿＿＿＿＿＿＿＿

Ⅲ　次の文に出ている漢字の読みを書きましょう。この課で学習した漢字、単語には＿＿が引いてあります。＿＿が引いてある単語は＿＿が引いてある漢字・単語といっしょになって一つの単語を作っています。意味がわからないときは自分で調べましょう。

① 文の復唱ができない。（第108回B問題44）

② 情報提供を行い禁煙の意志を確認する。（第110回A問題51）

③ 監察医が行う行政解剖の目的として適切なのはどれか。（第109回E問題21）

④ この患者の病変を描出できる可能性が高いのはどれか。（第106回B問題43）

⑤ 経尿道的手術が外科的治療の第一選択となるのはどれか。（第110回B問題33）

⑥ 道路を歩いて横断中、自動車に衝突され跳ね飛ばされ転倒した。（第109回E問題　63～65の問題文）

⑦ 午前11時ころ、庭仕事中に頸部に放散する前胸部圧迫感を初めて自覚した。（第109回E問題

　66～68の問題文）

⑧ この患者の病態を検討するのに、有用な所見が得られる可能性が高い身体診察はどれか。

（第111回B問題57）

⑨ 1990年から2014年までの日本、韓国、アメリカ、イタリア及びスウェーデンにおける65

　歳以上の人口比率の推移を示す。（第111回B問題13）

⑩ 出生直後は啼泣がなく、刺激によって30秒後から不規則な呼吸が出現したが、微弱であっ

　たため1分過ぎからマスク持続気道陽圧呼吸を開始した。（第110回A問題24）

言葉と社会

Words and Society

なんと読みますか。

挨拶する

罵倒する

裁判所

憲法

668
疎 (1) 12画 ソ 〔疋〕
sparse, unfamiliar

意思疎通（いしそつう） communication
疎外する（そがい） to estrange, to alienate

疎通性（そつうせい） rapport

669
訂 9画 テイ 〔言〕
revise

改訂（かいてい） revision
改訂長谷川式簡易知能評価スケール（かいていはせがわしきかんいちのうひょうか） Revised Hasegawa's Dementia Scale (HDS-R)

（1）訓読みに「うと‐い」「うと‐む」がある。

670	挨 [扌] approach	10画 **アイ**	<ruby>挨拶<rt>あいさつ</rt></ruby>	greeting, salutation

671	拶 [扌] approach	9画 **サツ**	<ruby>挨拶<rt>あいさつ</rt></ruby>	greeting, salutation

672 罵 (2) [罒] abuse — 15画 **バ** — <ruby>罵倒<rt>ばとう</rt></ruby>する to abuse (verbally), to revile

673 稿 [禾] draft — 15画 **コウ** — <ruby>原稿<rt>げんこう</rt></ruby> manuscript　<ruby>二重投稿<rt>にじゅうとうこう</rt></ruby> duplicate publication

674 嘘 (3) [口] lie, falsehood, fib, fabrication — ●14画 **うそ** — <ruby>嘘<rt>うそ</rt></ruby> lie, untruth

675 唸 (4) [口] groan, moan, roar, howl, snarl, growl — ●11画 **うな-る** — <ruby>唸<rt>うな</rt></ruby>り<ruby>声<rt>ごえ</rt></ruby>(4) growl

676 句 [口] phrase — 5画 **ク** — <ruby>文句<rt>もんく</rt></ruby> complaint, objection

677 誰 [訁] who — 15画 **だれ** — <ruby>誰<rt>だれ</rt></ruby>も (with negative verb) no one　<ruby>誰<rt>だれ</rt></ruby>か someone, somebody

(2) 訓読みに「ののし-る」がある。

(3) 「嘘」は「嘘」と書く場合もある。→ p.10 参照

(4) 「唸り声」は「うなり声」とひらがなで書く場合もある。

678 暢 ● 14画 チョウ 〔日〕
stretch
流暢な　fluent
言語流暢性　word fluency

679 項 12画 コウ 〔頁〕
item
項目　heading, item
事項　matters, facts, items
項部硬直　nuchal rigidity, stiff neck

680 証 12画 ショウ 〔言〕
prove
証明　certification, proof
保証する　to guarantee
証書　certificate, document
出生証明書　birth certificate
証拠　evidence, proof

681 憲 16画 ケン 〔心〕
law
憲章(5)　charter
憲法　constitution

682 裁 (6) 12画 サイ 〔衣〕
cut, judge
裁判　trial, hearing
裁判所　courthouse, (law) court

683 刑 6画 ケイ 〔刂〕
penalty
刑法　criminal law
刑事訴訟法　Code of Criminal Procedure

684 轄 17画 カツ 〔車〕
jurisdiction
所轄　jurisdiction

685 盟 13画 メイ 〔皿〕
oath
加盟(7)　affiliation, joining

(5)「WHO 憲章（WHO Charter）」「オタワ憲章（Ottawa Charter）」などの例がある。

(6) 訓読みに「た - つ」「さば - く」がある。

(7)「OECD 加盟国（OECD members）」などのように使われる。

686	罰 (8) punishment	14画 バツ 〔罒〕	罰則 ^{ばっそく}	penal regulations		

686
罰 (8)
punishment
14画 バツ 〔罒〕
罰則 (ばっそく) — penal regulations

687
訟
appeal, sue
11画 ショウ 〔訁〕
訴訟 (そしょう) — lawsuit, action (at law)

688
枠
frame
8画 わく 〔木〕
枠組み* (9) — framework, outline　　枠組条約 (わくぐみじょうやく) — framework convention

689
奴
manservant, slave, fellow
5画 ド 〔女〕
奴隷 (どれい) — slave

690
隷
servant
16画 レイ 〔隶〕
奴隷 (どれい) — slave

691
擁
embrace
16画 ヨウ 〔扌〕
擁護 (ようご) — protection, defense　　人権擁護 (じんけんようご) — protection of human rights

692
准
standard, assoiate
10画 ジュン 〔冫〕
批准する (ひじゅん) — to ratify (a treaty, an agreement)

693
遵
obey
15画 ジュン 〔辶〕
遵守する (じゅんしゅ) — to observe (rules, the law), to obey

---

(8) 他の音読みに「バチ」がある。

(9)「枠組み」は「枠組」と書く場合もある。

26課 練習問題

Ⅰ 下の言葉の読みを書きましょう。

①疎外する ＿＿＿＿＿＿＿＿＿＿

②挨拶 ＿＿＿＿＿＿＿＿＿＿

③罵倒する ＿＿＿＿＿＿＿＿＿＿

④嘘 ＿＿＿＿＿＿＿＿＿＿

⑤唸り声 ＿＿＿＿＿＿＿＿＿＿

⑥流暢な ＿＿＿＿＿＿＿＿＿＿

⑦項部硬直 ＿＿＿＿＿＿＿＿＿＿

⑧証拠 ＿＿＿＿＿＿＿＿＿＿

⑨所轄 ＿＿＿＿＿＿＿＿＿＿

⑩加盟 ＿＿＿＿＿＿＿＿＿＿

⑪奴隷 ＿＿＿＿＿＿＿＿＿＿

⑫擁護 ＿＿＿＿＿＿＿＿＿＿

⑬批准する ＿＿＿＿＿＿＿＿＿＿

⑭遵守する ＿＿＿＿＿＿＿＿＿＿

Ⅱ 下の言葉を漢字で書きましょう。

①いしそつう ＿＿＿＿＿＿＿＿＿＿
communication

②かいてい ＿＿＿＿＿＿＿＿＿＿
revision

③もんく ＿＿＿＿＿＿＿＿＿＿
complaint

④だれも ＿＿＿＿＿＿＿＿＿＿
no one

⑤こうもく ＿＿＿＿＿＿＿＿＿＿
heading

⑥しょうめい ＿＿＿＿＿＿＿＿＿＿
certification

⑦けんしょう ＿＿＿＿＿＿＿＿＿＿
charter

⑧さいばん ＿＿＿＿＿＿＿＿＿＿
trial

⑨けいほう ＿＿＿＿＿＿＿＿＿＿
criminal law

⑩ばっそく ＿＿＿＿＿＿＿＿＿＿
penal regulations

⑪そしょう ＿＿＿＿＿＿＿＿＿＿
lawsuit

⑫わくぐみ ＿＿＿＿＿＿＿＿＿＿
framework

Ⅲ 次の文に出ている漢字の読みを書きましょう。この課で学習した漢字、単語には＿＿が引いてあります。

① 必ず治ると保証する。（第107回C問題16）

② 医療訴訟の際の証拠保全（第108回C問題2）

③ 所轄の警察署に届け出る。（第106回B問題46）

④ シートベルト装着を遵守する。（第109回B問題5）

⑤ 確定診断に必要な検査項目はどれか。（第106回A問題55）

⑥ 医師憲章による医師の責務に含まれないのはどれか。（第107回C問題1）

⑦ 患者は「外に出ると、誰もいないのに自分への悪口が聴こえる」と言う。（第106回B問題47）

⑧ 発語は流暢であるが、錯語がみられ、言語理解が悪く、物品呼称も障害されている。

（第109回B問題 59〜61の問題文）

⑨ さらに、変な薬を家の中に送り込んで殺そうとしていると言うようになり、頻回に隣家に

抗議し、隣家の前で罵倒することもあった。（第108回A問題39）

⑩ 眼瞼・眼球運動機能が残存しているため開閉眼で意思疎通を行うことができ、コンピュー

タやインターネットを駆使して地域の患者会の会長をしている。（第106回B問題62）

程度と時間

Degrees and Time

（　　）に入る言葉はなんですか。

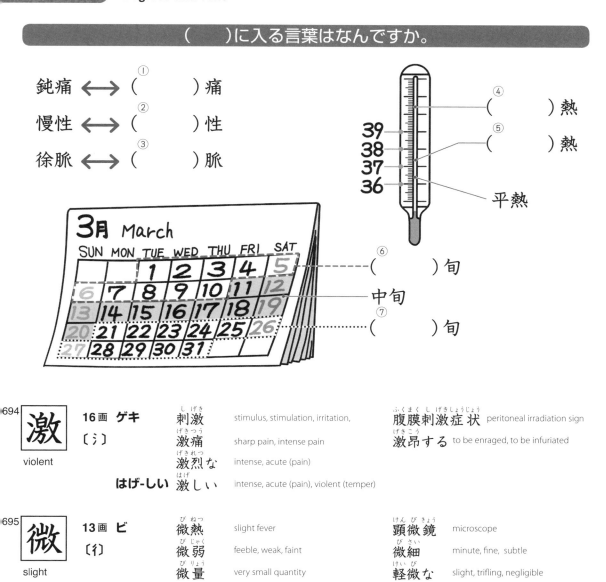

鈍痛 ⟷ （　①　）痛

慢性 ⟷ （　②　）性

徐脈 ⟷ （　③　）脈

（　④　）熱

（　⑤　）熱

平熱

3月 March

（　⑥　）旬

中旬

（　⑦　）旬

694	激 violent	16画 ゲキ 〔氵〕 はげ-しい	刺激 しげき stimulus, stimulation, irritation, 激痛 げきつう sharp pain, intense pain 激烈な げきれつ intense, acute (pain) 激しい はげ intense, acute (pain), violent (temper)	腹膜刺激症状 ふくまくしげきしょうじょう peritoneal irradiation sign 激昂する げきこう to be enraged, to be infuriated

695	微 slight	13画 ビ 〔彳〕	微熱 びねつ slight fever 微弱 びじゃく feeble, weak, faint 微量 びりょう very small quantity	顕微鏡 けんびきょう microscope 微細 びさい minute, fine, subtle 軽微な けいび slight, trifling, negligible

696	汎 broad	6画 ハン 〔氵〕	汎発性腹膜炎 はんぱつせいふくまくえん panperitonitis	

| 697 | 剰 | 11画 ジョウ 〔刂〕 | 過剰 | excess, supernumerariness | 過剰摂取 | excessive intake |

697 剰 11画 ジョウ 〔刂〕
surplus
過剰 excess, supernumerariness
過剰摂取 excessive intake

698 些 8画 サ 〔二〕
a little, a bit, sometimes
些細な trifling, insignificant

699 径 8画 ケイ 〔彳〕
path, deameter
直径 diameter
鼠径 groin, inguen
大横径 biparietal diameter
瞳孔径 pupil diameter
長径 long diameter

700 尺 4画 シャク 〔尸〕
shaku, unit of measure
尺度 scale, standard
尺骨 ulna
評価尺度 rating scale
尺側 ulnar

701 升 (1) 4画 ショウ 〔十〕
sho, unit of liquid measurement
〜升 (2) sho

702 桁 10画 けた 〔木〕
beam
4桁 (3) four-digit number

703 双 (4) 4画 ソウ 〔又〕
pair
双胎 twins
双極誘導 bipolar lead
双生児 twin
双眼倒像鏡(眼底)検査 binocular indirect ophthalmoscopy
双極性障害 bipolar disorder
双手診 bimanual examination
双球菌 diplococcus

704 慢 14画 マン 〔忄〕
lasy, neglect
慢性 chronic
慢性閉塞性肺疾患 chronic obstructive pulmonary disease (COPD)
慢性腎不全 chronic kidney failure
我慢する to endure, to control oneself

⑴ 訓読みに「ます」がある。　　⑵ 一升 = 1800ml。日本酒の量を表すときに使うことが多い。

⑶ 「〜桁」は「2桁（ふたけた）」「3桁（みけた／さんけた）」など、他の数字とも使うことができる。

⑷ 訓読みに「ふた」がある。

705	頻 frequent	17画 ヒン 〔頁〕	頻度 (ひんど)	frequency	頻尿 (ひんにょう)	frequent urination
			頻回 (ひんかい)	frequent, repeated	頻脈 (ひんみゃく)	frequent pulse, tachycardia
			頻拍 (ひんぱく)	tachycardia, frequent pulse	頻発 (ひんぱつ)	frequent occurrence
706	徐 slowly	10画 ジョ 〔彳〕	徐々に (じょじょ)	gradually, slowly	徐脈 (じょみゃく)	bradycardia
			緩徐な (かんじょ)	slow	徐波 (じょは)	slow wave
707	継 (5) succeed	13画 ケイ まま 〔糸〕	継続 (けいぞく)	continuation	継母 (けいぼ)	stepmother
			継母 (ままはは)	stepmother		
708	頃 a short while	11画 ころ 〔頁〕	頃 (ころ) (6)	time, about, around	日頃 (ひごろ)	usually, always
709	昭 bright	9画 ショウ 〔日〕	昭和 (しょうわ) (7)	Showa era		
710	即 immediate	7画 ソク 〔卩〕	即日 (そくじつ)	on the same day	即時 (そくじ)	immediate
			即時型食物アレルギー (そくじがたしょくもつ)	immediate type food allergy		
			即席麺 (そくせきめん)	instant noodles		
711	契 (8) promise	9画 ケイ 〔大〕	契機 (けいき)	opportunity, chance		
712	旬 (9) ten-day period	6画 ジュン 〔日〕	上旬 (じょうじゅん)	first ten days (of a month)	中旬 (ちゅうじゅん)	middle ten days (of a month)
			下旬 (げじゅん)	last ten days (of a month)		

(5) 訓読みに「つ‐ぐ」がある。

(6) 「高校生の頃」「10日頃」「10時頃」などのように使われる。「頃」は「ころ」とひらがなで書く場合もある。

(7) 元号 (imperial era name) の一つ。1926年12月25日から1989年1月7日の期間を指す。

(8) 訓読みに「ちぎ‐る」がある。　　　　(9) 他の音読みに「シュン」がある。

713	遷 transfer	15画 セン 〔辶〕	遷延 せんえん	protraction, prolongation	遷延一過性徐脈 せんえんいっかせいじょみゃく prolonged deceleration

| 714 | 序 <br> order | 7画 ジョ
 〔广〕 | 順序
 じゅんじょ | order, sequence, procedure | |

| 715 | 壮 <br> vigorous | 6画 ソウ
 〔士〕 | 青壮年期(10)
 せいそうねんき | adolescence and middle age | |

| 716 | 恒 <br> constant | 9画 コウ
 〔忄〕 | 恒常的な
 こうじょうてき | changeless, constant | |

| 717 | 涯 <br> the end | 11画 ガイ
 〔氵〕 | 生涯
 しょうがい | lifetime | |

| 718 | 迅 <br> swift | 6画 ジン
 〔辶〕 | 迅速な
 じんそく | quick, rapid | 迅速検査
 じんそくけんさ rapid test |

| 719 | 旦
(11) daybreak | 5画 タン
 〔日〕 | 一旦
 いったん | once, for a while | |

| 720 | 繁 <br> flourish | 16画 ハン
 〔糸〕 | 頻繁な
 ひんぱん | frequent | |

⑽ 「青壮年期」 = 「青年期（adolescence）」 + 「壮年期（middle age）」

⑾ 他の音読みに「ダン」がある。

I 下の言葉の読みを書きましょう。

① 刺激 _____

② 過剰 _____

③ 些細な _____

④ 1升 _____

⑤ 4桁 _____

⑥ 昭和 _____

⑦ 即日 _____

⑧ 遷延 _____

⑨ 青壮年期 _____

⑩ 恒常的な _____

⑪ 生涯 _____

⑫ 一旦 _____

⑬ 頻繁な _____

⑭ 徐々に _____

II 下の言葉を漢字で書きましょう。

① はげしい _____
intense

② びねつ _____
slight fever

③ ちょっけい _____
diameter

④ しゃくど _____
scale

⑤ そうたい _____
twins

⑥ まんせい _____
chronic

⑦ ひんど _____
frequency

⑧ けいぞく _____
duration

⑨ ころ _____
time

⑩ じょうじゅん _____
first ten days of a month

⑪ じゅんじょ _____
order

⑫ じんそくな _____
quick

Ⅲ 次の文に出ている漢字の読みを書きましょう。この課で学習した漢字、単語には＿＿が引いてあります。

① 過剰心音と心雑音とを認めない。（第109回B問題 59〜61の問題文）

② 頻脈と息切れとを主訴に来院した。（第109回C問題22）

③ 入院継続による生活環境からの隔離（第109回D問題29）

④ 小児慢性特定疾患に関する医療費助成（第109回B問題6）

⑤ 激しい咳嗽を主訴に母親に連れられて来院した。（第109回D問題51）

⑥ 迅速検査の結果、インフルエンザA型と診断された。（第106回E問題39）

⑦ 1か月前から37℃前半の微熱と乾性咳嗽とが出現した。（第109回B問題 50〜52の問題文）

⑧ 食事は即席麺やおにぎり、スナック菓子をスポーツドリンクやビールとともに摂取するのみであった。（第109回C問題16）

⑨ 5日前に体動時の背部痛を認め、それを契機に徐々に息苦しさを感じるようになったため紹介されて受診した。（第106回E問題41）

⑩ 経腟超音波検査で子宮内に直径20mmの胎嚢と心拍動を有する胎芽とを認め、左付属器に径3cmの嚢胞性腫瘤を認める。（第106回C問題18）

心と倫理

Mind and Ethics

四角の中の言葉はなんと読みますか。どんな「気持ち」を表す言葉だと思いますか。

激昂する	高揚する	憤る	嘆く

喜 怒
哀 楽

721 **怠** (1)〔心〕
neglect

9画 **タイ**　倦怠感(けんたいかん) fatigue, malaise

722 **慮** 〔心〕
consider

15画 **リョ**
考慮(こうりょ)する to consider, to take account of
不慮(ふりょ)の事故(じこ) unexpected accident
自殺念慮(じさつねんりょ) suicidal ideation

配慮(はいりょ) consideration, care, concern
希死念慮(きしねんりょ) suicidal ideation, desire for death

（1）訓読みに「おこた - る」「なま - ける」がある。

723	嫌 (2)	13画 ケン〔女〕 ゲン いや	嫌気性 anaerobic 嫌気培養 anaerobic culture 機嫌 humor, mood 嫌がらせ harassment, pinprick	嫌気性菌 anaerobic bacteria 嫌がる to dislike, to reluctant to do
dislike				

724	惑 (3)	12画 ワク〔心〕	困惑する to be perplexed, to be embarrassed	迷惑 trouble, annoyance, bother
perplex				

725	訳 (4)	11画 わけ〔言〕	申し訳ない regretful, sorry	言い訳 excuse, explanation, pretext
translate, meaning				

726	駄	14画 ダ〔馬〕	無駄な useless, unnecessary	無駄遣い wasting
load				

727	剣 (5)	10画 ケン〔刂〕	真剣な serious, earnest	剣道 Kendo (Japanese fencing)
sword				

728	昂	8画 コウ〔日〕	激昂する to be enraged, to be infuriated	
rise				

729	揚 (6)	12画 ヨウ〔扌〕	(気分が)高揚する to exalt	
raise				

730	憂 (7)	15画 ユウ〔心〕	憂うつ (8) melancholy	
anxious				

---

(2) 他の訓読みに「きら - う」がある。
(3) 訓読みに「まど - う」がある。
(4) 音読みに「ヤク」がある。
(5) 訓読みに「つるぎ」がある。
(6) 訓読みに「あ - げる」「あ - がる」がある。
(7) 訓読みに「うれ - える」「うれ - い」「う - い」がある。
(8) 「憂うつ」は「憂鬱」と書く場合もある。

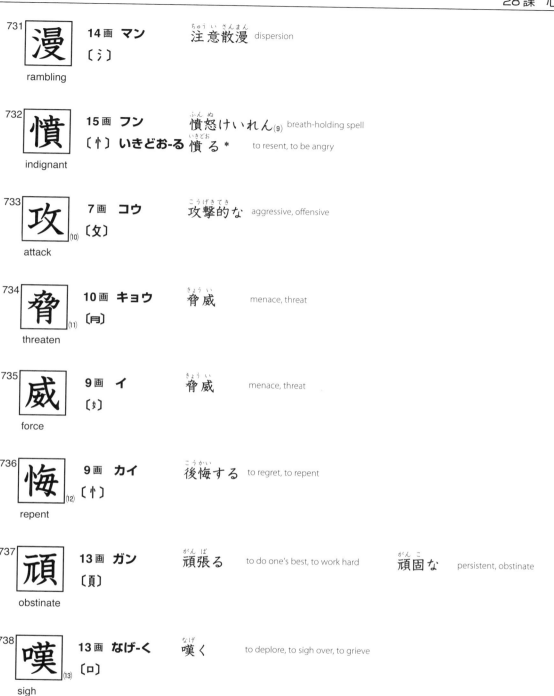

| 731 | 漫 | 14画 マン | 注意散漫 dispersion |
| | rambling | 〔氵〕 | ちゅう い さんまん |

| 732 | 憤 | 15画 フン | 憤怒けいれん(9) breath-holding spell |
| | indignant | 〔忄〕 いきどお-る | 憤る * to resent, to be angry |

| 733 | 攻 | 7画 コウ | 攻撃的な aggressive, offensive |
| | attack | (10) 〔攵〕 | こうげきてき |

| 734 | 脅 | 10画 キョウ | 脅威 menace, threat |
| | threaten | (11) 〔月〕 | きょう い |

| 735 | 威 | 9画 イ | 脅威 menace, threat |
| | force | 〔女〕 | きょう い |

| 736 | 悔 | 9画 カイ | 後悔する to regret, to repent |
| | repent | (12) 〔忄〕 | こうかい |

| 737 | 頑 | 13画 ガン | 頑張る to do one's best, to work hard　頑固な persistent, obstinate |
| | obstinate | 〔頁〕 | がん ば　　　　　　　　　　　　　　　　がん こ |

| 738 | 嘆 | 13画 なげ-く | 嘆く to deplore, to sigh over, to grieve |
| | sigh | (13) 〔口〕 | なげ |

⑼ 「憤怒けいれん」は「憤怒痙攣」と書く場合もある。　　⑽ 訓読みに「せ-める」がある。

⑾ 訓読みに「おびや-かす」「おど-す」「おど-かす」がある。

⑿ 訓読みに「く-いる」「く-やむ」「くや-しい」がある。

⒀ 他の訓読みに「なげ-かわしい」、音読みに「タン」がある。

739 倫 morals	10画 リン 〔亻〕	倫理 りんり	ethics	

740 義 justice	13画 ギ 〔羊〕	義務 ぎむ duty, obligation 講義 こうぎ lecture 有意義な ゆういぎ significant, meaningful	定義 ていぎ definition 同義 どうぎ synonymity, same meaning 義歯 ぎし denture, dental prosthesis	

741 益 benefit, profit	10画 エキ (14) 〔皿〕	利益 りえき benefit, profit	不利益 ふりえき disadvantage	

742 厳 severe	17画 ゲン (15) 〔口〕	尊厳 そんげん dignity, prestige 厳守する げんしゅ to keep strictly, to observe strictly	尊厳死 そんげんし death with dignity	

743 諾 consent	15画 ダク 〔言〕	承諾 しょうだく consent, agreement	許諾 きょだく permission, consent	

744 捏 falsify	10画 ネツ 〔扌〕	捏造 ねつぞう forgery, fabrication		

745 匿 hide	10画 トク 〔匚〕	匿名 とくめい anonymity		

746 窃 steal	9画 セツ 〔穴〕	ひょう窃(16) せつ plagiarism		

---

(14) 他の音読みに「ヤク」がある。

(15) 他の音読みに「ゴン」、訓読みに「おごそ-か」「きび-しい」がある。

(16) 「ひょう窃」は「剽窃」と書く場合もある。

28課 練習問題

I 下の言葉の読みを書きましょう。

① 倦怠感 _____

② 配慮 _____

③ 機嫌 _____

④ 激昂する _____

⑤ 憤怒けいれん _____

⑥ 攻撃的な _____

⑦ 脅威 _____

⑧ 頑張る _____

⑨ 嘆く _____

⑩ 尊厳 _____

⑪ 承諾 _____

⑫ 捏造 _____

⑬ 匿名 _____

⑭ ひょう窃 _____

II 下の言葉を漢字で書きましょう。

① こうりょする _____
consider

② こんわくする _____
to be perplexed

③ もうしわけない _____
regretful

④ むだな _____
useless

⑤ しんけんな _____
serious

⑥ ゆううつ _____
melancholy

⑦ ちゅういさんまん _____
dispersion

⑧ いきどおる _____
to resent

⑨ こうかいする _____
to regret

⑩ りんり _____
ethics

⑪ ぎむ _____
duty

⑫ りえき _____
benefit

Ⅲ 次の文に出ている漢字の読みを書きましょう。この課で学習した漢字、単語には＿＿が引いてあります。＿＿が引いてある単語は＿＿が引いてある漢字・単語といっしょになって一つの単語を作っています。意味がわからないときは自分で調べましょう。

① 面接の手順を厳守する。（第111回H問題4）

②「何度説明しても無駄ですね」（第106回F問題21）

③ 全身倦怠感と下腿浮腫とを主訴に来院した。（第111回A問題36）

④ 今朝から嘔吐を数回認め、間欠的に機嫌が悪かった。（第109回C問題23）

⑤「参加されなくても不利益が生じることはありません」（第109回C問題2）

⑥「長期間にわたり看病されたのですね、頑張りましたね」（第111回H問題26）

⑦ 研究者はこの倫理指針に関する研修会を受講する義務がある。（第111回H問題7）

⑧ 抑うつ状態で軽度の希死念慮を認め、うつ病と診断されたため入院となった。（第111回B問題47）

⑨ 昨日、帰国後もおびえた様子で眠らず、とりとめのないことを呟き、急に攻撃的になったため受診した。（第109回A問題23）

⑩ 食物アレルギー症状を引き起こすことが明らかになった食品のうち、加工食品に表示が義務付けられている特定原材料はどれか。（第111回B問題39）

⑪ 数日前からは繰り返し、ものをとられた、隣人が自分の悪口を言っているといって騒ぎ立てるようになったため、困惑した家族に伴われて受診した。（第110回B問題　53～55の問題文）

なんと読みますか。なにから作られていますか。

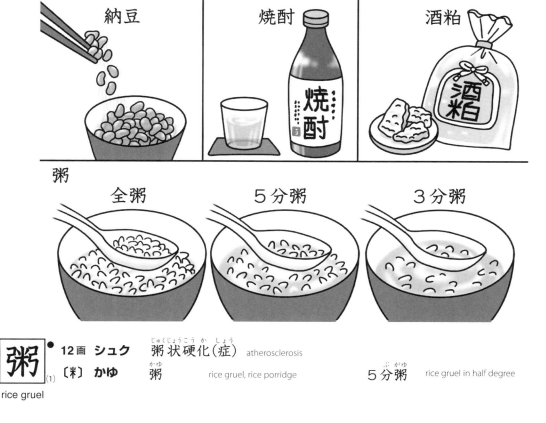

納豆　焼酎　酒粕

粥

全粥　5分粥　3分粥

| 747 | 粥 (1) | 12画 シュク | 粥状硬化（症） | atherosclerosis | | |
| --- | rice gruel | 〔米〕 かゆ | 粥 | rice gruel, rice porridge | 5分粥 | rice gruel in half degree |

748	納 (2)	10画 ノウ	未納	unpaid, in arrears	納入	payment (of tax), delivery (of goods)
---	put in place	〔糸〕	納期	date of payment, date of delivery	還納	reposition, reduction
		ナッ	納豆	fermented soybeans	納得する	to agree, to understand, to be convinced

749	豆	7画 トウ	納豆	fermented soybeans	豆腐	tofu, soybean curd
---	bean	〔豆〕 ズ	大豆	soybean		
		まめ	煮豆	boiled beans, cooked beans		

⑴ 「粥」は、音読みは「シュク」だが、「粥状硬化症」など、慣用的に「ジュク」と読む語彙がある。

⑵ 他の音読みに「ナ」「ナン」「トウ」、訓読みに「おさ - める」「おさ - まる」がある。

750	箸	15画 〔⺮〕	はし	箸	chopsticks		
	chopsticks						

| 751 | 丁 | 2画 〔一〕 | チョウ テイ | 包丁 (ほうちょう)
丁寧な (ていねいな) | kitchen knife
polite, respectful, careful | 落丁 (らくちょう) | missing page |
| | forth, town | | | | | | |

| 752 | 繊 | 17画 〔糸〕 | セン | 食物繊維 (しょくもつせんい) (3) | dietary fiber | | |
| | fine | | | | | | |

| 753 | 炊 | 8画 (4) 〔火〕 | スイ | 炊事 (すいじ) | cooking, kitchen work | 自炊する (じすい) | to cook one's own food |
| | cook | | | | | | |

| 754 | 炒 ● | 8画 〔火〕 | いた-める | 炒め物 (いた もの) (5) | fried food | | |
| | broil, parch, roast (in a pan), fire (tea) | | | | | | |

| 755 | 缶 | 6画 〔缶〕 | カン | 缶 (かん)
空き缶 (あ かん) | can, canister
empty can | 缶詰 (かんづめ) (6) | canned food, tinned food |
| | can | | | | | | |

| 756 | 湧 | 12画 (7) 〔氵〕 | わ-く | 湧き水 (わ みず) | spring water | | |
| | well up | | | | | | |

| 757 | 酎 | 10画 〔酉〕 | チュウ | 焼酎 (しょうちゅう) | shochu (clear liquor distilled from sweet potatoes, rice, buckwheat, etc) | | |
| | sake | | | | | | |

---

(3) 「食物繊維 (しょくもつせんい)」は「食物線維」と書く場合もある。

(5) 肉や野菜などを少量の油で加熱した料理のこと。

(7) 音読みに「ユウ」がある。

(4) 訓読みに「た-く」がある。

(6) 「缶詰 (かんづめ)」は「缶詰め」と書く場合もある。

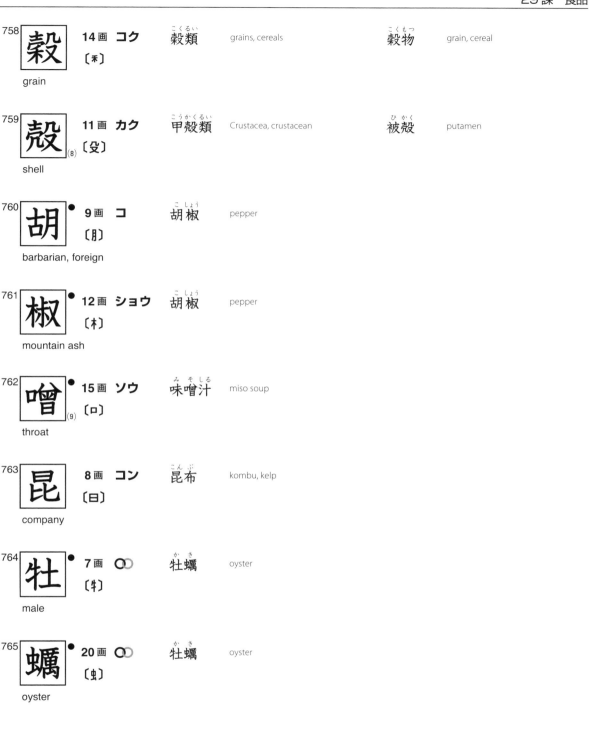

758	穀 grain	14画 〔禾〕	コク	穀類 こくるい	grains, cereals	穀物 こくもつ	grain, cereal
759	殻 shell	11画(8) 〔殳〕	カク	甲殻類 こうかくるい	Crustacea, crustacean	被殻 ひかく	putamen
760	胡 barbarian, foreign	9画 〔月〕	コ	胡椒 こしょう	pepper		
761	椒 mountain ash	12画 〔木〕	ショウ	胡椒 こしょう	pepper		
762	噌 throat	15画(9) 〔口〕	ソウ	味噌汁 みそしる	miso soup		
763	昆 company	8画 〔日〕	コン	昆布 こんぶ	kombu, kelp		
764	牡 male	7画 〔牛〕		牡蠣 かき	oyster		
765	蠣 oyster	20画 〔虫〕		牡蠣 かき	oyster		

(8) 訓読みに「から」がある。

(9) 「噌」は、音読みは「ソウ」だが、「味噌汁」など、慣用的に「ソ」と読む語彙がある。「噌」は「噲」と書く場合もある。→ p.10 参照

766	糧 (10) 〔米〕	18画 リョウ	<ruby>食糧<rt>しょくりょう</rt></ruby>	food		
provisions						

767	麺 〔麦〕	16画 メン	<ruby>麺<rt>めん</rt></ruby>	noodles	<ruby>即席麺<rt>そくせきめん</rt></ruby>	instant noodles
noodles						

768	粕 ● 〔米〕	11画 かす	<ruby>酒粕<rt>さけかす</rt></ruby>	sake lees	<ruby>酒粕状<rt>さけかすじょう</rt></ruby>	curd-like
scrap, waste						

769	鍋 〔金〕	17画 なべ	<ruby>鍋物<rt>なべもの</rt></ruby>	food served in pot		
pot						

770	豚 〔豕〕	11画 トン ぶた	<ruby>豚脂様角膜後面沈着物<rt>とんしようかくまくこうめんちんちゃくぶつ</rt></ruby>	mutton fat keratic precipitates		
pig			<ruby>豚<rt>ぶた</rt></ruby> *	pig, pork		

771	猪 ● (11) 〔犭〕	11画 いのしし	<ruby>猪<rt>いのしし</rt></ruby>	sus scrofa, wild boar		
wild boar						

772	菊 〔艹〕	11画 キク	<ruby>春菊<rt>しゅんぎく</rt></ruby>(12)	crown daisy, garland chrysanthemum		
chrysanthemun						

773	釣 (13) 〔金〕	11画 つ-る	<ruby>釣<rt>つ</rt></ruby>る	to fish, to angle		
fish						

⑽ 他の音読みに「ロウ」、訓読みに「かて」がある。　　⑾ 「猪」は「猪」と書く場合もある。→ p.10 参照

⑿ 日本では葉や茎を食べる。　　⒀ 音読みに「チョウ」がある。

Ⅰ 下の言葉の読みを書きましょう。

① 粥状硬化（症）＿＿＿＿＿＿＿＿＿＿

② 大豆 ＿＿＿＿＿＿＿＿＿＿

③ 食物繊維 ＿＿＿＿＿＿＿＿＿＿

④ 焼酎 ＿＿＿＿＿＿＿＿＿＿

⑤ 穀物 ＿＿＿＿＿＿＿＿＿＿

⑥ 甲殻類 ＿＿＿＿＿＿＿＿＿＿

⑦ 胡椒 ＿＿＿＿＿＿＿＿＿＿

⑧ 納得する ＿＿＿＿＿＿＿＿＿＿

⑨ 味噌汁 ＿＿＿＿＿＿＿＿＿＿

⑩ 牡蠣 ＿＿＿＿＿＿＿＿＿＿

⑪ 昆布 ＿＿＿＿＿＿＿＿＿＿

⑫ 食糧 ＿＿＿＿＿＿＿＿＿＿

⑬ 酒粕 ＿＿＿＿＿＿＿＿＿＿

⑭ 猪 ＿＿＿＿＿＿＿＿＿＿

Ⅱ 下の言葉を漢字で書きましょう。

① にまめ
boiled beans ＿＿＿＿＿＿＿＿＿＿

② はし
chopsticks ＿＿＿＿＿＿＿＿＿＿

③ ほうちょう
kitchen knife ＿＿＿＿＿＿＿＿＿＿

④ すいじ
cooking ＿＿＿＿＿＿＿＿＿＿

⑤ いためもの
fried food ＿＿＿＿＿＿＿＿＿＿

⑥ あきかん
empty can ＿＿＿＿＿＿＿＿＿＿

⑦ わきみず
spring water ＿＿＿＿＿＿＿＿＿＿

⑧ めん
noodles ＿＿＿＿＿＿＿＿＿＿

⑨ なべもの
food served in pot ＿＿＿＿＿＿＿＿＿＿

⑩ ぶた
pig ＿＿＿＿＿＿＿＿＿＿

⑪ しゅんぎく
crown daisy ＿＿＿＿＿＿＿＿＿＿

⑫ つる
to fish ＿＿＿＿＿＿＿＿＿＿

Ⅲ 次の文に出ている漢字の読みを書きましょう。この課で学習した漢字、単語には＿＿が引いてあります。＿＿が引いてある単語は＿＿が引いてある漢字・単語といっしょになって一つの単語を作っています。意味がわからないときは自分で調べましょう。

① 食糧を安定的に供給する。（第109回B問題4）

② 飲酒は焼酎1合／日を38年間。（第111回B問題　60の問題文）

③ その後、湧き水を沸かしてお茶を飲んだ。（第106回D問題28）

④「十分理解し、納得されてから参加してください」（第109回C問題2）

⑤ トレッキング旅行の途中で、自炊していたという。（第107回A問題34）

⑥ 2週前から右手で箸を持ちにくいことに気付き受診した。（第109回D問題41）

⑦ 昨日は包丁を持って隣家に入り込み、警察沙汰になった。（第108回A問題39）

⑧「1か月前に郷里の親戚が昆布を大量に送ってきたので毎日沢山食べていた」とのことである。

（第111回I問題59）

⑨ 昨日の夕食は、食事直前に開けた缶詰の牛肉、自分で採取した山菜の炒め物、自分で釣った川魚の塩焼き、自分で作ったおにぎり及び日本酒1合だったという。（第107回A問題34）

⑩ そのことを気にした病棟看護師が、担当医に対して「入院してから主食をほとんど食べていないようです。今、5分粥食が出ていますがどうしましょうか」と話しかけた。（第111回H問題29）

30課 生活

Lifestyles

なんと読みますか。

玄関　鍵　廊下　風呂

774	就 ₍₁₎ 〔尢〕 take	12画 シュウ	就寝 しゅうしん sleeping, going to sleep 就労 しゅうろう employment, working 就学 しゅうがく entering school, enrollment at school	就業 しゅうぎょう employment 就床する しゅうしょう to go to bed
775	熟 ₍₂₎ 〔灬〕 ripen	15画 ジュク	熟睡 じゅくすい sound sleep, deep sleep	成熟 せいじゅく maturation, maturity
776	飼 ₍₃₎ 〔飠〕 raise animals	13画 シ	飼育 しいく breeding, (animal) care	

（1）他の音読みに「ジュ」、訓読みに「つ-く」「つ-ける」がある。

（2）訓読みに「う-れる」がある。

（3）訓読みに「か-う」がある。

777	趣 (4) 〔走〕 flavor	15画 シュ	趣味 しゅみ	hobby, one's outside interests		
778	蚊 〔虫〕 mosquito	10画 ブン か	飛蚊症 ひぶんしょう 蚊 か	muscae volitantes mosquito		
779	暇 (5) 〔日〕 free time	13画 カ	休暇 きゅうか	holiday, vacation		
780	呂 〔口〕 backbone	7画 ロ	（お）風呂 ふろ	bath	風呂場 ふろば	bathroom
781	扉 (6) 〔戸〕 door	12画 とびら	扉 とびら	door		
782	玄 〔玄〕 dark	5画 ゲン	玄関 げんかん	front door, entrance		
783	井 (7) 〔二〕 well	4画 ショウ い	天井 てんじょう 井戸水 いどみず	ceiling, roof well water		
784	廊 〔广〕 corridor	12画 ロウ	廊下 ろうか	corridor		

(4) 訓読みに「おもむき」がある。　　(5) 訓読みに「ひま」がある。

(6) 音読みに「ヒ」がある。　　(7) 他の音読みに「セイ」がある。

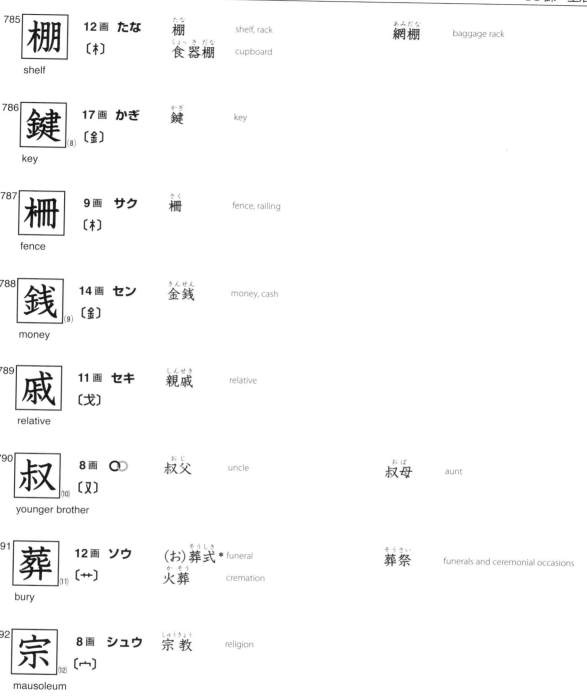

785	棚	12画 たな〔木〕	棚（たな）	shelf, rack	網棚（あみだな）	baggage rack
	shelf		食器棚（しょっきだな）	cupboard		
786	鍵	17画 かぎ(8)〔金〕	鍵（かぎ）	key		
	key					
787	柵	9画 サク〔木〕	柵（さく）	fence, railing		
	fence					
788	銭	14画 セン(9)〔金〕	金銭（きんせん）	money, cash		
	money					
789	戚	11画 セキ〔戈〕	親戚（しんせき）	relative		
	relative					
790	叔	8画 ○○(10)〔又〕	叔父（おじ）	uncle	叔母（おば）	aunt
	younger brother					
791	葬	12画 ソウ(11)〔艹〕	（お）葬式（そうしき）*	funeral	葬祭（そうさい）	funerals and ceremonial occasions
	bury		火葬（かそう）	cremation		
792	宗	8画 シュウ(12)〔宀〕	宗教（しゅうきょう）	religion		
	mausoleum					

(8) 音読みに「ケン」がある。　　(9) 訓読みに「ぜに」がある。

(10) 音読みに「シュク」がある。　　(11) 訓読みに「ほうむ-る」がある。

(12) 他の音読みに「ソウ」がある。

| 793 | 嗜 ● | 13画 シ 〔口〕 like, have a taste for | 嗜好品 し こう ひん | one's favorite food, nonessential grocery items | 性嗜好障害 せい し こう しょう がい | disorder of sexual preference |

| 794 | 猛 | 11画 モウ 〔犭〕 fierce | 猛暑 もう しょ | fierce heat | | |

| 795 | 哲 | 10画 テツ 〔口〕 wise | 哲学 てつ がく | philosophy | | |

| 796 | 笛 ⑴₃ | 11画 ふえ 〔⺮〕 flute, pipe | 笛 ふえ | whistle, pipe, flute | 口笛 くち ぶえ | whistle (sound made with the lips) |

| 797 | 購 | 17画 コウ 〔貝〕 purchase | 購入する こう にゅう | to buy, to purchase | | |

| 798 | 顧 ⑴₄ | 21画 コ 〔頁〕 look back | 顧客 こ きゃく | customer | | |

| 799 | 粧 | 12画 ショウ 〔米〕 makeup | 化粧品 け しょう ひん | cosmetics | | |

| 800 | 稚 | 13画 チ 〔禾〕 infantile | 幼稚園 よう ち えん | kindergarten | | |

⒀ 他の音読みに「テキ」がある。

⒁ 訓読みに「かえり‐みる」がある。

I 下の言葉の読みを書きましょう。

① 飛蚊症 _____

② 天井 _____

③ 廊下 _____

④ 柵 _____

⑤ 金銭 _____

⑥ 親戚 _____

⑦ 叔父 _____

⑧ 葬式 _____

⑨ 嗜好品 _____

⑩ 猛暑 _____

⑪ 哲学 _____

⑫ 笛 _____

⑬ 顧客 _____

⑭ 幼稚園 _____

II 下の言葉を漢字で書きましょう。

① しゅうしん _____
sleeping

② じゅくすい _____
sound sleep

③ しいく _____
breeding

④ しゅみ _____
hobby

⑤ (お) ふろ _____
bath

⑥ とびら _____
door

⑦ げんかん _____
front door

⑧ いどみず _____
well water

⑨ たな _____
shelf

⑩ かぎ _____
key

⑪ しゅうきょう _____
religion

⑫ こうにゅうする _____
to buy

Ⅲ　次の文に出ている漢字の読みを書きましょう。この課で学習した漢字、単語には＿＿が引いてあります。＿＿が引いてある単語は＿＿が引いてある漢字・単語といっしょになって一つの単語を作っています。意味がわからないときは自分で調べましょう。

① 「鍵をかけたのか、何度も確認しないと気が済みません 」（第106回 D 問題12）

② 数日間排便がないため、昨日就寝前に通常の２倍量の下剤を服用した。（第107回 A 問題49）

③ 天井作業中に使用していたノミが落下して左眼を受傷したため搬入された。（第106回 I 問題75）

④ 昼夜逆転の生活を送っているが、趣味のバンドの練習には週に３日参加している。（第107回 E 問題45）

⑤ 末梢血塗抹標本で核に過分葉のある成熟好中球を認め、骨髄血塗抹標本で巨赤芽球を認める。（第107回 A 問題38）

⑥ 幼稚園の年長のころから、話しかけられてもうなずく程度となり、発語が乏しくなったという。（第106回 A 問題50）

⑦ ８月で猛暑日が続いていたが、胃腸が弱いので冷たい飲料を飲み過ぎないようにしていたという。（第106回 A 問題25）

⑧ 入院後３日、「 ここは火葬場で、周りの人間が自分を燃やそうとしている 」と言い、興奮し始めた。（第106回 I 問題46）

⑨ 母方の祖父が大腸癌で亡くなっていて、母方の２人の叔父が家族性腺腫性ポリポーシスといわれて手術を受けているんです。（第107回 B 問題42）

⑩ 風呂場でカビと汚れとを除去するために酸性洗剤をスプレーし、直後に次亜塩素酸ナトリウムを主成分とする洗剤をスプレーしたところ、眼の症状に続いてのどの症状が出現し、咳が止まらなくなったため救急外来を受診した。（第106回 G 問題53）

解 答

1課　解剖学1（身体・筋骨格系）

p.17

・手のひら → 手掌

・みぞおち → 心窩部

・おなか → 腹部

・太もも → 大腿

練習問題Ⅰ（p.21）

①けいじょうみゃく

②しんかぶ

③そけい

④そくし

⑤せんこつぶ

⑥しょうぶ

⑦しつかんせつ

⑧きょうかく

⑨じんたい

⑩けいこつ

⑪とうこつ

⑫ひこつ

⑬じょこつ

⑭けんぽう

練習問題Ⅱ（p.21）

①下腹部

②頸部

③下肢

④大腿

⑤腋毛

⑥手掌

⑦筋力

⑧肋骨

⑨脊柱

⑩腰椎

⑪股関節

⑫肘関節

練習問題Ⅲ（p.22）【解答例】

①<ruby>脊椎<rt>せきつい</rt></ruby>の<ruby>変形<rt>へんけい</rt></ruby>は<ruby>幼児期<rt>ようじき</rt></ruby>から<ruby>発症<rt>はっしょう</rt></ruby>する。（第111回A問題2）

②<ruby>甲状腺<rt>こうじょうせん</rt></ruby>は<ruby>軽度<rt>けいど</rt></ruby>に<ruby>腫大<rt>しゅだい</rt></ruby>している。<ruby>胸腹部<rt>きょうふくぶ</rt></ruby>に<ruby>異常<rt>いじょう</rt></ruby>を認めない。（第110回A問題60）

③<ruby>胸部<rt>きょうぶ</rt></ruby>エックス<ruby>線写真<rt>せんしゃしん</rt></ruby>で<ruby>心胸郭比<rt>しんきょうかくひ</rt></ruby>54％、<ruby>肺野<rt>はいや</rt></ruby>に<ruby>異常<rt>いじょう</rt></ruby>を<ruby>認<rt>みと</rt></ruby>めない。（第110回A問題41）

④<ruby>呼吸音<rt>こきゅうおん</rt></ruby>に<ruby>異常<rt>いじょう</rt></ruby>を<ruby>認<rt>みと</rt></ruby>めない。<ruby>脛骨前面<rt>けいこつぜんめん</rt></ruby>に<ruby>圧痕<rt>あっこん</rt></ruby>を<ruby>残<rt>のこ</rt></ruby>す<ruby>浮腫<rt>ふしゅ</rt></ruby>を<ruby>認<rt>みと</rt></ruby>める。（第110回A問題41）

⑤<ruby>眼球<rt>がんきゅう</rt></ruby><ruby>結膜<rt>けつまく</rt></ruby>は<ruby>軽度<rt>けいど</rt></ruby><ruby>貧血様<rt>ひんけつよう</rt></ruby>である。<ruby>手掌紅斑<rt>しゅしょうこうはん</rt></ruby>やくも<ruby>状血管腫<rt>じょうけっかんしゅ</rt></ruby>は<ruby>認<rt>みと</rt></ruby>めない。（第110回A問題30）

⑥<ruby>口腔内<rt>こうくうない</rt></ruby>は<ruby>著明<rt>ちょめい</rt></ruby>に<ruby>乾燥<rt>かんそう</rt></ruby>している。<ruby>頸部<rt>けいぶ</rt></ruby>と<ruby>腋窩<rt>えきか</rt></ruby>のリンパ<ruby>節<rt>せつ</rt></ruby>を<ruby>触知<rt>しょくち</rt></ruby>しない。（第111回A問題55）

⑦<ruby>腹痛<rt>ふくつう</rt></ruby>は<ruby>持続性<rt>じぞくせい</rt></ruby>であり、<ruby>心窩部<rt>しんかぶ</rt></ruby>から<ruby>臍周囲<rt>さいしゅうい</rt></ruby>まで<ruby>広範囲<rt>こうはんい</rt></ruby>に<ruby>認<rt>みと</rt></ruby>め、<ruby>限局<rt>げんきょく</rt></ruby>していないがやや<ruby>右側<rt>みぎがわ</rt></ruby>に<ruby>強<rt>つよ</rt></ruby>い。（第111回A問題48）

⑧<ruby>四肢<rt>しし</rt></ruby>の<ruby>近位部<rt>きんいぶ</rt></ruby>に<ruby>徒手筋力<rt>としゅきんりょく</rt></ruby>テストでの<ruby>筋力低下<rt>きんりょくていか</rt></ruby>を<ruby>認<rt>みと</rt></ruby>め、<ruby>大腿四頭筋<rt>だいたいしとうきん</rt></ruby>を<ruby>叩打<rt>こうだ</rt></ruby>すると<ruby>筋腹<rt>きんぷく</rt></ruby>の<ruby>膨隆<rt>ぼうりゅう</rt></ruby>が<ruby>生<rt>しょう</rt></ruby>じる。（第110回A問題21）

⑨<ruby>右肋骨痛<rt>みぎろっこつつう</rt></ruby>を<ruby>主訴<rt>しゅそ</rt></ruby>に<ruby>来院<rt>らいいん</rt></ruby>した。1か<ruby>月前<rt>げつまえ</rt></ruby>から、<ruby>右側<rt>みぎがわ</rt></ruby>の<ruby>胸部<rt>きょうぶ</rt></ruby>に<ruby>痛<rt>いた</rt></ruby>みを<ruby>感<rt>かん</rt></ruby>じるようになり、<ruby>改善<rt>かいぜん</rt></ruby>しないため<ruby>受診<rt>じゅしん</rt></ruby>した。（第111回A問題60）

⑩2<ruby>週間前<rt>しゅうかんまえ</rt></ruby>から<ruby>左手<rt>ひだりて</rt></ruby>の<ruby>小指<rt>こゆび</rt></ruby>がジンジンするようになり、1<ruby>週間前<rt>しゅうかんまえ</rt></ruby>から<ruby>右足趾<rt>みぎそくし</rt></ruby>にも<ruby>同様<rt>どうよう</rt></ruby>の<ruby>症状<rt>しょうじょう</rt></ruby>が<ruby>出現<rt>しゅつげん</rt></ruby>するとともに<ruby>右足<rt>みぎあし</rt></ruby>が<ruby>下垂<rt>かすい</rt></ruby>してきたため<ruby>受診<rt>じゅしん</rt></ruby>した。（第111回I問題54）

⑪<ruby>発熱<rt>はつねつ</rt></ruby>、<ruby>右膝関節痛<rt>みぎしつかんせつつう</rt></ruby>、<ruby>左股関節痛<rt>ひだりこかんせつつう</rt></ruby>および<ruby>左足関節痛<rt>ひだりそくかんせつつう</rt></ruby>を<ruby>主訴<rt>しゅそ</rt></ruby>に<ruby>来院<rt>らいいん</rt></ruby>した。4<ruby>日前<rt>かまえ</rt></ruby>から<ruby>左股関節痛<rt>ひだりこかんせつつう</rt></ruby>が<ruby>出現<rt>しゅつげん</rt></ruby>し、2<ruby>日前<rt>かまえ</rt></ruby>には<ruby>右膝関節痛<rt>みぎしつかんせつつう</rt></ruby>と<ruby>左足関節痛<rt>ひだりそくかんせつつう</rt></ruby>が<ruby>出現<rt>しゅつげん</rt></ruby>した。<ruby>関節痛<rt>かんせつつう</rt></ruby>は<ruby>徐々<rt>じょじょ</rt></ruby>に<ruby>増悪<rt>ぞうあく</rt></ruby>し、<ruby>立<rt>た</rt></ruby>っていることができなくなったため<ruby>受診<rt>じゅしん</rt></ruby>した。（第111回A問題53）

2課　解剖学2（消化器系・泌尿生殖器系・内分泌系）

p.23

- 肝臓 → かんぞう
- 胆嚢 → たんのう
- 腎臓 → じんぞう
- 膵臓 → すいぞう
- 大腸 → だいちょう
- 膀胱 → ぼうこう

練習問題 I （p.27）

① すいかん
② たんのう
③ ゆうもん

④ すいこうぶ
⑤ かんかまじょうかんまく
⑥ ふくじん
⑦ ちつきょうしん
⑧ ぼうこう
⑨ ふぞくき
⑩ じんう
⑪ いんけい
⑫ きとう
⑬ へんれけいてい
⑭ らんかんさい

練習問題 II （p.27）

① 臓器
② 肝炎
③ 胆石
④ 大腸
⑤ 虫垂
⑥ 肛門
⑦ 噴門
⑧ 腎臓
⑨ 陰性
⑩ 子宮
⑪ 精巣
⑫ 甲状腺

練習問題 III （p.28）【解答例】

① 左<ruby>精巣<rt>せいそう</rt></ruby>は<ruby>腫大<rt>しゅだい</rt></ruby>し<ruby>強<rt>つよ</rt></ruby>い<ruby>自発痛<rt>じはつつう</rt></ruby>を<ruby>認<rt>みと</rt></ruby>める。（第111回A問題23）

② <ruby>腹部臓器<rt>ふくぶぞうき</rt></ruby>とリンパ<ruby>節<rt>せつ</rt></ruby>とに<ruby>転移<rt>てんい</rt></ruby>を<ruby>認<rt>みと</rt></ruby>めない。（第111回I問題62）

③ 60<ruby>歳時<rt>さいじ</rt></ruby>に<ruby>胆嚢結石<rt>たんのうけっせき</rt></ruby>で<ruby>開腹手術<rt>かいふくしゅじゅつ</rt></ruby>を受けている。（第109回A問題37）

④ <ruby>排便時<rt>はいべんじ</rt></ruby>の<ruby>肛門部痛<rt>こうもんぶつう</rt></ruby>と<ruby>出血<rt>しゅっけつ</rt></ruby>とを<ruby>主訴<rt>しゅそ</rt></ruby>に<ruby>来院<rt>らいいん</rt></ruby>した。（第110回A問題31）

⑤ <ruby>内視鏡検査<rt>ないしきょうけんさ</rt></ruby>では<ruby>結腸<rt>けっちょう</rt></ruby>に<ruby>多発性<rt>たはつせい</rt></ruby>のびらんと<ruby>潰瘍<rt>かいよう</rt></ruby>とを<ruby>認<rt>みと</rt></ruby>める。（第110回A問題59）

⑥ <ruby>内診<rt>ないしん</rt></ruby>で<ruby>子宮<rt>しきゅう</rt></ruby>は<ruby>正常<rt>せいじょう</rt></ruby>で、<ruby>有痛性<rt>ゆうつうせい</rt></ruby>で<ruby>腫大<rt>しゅだい</rt></ruby>した<ruby>両側付属器<rt>りょうそくふぞくき</rt></ruby>を<ruby>触<rt>ふ</rt></ruby>れる。（第109回D問題60）

⑦ <ruby>腹部超音波検査<rt>ふくぶちょうおんぱけんさ</rt></ruby>で<ruby>両側水腎症<rt>りょうそくすいじんしょう</rt></ruby>と<ruby>膀胱内<rt>ぼうこうない</rt></ruby>の<ruby>大量<rt>たいりょう</rt></ruby>の<ruby>尿貯留<rt>にょうちょりゅう</rt></ruby>とを<ruby>認<rt>みと</rt></ruby>める。（第111回I問題47）

⑧ <ruby>痛<rt>いた</rt></ruby>みは、<ruby>左<rt>ひだり</rt></ruby>の<ruby>肩甲下角<rt>けんこうかかく</rt></ruby>から<ruby>側胸部<rt>そっきょうぶ</rt></ruby>にかけて<ruby>皮膚表面<rt>ひふひょうめん</rt></ruby>がピリピリする<ruby>感<rt>かん</rt></ruby>じであった。（第106回B問題55-57の問題文）

⑨ <ruby>経腟超音波検査<rt>けいちつちょうおんぱけんさ</rt></ruby>で<ruby>子宮内<rt>しきゅうない</rt></ruby>に<ruby>長径<rt>ちょうけい</rt></ruby>25mmの<ruby>胎嚢<rt>たいのう</rt></ruby>と<ruby>心拍動<rt>しんぱくどう</rt></ruby>を<ruby>有<rt>ゆう</rt></ruby>する<ruby>胎芽<rt>たいが</rt></ruby>とを<ruby>認<rt>みと</rt></ruby>める。（第110回A問題26）

⑩ <ruby>陰嚢<rt>いんのう</rt></ruby>と<ruby>陰茎<rt>いんけい</rt></ruby>の<ruby>写真<rt>しゃしん</rt></ruby>（➡<ruby>別冊<rt>べっさつ</rt></ruby>No.4A）と<ruby>生検組織<rt>せいけんそしき</rt></ruby>のH-E<ruby>染色標本<rt>せんしょくひょうほん</rt></ruby>（➡<ruby>別冊<rt>べっさつ</rt></ruby>No.4B）とを<ruby>別<rt>べつ</rt></ruby>に<ruby>示<rt>しめ</rt></ruby>す。（第109回D問題24）

⑪ 3<ruby>か月前<rt>げつまえ</rt></ruby>にIb<ruby>期<rt>き</rt></ruby>の<ruby>胃癌<rt>いがん</rt></ruby>にて<ruby>幽門側胃切除術<rt>ゆうもんそくいせつじょじゅつ</rt></ruby>、Billroth I<ruby>法再建術<rt>ほうさいけんじゅつ</rt></ruby>を<ruby>受<rt>う</rt></ruby>け、1<ruby>か月<rt>げつ</rt></ruby>ごとに<ruby>定期<rt>ていき</rt></ruby><ruby>受診<rt>じゅしん</rt></ruby>していた。（第110回A問題36）

3課　解剖学３（呼吸器系・心臓血管系・神経系・感覚器）

p.29

- ・全身 → ぜんしん
- ・大動脈 → だいどうみゃく
- ・肺動脈 → はいどうみゃく
- ・右心室 → うしんしつ
- ・左心房 → さしんぼう
- ・大静脈 → だいじょうみゃく
- ・右心房 → うしんぼう
- ・左心室 → さしんしつ
- ・肺静脈 → はいじょうみゃく
- ・肺 → はい

練習問題Ⅰ（p.33）

① いんとう
② のど
③ こうとう
④ へんとう
⑤ じょうみゃく
⑥ さんせんべん
⑦ ちゅうすう
⑧ ずいしょう
⑨ のうりょう
⑩ がいとうさいぼう
⑪ がんけん
⑫ こうさい
⑬ こまく
⑭ みらい

練習問題Ⅱ（p.33）

① 肺
② 動脈
③ 心房
④ 大動脈弁
⑤ 冠状
⑥ 腱索
⑦ 僧帽筋
⑧ 脳波
⑨ 体幹
⑩ 網膜
⑪ 瞳孔
⑫ 水晶体

練習問題Ⅲ（p.34）【解答例】

① 頸静脈の怒張を認めない。（第109回E 60〜62問題文）

② 咽頭に軽度の発赤を認める。（第109回E問題52）

③ 冠動脈血流は再開している。（第109回E問題67）

④ 肺動脈主幹部が血栓により閉塞している。（第109回E問題67）

⑤ 子宮腔部生検の組織診では扁平上皮癌である。（第109回D問題37）

⑥ 右眼の散瞳薬点眼後の前眼部写真（●別冊No.6）を別に示す。（第109回D問題26）

⑦ 再入院時の胸部エックス線写真で両側肺野に淡いスリガラス陰影を認める。（第109回D問題29）

⑧ （前略）脳性ナトリウム利尿ペプチド〈BNP〉253pg/mL（基準18.4以下）。（第111回H 33〜34問題文）

⑨ 視力低下のため昨日、眼科を受診し増殖前糖尿病網膜症と診断され、紹介されて受診した。
（第109回D問題46）

⑩ 乳房超音波検査で不整形、境界不明瞭で内部に点状の高エコースポットを伴う低エコー領域を認める。（第111回I問題49）

⑪ ２週前から両眼の痒みと眼球結膜の充血とが生じ、改善しないため受診した。矯正視力は右1.2、左1.2。左眼の上眼瞼を翻転した写真（●別冊No.5）を別に示す。（第109回D問題25）

4課　解剖学4（組織・細胞など）

p.35

・口唇／唇
　→ こうしん／くちびる
・舌 → した
・歯牙／歯 → しが／は
・羊水 → ようすい
・胎児 → たいじ
・胎盤 → たいばん
・臍 → へそ

練習問題Ⅰ（p.39）

① じゅうもう
② おうもんきん

③ たんかくきゅう
④ だえき
⑤ ふんべん
⑥ じょうがく／うわあご
⑦ しが
⑧ せきずい
⑨ ひぞう
⑩ けっしょう
⑪ こつばん
⑫ さい／へそ
⑬ さいたい
⑭ はい

練習問題Ⅱ（p.39）

① 組織
② 粘液
③ 粘膜
④ 乳腺
⑤ 線維
⑥ 結核
⑦ 細胞
⑧ 痰
⑨ 分泌
⑩ 鼻腔
⑪ 口唇
⑫ 羊水

練習問題Ⅲ（p.40）【解答例】

① 臍部右横に5cm大の軟らかい腫瘤を触知する。（第109回C問題23）
② 喫煙歴のある者には肺癌検診で喀痰細胞診を行う。（第111回C問題7）
③ 骨髄生検ではリンパ系腫瘍細胞の浸潤がみられる。（第110回A問題33）
④ 肺動脈弁と大動脈弁とは線維性組織を隔てて隣接している。（第109回B問題32）
⑤ （前略）内視鏡下に中鼻道から上顎洞組織の生検を行った。（第107回A問題22）
⑥ 患者の唾液が付着した木製舌圧子は一般廃棄物として処理する。（第111回H問題20）
⑦ 皮膚と口腔内は乾燥している。眼瞼結膜と眼球結膜とに異常を認めない。（第111回H　37〜38問題文）
⑧ 膀胱内視鏡検査で隆起性病変は認めないが発赤した膀胱粘膜を複数認める。（第109回D問題39）
⑨ ガリウムシンチグラフィで両側顎下腺、甲状腺および膵臓に取り込みを認める。（第109回D問題41）
⑩ またヒト絨毛性ゴナドトロピン〈hCG〉は 200,000mIU/mL（基準 16,000 〜 160,000）であった。

（第110回A問題44）

⑪ 血液所見：赤血球 480万、Hb15.5g/dL、Ht47%、白血球 8,400（桿状核好中球30%、分葉核好中球45%、（後略））（第111回H　37〜38問題文）
⑫ 入院後週1回実施している腹部超音波検査での胎児推定体重は、正常範囲内で増加している。羊水指数〈AFI〉は 1.0 〜 3.0cm（基準 5 〜 25）の間で推移している。（第110回B問題45）

5課　疾患1（細菌性疾患・腫瘍・筋骨格系疾患など）

p.41

・風邪／感冒
　→ かぜ／かんぼう

・胃癌 → いがん

・骨粗鬆症
　→ こつそしょうしょう

・痔瘻 → じろう

練習問題Ⅰ（p.45）

① かんきん

② りんきん

③ かのう

④ ほうかしきえん

⑤ こうげんびょう

⑥ こつそしょうしょう

⑦ こつきょく

⑧ かんせつこうしゅく

⑨ きんきょうごう

⑩（せきちゅう）そくわん

⑪ ろうときょう

⑫ じろう

⑬ にくげしゅ

⑭ りゅうぜん

練習問題Ⅱ（p.45）

① 細菌

② 耐性株

③ 膿

④ 感冒

⑤ 風邪

⑥ 水痘

⑦ 胃癌

⑧ 腫大

⑨ 潰瘍

⑩ 腫瘤

⑪ 心房粗動

⑫ 肺炎

練習問題Ⅲ（p.46）【解答例】

① 5か月時に慢性肉芽腫症と診断された。（第111回I問題60）

② 口腔ケアは術後肺炎の予防に有用である。（第109回D問題18）

③ 気管支内視鏡検査を行い腺癌の診断を得た。（第109回A問題30）

④ 下腹部に腫瘤を触れ、軽度の圧痛を認める。（第109回A問題37）

⑤ 一部の水疱が破れて浅い潰瘍を形成している。（第111回A問題23）

⑥ 深頸部膿瘍から拡がるものは重篤化しやすい。（第111回I問題39）

⑦ 20年前から両側の鼻閉があり、風邪をひくと悪化した。（第108回A問題24）

⑧ ニューキノロン系抗菌薬に対する耐性株が増加している。（第109回A問題12）

⑨ 流涎と含み声とを認める。軽度の呼吸困難はあるが喘鳴はない。（第109回A問題60）

⑩ 拘縮予防のために右肩関節を積極的に動かすよう家族に指導する。（第110回B問題46）

⑪ 1か月前に感冒様症状があり、その後、呼吸困難が増強するため受診した。（第109回A問題29）

⑫ 2か月前から体重が2kg減少し、腹痛と下痢とが改善しないため受診した。痔瘻を認める。

（第109回E問題47）

6課　疾患2（耳鼻咽喉疾患・神経系疾患・眼疾患）

p.47

- 難聴 → なんちょう
- 麻痺 → まひ
- 幻覚 → げんかく
- 充血 → じゅうけつ

練習問題Ⅰ（p.51）

① させい
② なんちょう
③ ますい
④ まひ
⑤ れんしゅく
⑥ さくらん

⑦ けいしゅく
⑧ げんうん／めまい
⑨ りょうせいほっささいと
　ういげんうんしょう
⑩ げんごさてつ
⑪ わして
⑫ きつおん
⑬ ないしきょう
⑭ しゅうめい

練習問題Ⅱ（p.51）

① 騒音
② 鼻茸

③ 聴取する
④ 麻薬
⑤ 幻覚
⑥ 錯覚
⑦ 昏睡
⑧ 複視
⑨ 充血
⑩ 夜盲
⑪ 霧視
⑫ 斜視

練習問題Ⅲ（p.52）【解答例】

① 症状として幻聴が特徴的である。（第111回H問題3）
② 47歳時に鼻茸切除術の既往がある。（第106回A問題33）
③ 調節性内斜視の原因となるのはどれか。（第107回A問題3）
④ 右眼の充血と視力低下とを主訴に来院した。（第111回I問題77）
⑤ 胸部の聴診でcoarse cracklesを聴取する。（第111回I問題70）
⑥ 左上下肢に弛緩性不全麻痺と感覚低下とを認める。（第111回H問題　31〜32の問題文）
⑦ 工場労働者の騒音性難聴について正しいのはどれか。（第106回B問題9）
⑧ 嗄声で声量は小さく、改訂長谷川式簡易知能評価スケールは7点（30点満点）。（第107回A問題43）
⑨ 手術所見ではTreitz靱帯の約120cm肛門側から回盲部までの小腸が壊死に陥っていた。（第106回D問題56）
⑩ 以前からしばしば悪心を伴う頭痛があり、右眼の霧視を自覚していたが特に気にしていなかった。（第111回I問題43）
⑪ 付き添ってきた友人によると数日前から嘔吐が始まり、今朝から「錯乱状態となっている」という。（第107回A問題48）

7課　疾患3（気道疾患・心臓血管疾患など）

p.53

・血栓 → けっせん

・心筋梗塞

　→ しんきんこうそく

・妊娠悪阻 → にんしんおそ

・咳嗽 → がいそう

練習問題Ⅰ（p.57）

①がいそう

②ぜんそく

③かくたん

④こきゅうきゅうはく

　しょうこうぐん

⑤しんぎん

⑥けいりゅうりゅうざん

⑦どうせいひんみゃく

⑧ちんきゅうせいしんきん

　こうそく

⑨だいどうみゃくきじょう

⑩はしゅ

⑪どんしょく

⑫せきがきゅうろう

⑬かっけ

⑭けんばいようがいそう

練習問題Ⅱ（p.57）

①尿崩症

②梅毒

③阻害薬

④脳梗塞

⑤閉塞

⑥血栓

⑦空洞

⑧動悸

⑨奇形

⑩開脚歩行

⑪耐糖能異常

⑫消耗

練習問題Ⅲ（p.58）【解答例】

①外表に奇形を認めない。（第109回B問題43）

②腹膜播種をきたしやすい。（第109回A問題6）

③喀痰細胞診で悪性細胞を認める。（第108回A問題25）

④右立脚時に骨盤を左側に傾ける。（第109回B問題28）

⑤バルーンカテーテルによる血栓除去（第109回A問題34）

⑥生体弁は機械弁より耐久性が優れている。（第111回A問題15）

⑦鎮痛薬で気管支喘息を起こしたことがあった。（第108回A問題24）

⑧数日前から、動悸、息苦しさ及び下腿の浮腫を自覚していた。（第108回A問題25）

⑨3年前に脳梗塞を発症し、その後アスピリンを内服している。（第108回A問題28）

⑩5日ほどで軽快した。2か月前から乾性咳嗽を自覚し同じ診療所で鎮咳薬を処方されたが改善しなかった。（第108回A問題52）

⑪68歳で脂質異常症と骨粗鬆症とを指摘され、HMG-CoA還元酵素阻害薬と活性型ビタミンDとを服用中である。（第108回B　53～55問題文）

8課 疾患4（皮膚疾患）

p.59

・水ぶくれ
　→水疱（すいほう）
・まゆげ
　→眉毛（びもう／まゆげ）
・まつげ
　→睫毛（しょうもう／まつげ）
・にきび／吹き出物
　→尋常性痤瘡
　　（じんじょうせいざそう）

練習問題Ⅰ（p.63）

①しょうもう／まつげ

②みけん
③ほっしん
④ケルススとくそう
⑤ざそう
⑥そうよう
⑦たいせん
⑧じんましん
⑨りんせつ
⑩でんせんせいのうかしん
⑪ゆうぜい
⑫じんじょうせいろうそう
⑬ジベルばらいろひこうしん
⑭しょうせき

練習問題Ⅱ（p.63）

①皮膚
②肌
③爪
④眉毛
⑤紅斑
⑥水疱
⑦天疱瘡
⑧痒み
⑨乾癬
⑩丘疹
⑪尖圭コンジローマ
⑫丹毒

練習問題Ⅲ（p.64）【解答例】

①舌に白苔を認める。（第108回A問題52）
②仙骨部に褥瘡がある。（第109回B問題1）
③眉間の正中にある赤い皮疹（第108回B問題26）
④陰嚢の経皮吸収は掌蹠に比べて低い。（第111回B問題15）
⑤眼瞼結膜と体幹皮膚に点状出血を認める。（第108回B問題58）
⑥尋常性乾癬の病理組織所見について正しいのはどれか。（第111回I問題17）
⑦両眼の睫毛徴候を認め、鼻唇溝は浅く、口笛を吹くまねができない。（第108回B 59～61問題文）
⑧全身に痒みのない紅色丘疹が多発し、右下腿には黒褐色の痂皮が付着した紅斑を認める。

（第108回A問題51）

⑨直径2～5mmの紅斑が顔、胸部、腹部および四肢に散在し、一部は水疱を伴っている。

（第108回C問題18）

⑩左手の写真（➡別冊No.14A）と鱗屑の苛性カリ（KOH）直接鏡検標本（➡別冊No.14B）とを
　別に示す。（第108回A問題40）

⑪開放創と手は油で汚染されているが、爪床はピンク色でcapillary-refilling time〈毛細血管再
　充満時間〉は正常範囲内である。（第109回A問題47）

9課　病理学的状態と損傷 1

p.65

問診票 → もんしんひょう

　性別 → せいべつ

　男性 → だんせい

　女性 → じょせい

　名前 → なまえ

　生年月日 → せいねんがっぴ

　今日 → きょう

風邪症状 → かぜしょうじょう

・熱 → ねつ

・咳 → せき

・鼻水 → はなみず

・喉が痛い → のど（が）いた（い）

・寒気 → さむけ

おなかの症状

→（おなかの）しょうじょう

・腹痛 → ふくつう

・吐き気 → は（き）け

・下痢 → げり

・便秘 → べんぴ

・胃の調子が悪い → い（の）ちょうし（が）わる（い）

・食欲不振 → しょくよくふしん

胸の症状 → むね（の）しょうじょう

・胸痛 → きょうつう

・胸が苦しい → むね（が）くる（しい）

・圧迫感 → あっぱくかん

・動悸 → どうき

・息苦しい → いきぐる（しい）

その他の症状 →（その）た（の）しょうじょう

・頭痛 → ずつう

練習問題Ⅰ（p.69）

①しっぺい

②りかんりつ

③おうと

④けんたいかん

⑤げり

⑥かいよう

⑦きょうさく

⑧いしゅく

⑨きょけつ

⑩えそ

⑪はんこん

⑫あっこん

⑬びろう

⑭ぎせい

練習問題Ⅱ（p.69）

①症状

②感覚障害

③吐き気

④脱力

⑤食欲（食思）不振

⑥合併症

⑦腫脹

⑧肥大

⑨誘発

⑩欠乏

⑪壊死

⑫便秘

練習問題Ⅲ（p.70）【解答例】

① 息切れと食欲不振とを主訴に来院した。（第 106 回 A 問題 42）

② 胸腺腫には重症筋無力症を合併する。（第 108 回 A 問題 4）

③ 分娩後の頭痛と視野障害を主訴に来院した。（第 108 回 A 問題 34）

④ 左手関節部の腫脹と疼痛を主訴に来院した。（第 108 回 A 問題 48）

⑤ 上下肢とも筋萎縮と感覚障害とを認めない。（第 108 回 B 59〜61 の問題文）

⑥ 全身倦怠感、発熱および左季肋部違和感を主訴に来院した。（第 108 回 A 問題 29）

⑦ 今朝、朝食中に右上下肢の脱力感と構音障害とが出現した。（第 108 回 C 問題 21）

⑧ 12 歳の息子が最近同一疾患を発症したことが疑われている。（第 108 回 A 問題 31）

⑨ 食事摂取は良好であり、悪心や嘔吐はなく便通も正常である。（第 108 回 A 問題 28）

⑩ ある地域における成人男性の肺癌罹患数は 1 年間に 600 名である。（第 108 回 B 問題 40）

⑪ 60 歳ころから、明らかな誘因なく隣家の男性が家の中を覗いていると言うようになり、警察に相談することがあった。（第 108 回 A 問題 39）

10課　病理学的状態と損傷2

p.71

・打撲 → だぼく

・熱傷 → ねっしょう

・脱臼 → だっきゅう

練習問題Ⅰ（p.75）

①そうはく

②ゆちゃく

③おうだん

④しんしゅつ

⑤ねんてん

⑥ひねる

⑦かんとん

⑧はこう

⑨やせる

⑩いっけつ

⑪そんしょう

⑫しりめつれつ

⑬ざそう

⑭できすい

練習問題Ⅱ（p.75）

①疼痛

②叩打

③鈍痛

④反跳痛

⑤疝痛

⑥過敏

⑦憩室

⑧外傷

⑨断裂

⑩創傷

⑪打撲

⑫脱臼

練習問題Ⅲ（p.76）【解答例】

①筋性防御と反跳痛とは認めない。（第108回B問題43）

②右肋骨脊柱角に叩打痛を認める。（第108回A問題46）

③感覚過敏を伴うことが特徴である。（第109回D問題3）

④腱断裂の診断で腱移行術が施行された。（第109回A問題51）

⑤顔面は蒼白で、皮膚は冷たく湿潤している。（第108回B問題　56〜58の問題文）

⑥腹筋を緊張させると疼痛と圧痛とは増強する。（第108回A問題28）

⑦手関節部以外に外傷はなく、他に治療中の疾患はない。（第108回A問題48）

⑧右母指から環指橈側にかけて軽度の感覚鈍麻を認め、二点識別覚10mm以上である。（第109回A問題46）

⑨頭部と顔面とに打撲痕が認められ、鼻腔と口腔から呼気時に血液があふれ出てきている。（第109回C問題24）

⑩不慮の事故のうち、「交通事故」、「転倒・転落」、「溺死及び溺水」、「窒息」、「中毒」の5種類における死亡数の年次推移を図に示す。（第109回B問題5）

⑪3週前にバスケットボールで着地した際に左膝を捻って受傷した21歳の男性の連続した左膝関節部MRIのT2強調矢状断像（→別冊No.1A、B）を別に示す。（第110回A問題5）

11課　生理学的現象 1

p.77

・排泄 → はいせつ

・排便 → はいべん

・排尿 → はいにょう

・悪寒戦慄 → おかんせんりつ

・陣痛 → じんつう

練習問題Ⅰ（p.81）

① かいせん

② さっか

③ ゆうかい

④ しかん

⑤ ぞうしょく

⑥ せんりつ

⑦ にんしん

⑧ にんようせい

⑨ さんじょく

⑩ しょちょう

⑪ しおひがり

⑫ ぼっき

⑬ はいせつ

⑭ ぎょうこ

練習問題Ⅱ（p.81）

① 挙上

② 摩擦

③ 代謝

④ 後遺症

⑤ 劣性遺伝

⑥ 分娩

⑦ 陣痛

⑧ 排尿

⑨ 潜血

⑩ 駆出率

⑪ 循環

⑫ 抵抗

練習問題Ⅲ（p.82）【解答例】

① 産褥 3 ～ 10 日頃に発症する。（第 111 回 H 問題 3）

② 手の挙上など簡単な命令には応じる。（第 111 回 C　26 ～ 27 の問題文）

③ 妊娠 38 週 3 日に陣痛発来のため入院した。（第 111 回 I 問題 80）

④ インスリン抵抗性を主病態とする 2 型糖尿病（第 110 回 B 問題 36）

⑤ 会話をしている間は患者の目を凝視し続ける。（第 111 回 H 問題 11）

⑥ 在胎 26 週、出生体重 980g で経腟分娩で出生した。（第 111 回 I 問題 75）

⑦ 筋力は正常だがアキレス腱反射で弛緩相の遅延を認める。（第 107 回 A 問題 43）

⑧ 血清 Na 値と Cl 値の差の開大は代謝性アルカローシスと判断できる。（第 111 回 H 問題 19）

⑨ 病変部の擦過物とコンタクトレンズ保存液の塗抹検鏡検査で Gram 陰性桿菌が検出された。

（第 111 回 I 問題 52）

⑩ 近くから自筆の遺書が発見され、病苦が原因の自殺であること、対外的には病死として処理して欲しいことなどが記されていた。（第 111 回 C 問題 20）

⑪ 胸部の聴診でⅡ音の奇異性分裂、Ⅲ音およびⅣ音を認め、胸骨右縁第 2 肋間を最強点とするⅣ／Ⅵの収縮期駆出性雑音を聴取し、頸部への放散を認める。（第 109 回 A 問題 51）

12課　生理学的現象 2

p.83

- 摂食 → せっしょく
- 咀嚼 → そしゃく
- 嚥下 → えんげ
- 収縮 → しゅうしゅく
- 弛緩 → しかん
- 蠕動運動 → ぜんどううんどう

練習問題 I （p.87）

① えんげ
② ぜんどううんどう
③ きゅうてつはんしゃ
④ そしゃく

⑤ きが
⑥ はんしゃ
⑦ きんきゅうしゅじゅつ
⑧ あおむけ
⑨ がい
⑩ はあく
⑪ めんえき
⑫ ひばくか
⑬ ふくそうはんしゃ
⑭ いしゅく

練習問題 II （p.87）

① 摂取
② 哺乳
③ 萌出
④ 注射
⑤ 緊張
⑥ 仰臥位
⑦ 姿勢
⑧ 握力
⑨ 疫学
⑩ 自己抗体
⑪ 瞬目
⑫ 嗅覚

練習問題 III （p.88）【解答例】

① 開口は 25mm で嚥下困難を認めた。（第 108 回 A 問題 56）
② 医療費の自己負担割合は 3 割である。（第 108 回 B 問題 4）
③ 体動は活発で泣き声は強く哺乳も良好である。（第 109 回 B 問題 43）
④ 診察室には前かがみの姿勢で入ってきた。（第 108 回 A 問題 28）
⑤ HBs 抗体含有免疫グロブリン製剤を投与する。（第 109 回 C 問題 17）
⑥ 乳房は緊満し乳頭刺激により乳汁の分泌を認める。（第 108 回 B 問題 45）
⑦ 大量被ばく後の放射線障害で、最も遅く発現するのはどれか。（第 108 回 A 問題 10）
⑧ 摂取エネルギーと塩分とを制限する食事療法と運動療法とを開始した。（第 108 回 A 問題 54）
⑨ 我が国の感染症対策において発生数の全数把握を行っているのはどれか。（第 109 回 B 問題 7）
⑩ 皮膚切開予定部位の消毒のため仰臥位となったところ、3 分後に悪心を訴えた。（第 109 回 A 問題 21）
⑪ 四肢の筋トーヌスは低下し、四肢体幹筋の素早い収縮による不随意運動があり、歩行時に著明になる。（第 108 回 A 問題 31）

13課　状態と変化 1

p.89

陥没（呼吸）

　　→ かんぼつ（こきゅう）

（腹部）膨隆

　　→ （ふくぶ）ぼうりゅう

（網膜）剥離

　　→ （もうまく）はくり

（角膜）混濁

　　→ （かくまく）こんだく

練習問題 I （p.93）

① さこつ

② ふくぶぼうりゅう

③ かくまくこんだく

④ かんおう

⑤ ばくろ

⑥ おろ

⑦ きんこう

⑧ はくり

⑨ いっけい

⑩ ねんちょうな

⑪ じゅうとくな

⑫ ひふく

⑬ めいてい

⑭ こうちせい

練習問題 II （p.93）

① 状態

② 不良

③ 閉鎖

④ 弾性

⑤ 濁音

⑥ 陥没

⑦ 平滑筋

⑧ 精神遅滞

⑨ 潜伏期

⑩ 蓄尿

⑪ 飽和

⑫ 衰弱

練習問題 III （p.94）【解答例】

① 大泉門の膨隆を認めない。（第106回A問題55）

② 陰部神経は蓄尿に関与する。（第106回B問題5）

③ 潜伏期間は4～6か月である。（第107回A問題17）

④ いずれも弾性硬で圧痛はない。（第106回A問題23）

⑤ 石綿曝露歴があったことを示す。（第111回A問題10）

⑥ 病態把握のために最も重要な検査はどれか。（第106回B問題50）

⑦ 身体診察で胸鎖乳突筋の筋緊張亢進を認める。（第106回I問題54）

⑧ リンパ節は表面平滑、軟で、圧痛なく可動性良好である。（第106回A問題45）

⑨ この患者の酸塩基平衡状態の診断として正しいのはどれか。（第106回B問題59）

⑩ 早朝に自宅敷地内の倉庫で梁にロープを掛け、縊頸した状態で発見された。（第111回C問題20）

⑪ 腹部は膨隆し、打診では仰臥位から左側臥位への体位変換で濁音境界が移動する。（第106回B

問題 49～51の問題文）

14課　状態と変化2

p.95

・矢 → や

・弓 → ゆみ

・凹凸 → おうとつ

・顆粒 → かりゅう

練習問題Ⅰ（p.99）

①へいたんな

②どうこう

③こうがい

④そくさく

⑤かりゅうきゅう

⑥おうとつ

⑦ぶんき

⑧けつじょ

⑨めいりょうな

⑩しゅうぞく

⑪ぼうりゅう

⑫ぜんぞう

⑬こかつする

⑭こうしんする

練習問題Ⅱ（p.99）

①屈曲

②心尖部

③検索

④大動脈弓

⑤矢状断像

⑥粒子

⑦上昇

⑧普及

⑨浸潤影

⑩影響

⑪腐敗

⑫寛解

練習問題Ⅲ（p.100）【解答例】

①抗重力筋の緊張が亢進する。（第108回B問題10）

②受診時、病識は欠如していた。（第108回A問題39）

③血清β-D-グルカン値は上昇する。（第107回A問題28）

④腫瘤は境界不明瞭で硬く圧痛を認めない。（第108回A問題59）

⑤右瞳孔は散大し、対光反射は消失している。（第106回A問題39）

⑥腹部膨満感と全身倦怠感とを主訴に来院した。（第107回A問題41）

⑦腹部は平坦、軟で、右肋骨弓下に肝の辺縁を触知する。（第106回A問題36）

⑧心尖拍動を鎖骨中線から2cm外側に触知する。Ⅲ音を聴取する。（第106回D問題59）

⑨腹部触診で両側の腹部に凹凸のある腫瘤を触れるが圧痛はない。（第107回A問題42）

⑩骨盤部MRIのT2強調矢状断像（●別冊No.15A）とT2強調横断像（●別冊No.15B）とを別に示す。（第107回A問題41）

⑪10日後、経尿道的に膀胱の発赤粘膜を生検したところ、上皮細胞に異型を認めるが間質への浸潤は認めない。（第109回D問題39）

15課　状態と変化3

p.101

・兎糞 → **とふん**

・真珠 → **しんじゅ**

・楔 → **くさび**

・翼 → **よく／つばさ**

練習問題Ⅰ（p.105）

① とふん

② ちょうけいこつどう

③ がらんだい

④ あわだち

⑤ くさびじょう

⑥ よくじょう

⑦ すいたい

⑧ ぞくりゅう／あわつぶ

⑨ しきゅうきょうぶ

⑩ ぜんきょきん

⑪ わんしんけいそう

⑫ りょうけいきん

⑬ かっしょく

⑭ おうじつこうはん

練習問題Ⅱ（p.105）

① 鶏卵

② 手拳大

③ 水泡音

④ 飛沫

⑤ 食塊

⑥ 真珠

⑦ 鼻唇溝

⑧ 敷石像

⑨ 樹状細胞

⑩ 穴

⑪ 紫斑

⑫ 鮮紅色

練習問題Ⅲ（p.106）【解答例】

① 帯下は泡沫状である。（第108回A問題6）

② 下腿に浮腫と紫斑とを認めない。（第107回A問題50）

③ 腸内細菌叢としてビフィズス菌が多い。（第109回E問題45）

④ 2週間前に一度、少量の褐色帯下がみられた。（第106回C問題18）

⑤ 内診で子宮は正常大で、右付属器が手拳大に腫大していた。（第108回A問題30）

⑥ 経腟超音波検査で頸管長10mm、内子宮口の楔状の開大を認める。（第109回E問題43）

⑦ その後も腹痛は持続し、新鮮血の排泄が数回あったため受診した。（第107回A問題49）

⑧ 経鼻胃管からの16時間排液量は1,200mLで性状は　　淡黄色　　混濁である。（第111回I

問題44）

⑨ 直腸指診で、小鶏卵大、弾性硬および表面平滑の前立腺を触知するが、明らかな硬結は認

めない。（第108回A問題47）

⑩ 1か月前から、誰もいないのに「人が座っている」と訴えたり、「蛇がいる」と怖がったりす

るようになったため、1週間前にリスペリドンを少量投与したところ、四肢の筋強剛と流涎

とを認めるようになった。（第108回A問題38）

16課 化学物質

p.107

- O_2 → 酸素
- N_2 → 窒素
- Zn → 亜鉛
- Cu → 銅
- CH_4N_2O → 尿素
- H_2SO_4 → 硫酸
- CH_3COOH → 酢酸

練習問題Ⅰ（p.111）

① りにょうやく
② しょうさん
③ いおう
④ かせいかり
⑤ なまり
⑥ じょうみゃくかんりゅう
⑦ ししついじょうしょう
⑧ たんぱくしつ
⑨ ほうこうぞくアミノさん
⑩ しゃだんやく
⑪ きっこうやく
⑫ なんこう
⑬ ぎさん
⑭ ゆうきようばい

練習問題Ⅱ（p.111）

① 好酸球
② 窒素
③ 尿道
④ 酵素
⑤ 酢酸
⑥ 亜鉛
⑦ 銅
⑧ 還元
⑨ 血糖
⑩ 脂肪
⑪ 抗体
⑫ 錠剤

練習問題Ⅲ（p.112）【解答例】

① 治療は抗菌薬投与と外科的ドレナージである。（第111回Ⅰ問題39）

② 血清尿素窒素〈BUN〉値は蛋白異化の影響を受ける。（第111回H問題19）

③ 鱗屑の苛性カリ〈KOH〉直接鏡検法で真菌を認めない。（第111回B問題49）

④ スルバクタム・アンピシリン合剤の点滴静注を開始する。（第111回Ⅰ問題66）

⑤ 数年前から感冒に罹患すると褐色尿になることを自覚していた。（第111回Ⅰ問題63）

⑥ 鼻カニューラで2L/分の酸素投与を開始し、胸部エックス線撮影を行った。（第111回Ⅰ問題46）

⑦ 糖尿病のため経口血糖降下薬を服用中で、地震前は約50km離れた自宅から自家用車で通院していた。（第111回H問題27）

⑧ タクシーの運転手で、高血圧症、糖尿病、脂質異常症および高尿酸血症に対して食事療法と運動療法とを行っている。（第111回C問題25）

⑨ 半年前の学校検尿で蛋白尿と尿潜血とを指摘され、近くの小児科で専門医療機関の受診を勧められていたが、自覚症状がないため受診していなかった。（第111回Ⅰ問題57）

⑩ 10年前から高血圧症、うつ病、胃潰瘍および便秘症のためサイアザイド系降圧利尿薬、カルシウム拮抗薬、四環系抗うつ薬、ヒスタミンH2受容体拮抗薬、甘草を含む漢方薬および刺激性の下剤を内服している。（第111回Ⅰ問題69）

17課　診断と治療1

p.113

・診察 → しんさつ

・精密検査 → せいみつけんさ

・エックス線撮影

　→ エックスせんさつえい

練習問題Ⅰ（p.117）

① うったえ

② しんぱくすう

③ おうしん

④ ちんさ

⑤ とふ

⑥ しさする

⑦ おんさけんさ

⑧ がんぼう

⑨ せいおんしんとう

⑩ ねらいそしきしん

⑪ ゆうぎ

⑫ ぼくじゅうせんしょく

　ひょうほん

⑬ てっしょう

⑭ じき

練習問題Ⅱ（p.117）

① 診断

② 染色

③ 造影剤

④ 既往歴

⑤ 撮影

⑥ 塗抹検査

⑦ 精密検査

⑧ 鑑別

⑨ 蛍光抗体法

⑩ 干渉

⑪ 解釈

⑫ 裸眼視力

練習問題Ⅲ（p.118）【解答例】

① 眼球結膜に軽度の黄染を認める。（第106回A問題34）

② 搬入時、顔貌は苦悶様であった。（第107回A問題54）

③ 発熱と陰囊痛とを主訴に来院した。（第111回A問題23）

④ 沈渣に赤血球と白血球とを認めない。（第106回A問題21）

⑤ 末梢血塗抹標本で破砕赤血球を認める。（第106回A問題60）

⑥ 既往歴と家族歴とに特記すべきことはない。（第106回A問題51）

⑦ 脳脊髄液の墨汁染色標本（➡別冊No.2）を別に示す。（第106回A問題22）

⑧ 胸部エックス線写真で両側肺野に異常陰影を認める。（第106回A問題32）

⑨ 直腸指診で超鶏卵大の前立腺を触知するが、硬結を認めない。（第106回A問題21）

⑩ 診療所で撮影されて患者が持参した胸部エックス線写真（➡別冊No.6）を別に示す。（第106回A

問題28）

⑪ 眼底写真（➡別冊No.4A）と光干渉断層計〈OCT〉の結果（➡別冊No.4B）とを別に示す。（第111

回A問題24）

18課　診断と治療2

p.119

・点滴 → てんてき

・鎮痛薬 → ちんつうやく

・麻酔 → ますい

・心肺蘇生 → しんぱいそせい

練習問題Ⅰ（p.123）

①そせい

②しんしゅう

③きんき

④かんちょう

⑤きゃっかする

⑥しゃけつ

⑦こうせんけんいん

⑧ていぜつ

⑨ちんがいやく

⑩せんし

⑪ふんごう

⑫けっさつ

⑬しょうしゃく

⑭そうは

練習問題Ⅱ（p.123）

①挿入

②点滴

③洗浄

④矯正

⑤破砕

⑥侵入

⑦成功

⑧冷却

⑨麻酔

⑩摘出

⑪解離

⑫帝王切開

練習問題Ⅲ（p.124）【解答例】

① 矯正視力は右 1.0、左 0.9。（第 108 回 A 問題 23）

② 5 年前に胃癌のため胃全摘術を受けた。（第 107 回 A 問題 38）

③ 術後呼吸不全に対して気管挿管を行った。（第 107 回 B 問題 29）

④ 直ちに心肺蘇生法を行ったが、反応せず死亡した。（第 107 回 B 問題 40）

⑤ 骨盤位で選択的帝王切開を受けるため妊娠 38 週に入院した。（第 109 回 A 問題 21）

⑥ 右大腿骨頸部骨折と診断し、入院 3 日目に全身麻酔下で人工骨頭置換術を行った。（第 107 回 B 問題 50）

⑦ 結核菌特異的全血インターフェロンγ遊離測定法〈IGRA〉が陽性であれば直ちに治療を開始する。（第 107 回 C 問題 11）

⑧ 高度の貧血に対して濃厚赤血球 2 単位を輸血するとともに、乳酸リンゲル液の急速輸液とセフェム系抗菌薬の点滴投与とを行った。（第 107 回 B 問題 40）

⑨ 利尿薬、鎮咳薬および非ステロイド性抗炎症薬の処方にて落ち着いていたが、3 日前から新たに腹部の鈍痛が出現したため受診した。（第 107 回 C 問題　30 ～ 31 の問題文）

⑩ 肺野条件の胸部単純 CT（➡別冊 No.7A）と気管支肺胞洗浄〈BAL〉液の墨汁染色標本（➡別冊 No.7B）とを別に示す。（第 107 回 A 問題 28）

19課 診断と治療3

p.125

・内視鏡 → ないしきょう

・透析 → とうせき

・縫合 → ほうごう

・松葉杖 → まつばづえ

練習問題Ⅰ（p.129）

① ぼうけん

② しんとうあつ

③ しんし

④ はいどうみゃくこうやく
　じゅつ

⑤ ろか

⑥ ゆうどひ

⑦ いきち／しきいち

⑧ かんりゅう

⑨ とぎんせんしょく

⑩ ないしきょう

⑪ さいげきとうけんびきょう

⑫ かんし

⑬ にまめ

⑭ ばんそうこう

練習問題Ⅱ（p.129）

① 解剖

② 透析

③ 培養

④ 浸潤

⑤ 鼻汁

⑥ 追跡

⑦ 抽出

⑧ 椅子

⑨ 縫合

⑩ 貼付

⑪ 煮沸

⑫ 松葉杖

練習問題Ⅲ（p.130）【解答例】

① 糸球体濾過量が増加している。（第111回B問題36）

② 膣鏡診で外子宮口からの出血を認める。（第111回A問題47）

③ 尿培養を提出して抗菌薬の投与を開始した。（第111回A問題30）

④ 絞扼性イレウスの原因となりうるのはどれか。（第111回H問題15）

⑤ 米のとぎ汁様の白濁した気管支肺胞洗浄〈BAL〉液（第107回A問題16）

⑥ 胸部エックス線写真で右下肺野に浸潤影を認める。（第111回A問題52）

⑦ 3年前から糖尿病腎症による腎不全で透析中である。（第106回A問題28）

⑧ 歩行は不安定で杖を用いてかろうじて自力歩行している。（第107回D問題44）

⑨ 40歳まで縫製工場で工員、その後65歳まで同工場の給食調理。（第111回B問題 56～58の問題文）

⑩ フルオレセイン染色後の細隙灯顕微鏡写真（➡別冊No.3）を別に示す。（第111回B問題43）

⑪ 1年前から、椅子から立ち上がったり車の後部座席から降りたりする際に尻もちをつくようになり、次第にその頻度が増加した。（第106回A問題52）

20課　精神医学

p.131

・自殺企図 → じさつきと

・憑依妄想

　→ ひょういもうそう

・強迫行為

　→ きょうはくこうい

・滅裂思考 → めつれつしこう

練習問題Ⅰ（p.135）

① けが

② もうそう

③ くもん

④ はいかい

⑤ ひょういもうそう

⑥ こんすい

⑦ かくせい

⑧ しりめつれつ

⑨ めっきん

⑩ ほんばちょうりつ

⑪ かんねんほんいつ

⑫ きめいりょく

⑬ そうじょうたい

⑭ やきょうしょう

練習問題Ⅱ（p.135）

① 抑制

② 拒否

③ 自殺企図

④ 昇華

⑤ 敵意

⑥ 睡眠

⑦ 記憶

⑧ 興味

⑨ 興奮

⑩ 措置

⑪ 遂行機能障害

⑫ 催眠療法

練習問題Ⅲ（p.136）【解答例】

① 妻に対する無意識の敵意が原因である。（第111回I問題41）

② 自殺企図のあったことを警察に通報する。（第111回H問題23）

③ 最終月経は記憶があいまいではっきりしない。（第106回B問題45）

④ 双極性障害の躁状態でみられる症状はどれか。（第111回A問題14）

⑤ 副腎皮質ステロイドと免疫抑制薬とを内服している。（第110回A問題39）

⑥ 睡眠時無呼吸症候群に行う在宅人工換気療法はどれか。（第110回B問題28）

⑦ 「（前略）このまま癌で死んでもかまわない」と手術を拒否した。（第110回B問題42）

⑧ 記銘力低下を認める患者の家族の訴えで、Pick病を最も疑わせるのはどれか。（第111回I問題6）

⑨ 1週前から咳が出るようになり、2日前から発熱が出現したが、入院を嫌って自宅で我慢し

ていた。（第106回B問題41）

⑩ 同級生らの話では、病院の近くの公園で、青年男性の無差別な暴力行為が発生しており、他

にも数人が負傷しているとのことである。（第110回B問題 50〜52の問題文）

⑪ 周囲に対して関心を示さず、部屋に閉じこもるようになり、最近は目的もなく毎日決まった

時刻に全く同じルートを徘徊し、制止しても言うことをきかないという。（第111回A問題46）

21課　保健医療サービスと産業1

p.137

・臨床検査技師
　→ りんしょうけんさぎし
・管理栄養士
　→ かんりえいようし
・介護福祉士
　→ かいごふくしし
・養護教諭 → ようごきょうゆ

練習問題Ⅰ（p.141）

①ぎゃくたい
②らん
③じゅんし
④しき
⑤しこう／せこう
⑥じゅみょう
⑦こんいん
⑧ほんせき
⑨とくしゅ
⑩ついらく
⑪すす
⑫ふんじん
⑬ばっさい
⑭いのちづな

練習問題Ⅱ（p.141）

①介護
②臨床
③衛生
④記載
⑤療養
⑥搬入する
⑦実施
⑧支援
⑨福祉
⑩管理栄養士
⑪配偶者
⑫同僚

練習問題Ⅲ（p.142）【解答例】

① 術前に中心静脈栄養を行う。（第107回A問題13）
② 実生活の場での援助が重要である。（第107回C問題2）
③ 予診票に「熱がある」と記載されている。（第108回C問題　26〜27の問題文）
④ 災害現場では医師は救急救命士の指揮下に入る。（第107回B問題5）
⑤ その後、意識を失い倒れたため、救急搬入された。（第107回A問題40）
⑥ 精神保健及び精神障害者福祉に関する法律による措置入院（第108回B問題2）
⑦ これまでの臨床経過と既往歴から下部消化管内視鏡検査を行った。（第107回B問題　58〜60の問題文）
⑧ 先日、同僚が大腸癌で手術を受けたため、自分も癌ではないかと気になり自宅近くの診療所を受診した。（第107回B問題　58〜60の問題文）
⑨ 合計特殊出生率、周産期死亡率、出生時の平均体重、低出生体重児の出生割合、複産〈多胎〉の出生割合を図に示す。（第108回B問題20）
⑩ いったん状態は安定したが、翌日の深夜、モニターのアラームが鳴ったため看護師が病室に駆けつけたところ心肺停止状態であった。（第107回B問題40）

22課　保健医療サービスと産業2

p.143

・処方箋 → しょほうせん

・問診表 → もんしんひょう

・母子健康手帳

　→ ぼしけんこうてちょう

練習問題Ⅰ（p.147）

① しかん

② ちいきほうかつしえんセンター

③ しょほうせん

④ むだづかい

⑤ ほしょう

⑥ いりょうふじょ

⑦ ぼしけんこうてちょう

⑧ しんさ

⑨ にじいりょうけん

⑩ はいき

⑪ じゅうじする

⑫ かんとくする

⑬ せいけつ

⑭ まんえん

練習問題Ⅱ（p.147）

① 緩和

② 病棟

③ 献血

④ 派遣

⑤ 問診票

⑥ 救急隊

⑦ 要請する

⑧ 資源

⑨ 避難

⑩ 災害

⑪ 対策

⑫ 公衆

練習問題Ⅲ（p.148）【解答例】

① 衛生委員会での審議（第109回E問題10）

② 救急隊からの病歴聴取（第109回C問題24）

③「医療費の無駄遣いです」（第109回C問題18）

④ 着衣は汚く、不潔な状況である。（第106回F問題23）

⑤ 健康日本21にその対策が位置付けられている。（第109回C問題15）

⑥「母子健康手帳で予防接種歴を確認しましょう」（第110回A問題53）

⑦ 災害拠点病院は被災患者を24時間体制で受け入れる。（第110回B問題19）

⑧ ショック状態と判断し、直ちに医療従事者を集めた。（第110回B問題　50〜52の問題文）

⑨ 四肢に弛緩性で左右対称性の麻痺があり、徒手筋力テストで2程度である。（第110回A問題60）

⑩ 今朝起きてこないので、妻が様子を見に行ったところ反応がなかったため救急車を要請した。

（第108回C問題　28〜29の問題文）

⑪ 頭部外傷で救急搬送された患者が、痛み刺激で開眼せず、意味不明の発声があり、疼痛刺激部分からの逃避運動をするとき、Glasgow coma scale による評価で正しいのはどれか。（第109回C問題8）

23課　関係と空間

p.149

・末梢 → まっしょう

・末梢神経 → まっしょうしんけい

・末梢血 → まっしょうけつ

・四肢末梢 → ししまっしょう

基礎 → きそ

・基礎体温 → きそたいおん

・基礎疾患 → きそしっかん

・基礎波 → きそは

随意 → ずいい

・随意筋 → ずいいきん

・随意運動 → ずいいうんどう

・不随意運動 → ふずいいうんどう

練習問題 I （p.153）

① きそ

② しょうさい

③ たいしょう

④ れんけい

⑤ ひっす

⑥ がいよう

⑦ または

⑧ たてじく

⑨ おうかくまく

⑩ もしきず

⑪ まっしょう

⑫ はんい

⑬ きんりん

⑭ きょり

練習問題 II （p.153）

① 系統

② 統合

③ 特徴

④ 根拠

⑤ 偏位

⑥ 随意

⑦ 該当する

⑧ 一致する

⑨ 典型的な

⑩ 縦隔

⑪ 胸骨左縁

⑫ 先端

練習問題III （p.154）【解答例】

① 口蓋垂の偏位を認める。（第111回C問題24）

② 脳波における基礎波の徐波化（第111回H問題1）

③ 血友病に特徴的な出血部位はどれか。（第110回B問題11）

④ 体幹筋と下肢筋の随意運動は不可能。（第111回B問題48）

⑤ 縦軸に20歳時の発達・発育量を100％としたときの値、横軸に年齢を示す。（第111回H問題12）

⑥ 5日前の大地震　　　で主要道路が破壊され、大規模な余震が続く地域に居住している。

（第111回H問題27）

⑦ 四肢近位筋に左右対称性の把握痛と徒手筋力テストで3～4の筋力低下とを認める。（第111

回B問題　53～55の問題文）

⑧ 10日前から、急性細菌性前立腺炎の診断でニューキノロン系抗菌薬の投与を受けている。（第

111回H問題　35～36の問題文）

⑨ 医療、介護および福祉の分野で連携する職種の専門性や主たる役割について最も適切なのは

どれか。（第111回B問題2）

⑩ 約半年前から物忘れを自覚していた。最近になり認知症の妻の服薬内容をたびたび間違え、

十分に管理できなくなっており、心配した隣町に住む長女に連れられて妻とともに受診した。

（第111回C問題23）

24課　動詞で使う漢字

p.155

・勧める → すす（める）

・付き添う → つ（き）そ（う）

・励ます → はげ（ます）

・尋ねる → たず（ねる）

練習問題Ⅰ（p.159）

①すわる

②うつ

③どうよう

④しかる

⑤はう

⑥ひかえる

⑦さまたげる

⑧あう

⑨なぐる

⑩ぬれる

⑪かむ

⑫もむ

⑬こげる

⑭ゆがむ

練習問題Ⅱ（p.159）

①伴う

②勧める

③促す

④付き添う

⑤励ます

⑥揺れる

⑦履く

⑧締め付ける

⑨拭く

⑩繰り返す

⑪尋ねる

⑫隠す

練習問題Ⅲ（p.160）【解答例】

① 注射後24時間は入浴を<u>控える</u>。（第111回H問題9）

② 両下腿に圧痕を<u>伴う</u>浮腫を認める。（第111回H問題 33〜34の問題文）

③ 発症前のペースで業務が行えるよう<u>励ます</u>。（第111回B問題47）

④ 患者の信頼を得るために、医師が最も<u>心掛ける</u>べきなのはどれか。（第111回H問題4）

⑤ 今朝トイレに行こうとして自宅の廊下で転倒し、家族に<u>付き添われて</u>受診した。（第111回I問題45）

⑥ 今朝から30分に1回程度の間隔で数秒間の意識消失を<u>繰り返す</u>ため、家族が救急車を要請

　した。（第111回H問題 35〜36の問題文）

⑦ 次第に睡眠中に大声で叫んだり笑ったりするようになり、上肢を振り回し妻に<u>殴り</u>かかるこ

　とがあった。（第111回I問題41）

⑧ 担当医は指示が<u>履行</u>されなかったことを患者に説明し、引き続き副作用の観察について看護

　師に指示書を渡した。（第111回H問題30）

⑨ 1週間前から食欲が低下し、本日の昼から頭部全体が<u>締め付けられる</u>ような頭痛と全身倦怠

　感とを自覚したため受診した。（第110回A問題38）

⑩ 職場の産業医に<u>勧められて</u>血圧を測定したところ、発作時は200/100mmHgを超えるが治

　まった後は110/60mmHg程度に下がるという。（第111回A問題57）

25課　いろいろな動作

p.161

・提出する → ていしゅつ（する）

・復唱する → ふくしょう（する）

・衝突する → しょうとつ（する）

・撹拌する → かくはん（する）

練習問題Ⅰ（p.165）

① すいしょう

② せっぱくそうざん

③ ていあんする

④ けんいん

⑤ びょうしゅつする

⑥ ていきゅう

⑦ ほんてんする

⑧ とうじょうする

⑨ えつらんする

⑩ かくはん

⑪ しゃへい

⑫ てっかいする

⑬ おんせいこくし

⑭ じい

練習問題Ⅱ（p.165）

① 推定

② 圧迫

③ 選択

④ 提供

⑤ 衝突する

⑥ 把握

⑦ 検討する

⑧ 監視

⑨ 復唱

⑩ 沈黙

⑪ 削減

⑫ 獲得

練習問題Ⅲ（p.166）【解答例】

① 文の復唱ができない。（第108回B問題44）

② 情報提供を行い禁煙の意志を確認する。（第110回A問題51）

③ 監察医が行う行政解剖の目的として適切なのはどれか。（第109回E問題21）

④ この患者の病変を描出できる可能性が高いのはどれか。（第106回B問題43）

⑤ 経尿道的手術が外科的治療の第一選択となるのはどれか。（第110回B問題33）

⑥ 道路を歩いて横断中、自動車に衝突され跳ね飛ばされ転倒した。（第109回E問題 63〜65の問題文）

⑦ 午前11時ころ、庭仕事中に頸部に放散する前胸部圧迫感を初めて自覚した。（第109回E問題 66〜68の問題文）

⑧ この患者の病態を検討するのに、有用な所見が得られる可能性が高い身体診察はどれか。（第111回B問題57）

⑨ 1990年から2014年までの日本、韓国、アメリカ、イタリア及びスウェーデンにおける65歳以上の人口比率の推移を示す。（第111回B問題13）

⑩ 出生直後は啼泣がなく、刺激によって30秒後から不規則な呼吸が出現したが、微弱であったため1分過ぎからマスク持続気道陽圧呼吸を開始した。（第110回A問題24）

26課　言葉と社会

p.167

・挨拶する → あいさつ（する）

・罵倒する → ばとう（する）

・裁判所 → さいばんしょ

・憲法 → けんぽう

練習問題Ⅰ（p.171）

① そがいする

② あいさつ

③ ばとうする

④ うそ

⑤ うなりごえ

⑥ りゅうちょうな

⑦ こうぶこうちょく

⑧ しょうこ

⑨ しょかつ

⑩ かめい

⑪ どれい

⑫ ようご

⑬ ひじゅんする

⑭ じゅんしゅする

練習問題Ⅱ（p.171）

① 意思疎通

② 改訂

③ 文句

④ 誰も

⑤ 項目

⑥ 証明

⑦ 憲章

⑧ 裁判

⑨ 刑法

⑩ 罰則

⑪ 訴訟

⑫ 枠組み

練習問題Ⅲ（p.172）【解答例】

① 必ず治ると保証する。（第107回C問題16）

② 医療訴訟の際の証拠保全（第108回C問題2）

③ 所轄の警察署に届け出る。（第106回B問題46）

④ シートベルト装着を遵守する。（第109回B問題5）

⑤ 確定診断に必要な検査項目はどれか。（第106回A問題55）

⑥ 医師憲章による医師の責務に含まれないのはどれか。（第107回C問題1）

⑦ 患者は「外に出ると、誰もいないのに自分への悪口が聴こえる」と言う。（第106回B問題47）

⑧ 発語は流暢であるが、錯語がみられ、言語理解が悪く、物品呼称も障害されている。（第109回B問題59〜61の問題文）

⑨ さらに、変な薬を家の中に送り込んで殺そうとしていると言うようになり、頻回に隣家に抗議し、隣家の前で罵倒することもあった。（第108回A問題39）

⑩ 眼瞼・眼球運動機能が残存しているため開閉眼で意思疎通を行うことができ、コンピュータやインターネットを駆使して地域の患者会の会長をしている。（第106回B問題62）

27課　程度と時間

p.173

① 激（痛）

② 急（性）

③ 頻（脈）

④ 高（熱）

⑤ 微（熱）

⑥ 上（旬）

⑦ 下（旬）

練習問題 I （p.177）

① しげき

② かじょう

③ ささいな

④ いっしょう

⑤ よんけた

⑥ しょうわ

⑦ そくじつ

⑧ せんえん

⑨ せいそうねんき

⑩ こうじょうてきな

⑪ しょうがい

⑫ いったん

⑬ ひんぱんな

⑭ じょじょに

練習問題 II （p.177）

① 激しい

② 微熱

③ 直径

④ 尺度

⑤ 双胎

⑥ 慢性

⑦ 頻度

⑧ 継続

⑨ 頃

⑩ 上旬

⑪ 順序

⑫ 迅速な

練習問題 III （p.178）【解答例】

① 過剰心音と心雑音とを認めない。（第109回B問題　59〜61の問題文）

② 頻脈と息切れとを主訴に来院した。（第109回C問題22）

③ 入院継続による生活環境からの隔離（第109回D問題29）

④ 小児慢性特定疾患に関する医療費助成（第109回B問題6）

⑤ 激しい咳嗽を主訴に母親に連れられて来院した。（第109回D問題51）

⑥ 迅速検査の結果、インフルエンザA型と診断された。（第106回E問題39）

⑦ 1か月前から37℃前半の微熱と乾性咳嗽とが出現した。（第109回B問題　50〜52の問題文）

⑧ 食事は即席麺やおにぎり、スナック菓子をスポーツドリンクやビールとともに摂取するのみであった。（第109回C問題16）

⑨ 5日前に体動時の背部痛を認め、それを契機に徐々に息苦しさを感じるようになったため紹介されて受診した。（第106回E問題41）

⑩ 経腟超音波検査で子宮内に直径20mmの胎嚢と心拍動を有する胎芽とを認め、左付属器に径3cmの嚢胞性腫瘍を認める。（第106回C問題18）

28課　心と倫理

p.179

・激昂する
　→ げきこう（する）、怒

・高揚する
　→ こうよう（する）、喜

・憤る → いきどお（る）、怒

・嘆く → なげ（く）、哀

練習問題Ⅰ（p.183）

① けんたいかん

② はいりょ

③ きげん

④ げきこうする

⑤ ふんぬけいれん

⑥ こうげきてきな

⑦ きょうい

⑧ がんばる

⑨ なげく

⑩ そんげん

⑪ しょうだく

⑫ ねつぞう

⑬ とくめい

⑭ ひょうせつ

練習問題Ⅱ（p.183）

① 考慮する

② 困惑する

③ 申し訳ない

④ 無駄な

⑤ 真剣な

⑥ 憂うつ

⑦ 注意散漫

⑧ 憤る

⑨ 後悔する

⑩ 倫理

⑪ 義務

⑫ 利益

練習問題Ⅲ（p.184）【解答例】

① 面接の手順を厳守する。（第111回H問題4）

②「何度説明しても無駄ですね」（第106回F問題21）

③ 全身倦怠感と下腿浮腫とを主訴に来院した。（第111回A問題36）

④ 今朝から嘔吐を数回認め、間欠的に機嫌が悪かった。（第109回C問題23）

⑤「参加されなくても不利益が生じることはありません」（第109回C問題2）

⑥「長期間にわたり看病されたのですね、頑張りましたね」（第111回H問題26）

⑦ 研究者はこの倫理指針に関する研修会を受講する義務がある。（第111回H問題7）

⑧ 抑うつ状態で軽度の希死念慮を認め、うつ病と診断されたため入院となった。（第111回B問題47）

⑨ 昨日、帰国後もおびえた様子で眠らず、とりとめのないことを呟き、急に攻撃的になったため受診した。（第109回A問題23）

⑩ 食物アレルギー症状を引き起こすことが明らかになった食品のうち、加工食品に表示が義務付けられている特定原材料はどれか。（第111回B問題39）

⑪ 数日前からは繰り返し、ものをとられた、隣人が自分の悪口を言っているといって騒ぎ立てるようになったため、困惑した家族に伴われて受診した。（第110回B問題 53〜55の問題文）

29課　食品

p.185

・納豆 → なっとう／大豆

・焼酎 → しょうちゅう／米や

　イモなど

・酒粕 → さけかす／酒

・粥 → かゆ／米

　・全粥 → ぜんがゆ

　・５分粥 → ごぶがゆ

　・３分粥 → さんぶがゆ

練習問題Ⅰ（p.189）

① じゅくじょうこうか（しょう）

② だいず

③ しょくもつせんい

④ しょうちゅう

⑤ こくもつ

⑥ こうかくるい

⑦ こしょう

⑧ なっとくする

⑨ みそしる

⑩ かき

⑪ こんぶ

⑫ しょくりょう

⑬ さけかす

⑭ いのしし

練習問題Ⅱ（p.189）

① 煮豆

② 箸

③ 包丁

④ 炊事

⑤ 炒め物

⑥ 空き缶

⑦ 湧き水

⑧ 麺

⑨ 鍋物

⑩ 豚

⑪ 春菊

⑫ 釣る

練習問題Ⅲ（p.190）【解答例】

① 食糧を安定的に供給する。（第109回B問題4）

② 飲酒は焼酎1合／日を38年間。（第111回B問題　60の問題文）

③ その後、湧き水を沸かしてお茶を飲んだ。（第106回D問題28）

④ 「十分理解し、納得されてから参加してください」（第109回C問題2）

⑤ トレッキング旅行の途中で、自炊していたという。（第107回A問題34）

⑥ ２週前から右手で箸を持ちにくいことに気付き受診した。（第109回D問題41）

⑦ 昨日は包丁を持って隣家に入り込み、警察沙汰になった。（第108回A問題39）

⑧ 「１か月前に郷里の親戚が昆布を大量に送ってきたので毎日沢山食べていた」とのことである。（第111回I問題59）

⑨ 昨日の夕食は、食事直前に開けた缶詰の牛肉、自分で採取した山菜の炒め物、自分で釣った川魚の塩焼き、自分で作ったおにぎり及び日本酒1合だったという。（第107回A問題34）

⑩ そのことを気にした病棟看護師が、担当医に対して「入院してから主食をほとんど食べていないようです。今、５分粥食が出ていますがどうしましょうか」と話しかけた。（第111回H問題

30課　生活

p.191

・玄関 → げんかん

・鍵 → かぎ

・廊下 → ろうか

・風呂 → ふろ

練習問題Ⅰ（p.195）

① ひぶんしょう

② てんじょう

③ ろうか

④ さく

⑤ きんせん

⑥ しんせき

⑦ おじ

⑧ そうしき

⑨ しこうひん

⑩ もうしょ

⑪ てつがく

⑫ ふえ

⑬ こきゃく

⑭ ようちえん

練習問題Ⅱ（p.195）

① 就寝

② 熟睡

③ 飼育

④ 趣味

⑤ （お）風呂

⑥ 扉

⑦ 玄関

⑧ 井戸水

⑨ 棚

⑩ 鍵

⑪ 宗教

⑫ 購入する

練習問題Ⅲ（p.196）【解答例】

① 「鍵をかけたのか、何度も確認しないと気が済みません」（第106回D問題12）

② 数日間排便がないため、昨日就寝前に通常の2倍量の下剤を服用した。（第107回A問題49）

③ 天井作業中に使用していたノミが落下して左眼を受傷したため搬入された。（第106回Ⅰ問題75）

④ 昼夜逆転の生活を送っているが、趣味のバンドの練習には週に3日参加している。（第107回E問題45）

⑤ 末梢血塗抹標本で核に過分葉のある成熟好中球を認め、骨髄血塗抹標本で巨赤芽球を認める。（第107回A問題38）

⑥ 幼稚園の年長のころから、話しかけられてもうなずく程度となり、発語が乏しくなったという。（第106回A問題50）

⑦ 8月で猛暑日が続いていたが、胃腸が弱いので冷たい飲料を飲み過ぎないようにしていたという。（第106回A問題25）

⑧ 入院後3日、「ここは火葬場で、周りの人間が自分を燃やそうとしている」と言い、興奮し始めた。（第106回Ⅰ問題46）

⑨ 母方の祖父が大腸癌で亡くなっていて、母方の2人の叔父が家族性腺腫性ポリポーシスといわれて手術を受けているんです。（第107回B問題42）

⑩ 風呂場でカビと汚れとを除去するために酸性洗剤をスプレーし、直後に次亜塩素酸ナトリウムを主成分とする洗剤をスプレーしたところ、眼の症状に続いてのどの症状が出現し、咳が止まらなくなったため救急外来を受診した。（第106回G問題53）

音訓索引

カタカナ＝音読み　ひらがな＝訓読み　＊＝特殊な読み

よみ	漢字	ページ	よみ	漢字	ページ	よみ	漢字	ページ	よみ	漢字	ページ
あ			うなが-す	促	155	ガ	臥	85	カン	幹	31
ア	亜	108	うな-る	唸	168	ガ	鷲	102	カン	桿	41
アイ	挨	168	うみ	膿	42	ガ	我	131	カン	患	66
あ-う	遭	158	ウン	暈	49	カイ	潰	67	カン	嵌	73
あおーぐ	仰	85				カイ	壊	68	カン	陥	90
アク	握	85	**え**			カイ	塊	102	カン	寛	98
あ-げる	挙	77	エ	壊	68	カイ	徊	132	カン	還	109
あご	顎	37	エイ	影	114	カイ	悔	181	カン	鑑	115
あし	脚	56	エイ	衛	137	ガイ	咳	53	カン	浣	120
あつか-う	扱	140	エキ	腋	18	ガイ	蓋	96	カン	灌	127
あな	穴	103	エキ	疫	85	ガイ	該	150	カン	鉗	128
あみ	網	32	エキ	益	182	ガイ	概	151	カン	緩	143
あわ	泡	102	エツ	閲	164	ガイ	涯	176	カン	勧	155
あわ	粟	103	エン	炎	44	かがみ	鏡	127	カン	監	162
			エン	嚥	83	かき*	牡蠣	187	カン	缶	186
い			エン	鉛	109	かぎ	鍵	193	ガン	眼	31
イ	維	36	エン	援	139	カク	郭	19	ガン	癌	42
イ	萎	68	エン	縁	152	カク	核	36	ガン	頑	181
イ	遺	78	オウ	嘔	66	カク	喀	54			
イ	縊	92	オウ	凹	96	カク	脚	56	**き**		
イ	椅	127	オウ	桜	104	カク	隔	151	キ	亀	26
イ	為	133	オウ	往	114	カク	獲	164	キ	輝	50
イ	慰	164	オク	憶	133	カク	撹	164	キ	悸	55
イ	威	181				カク	殻	187	キ	騎	55
い	井	192	**お**			ガク	顎	37	キ	奇	56
イキ	閾	127	おじ*	叔父	193	かく-す	隠	158	キ	飢	84
いきどお-る	憤	181	おと-る	劣	78	か-ける	掛	157	キ	岐	97
いた-める	炒	186	おば*	叔母	193	かす	粕	188	キ	既	114
いた-る	至	157	およ-び	及	98	かぜ*	風邪	42	キ	忌	120
イツ	溢	73	オン	穏	91	かたよ-る	偏	150	キ	企	132
イツ	逸	134				カツ	渇	80	キ	揮	138
いのしし	猪	188	**か**			カツ	滑	90	キ	棄	146
いや	嫌	180	カ	窩	18	カツ	褐	104	ギ	偽	68
イン	陰	25	カ	痂	61	カツ	括	144	ギ	蟻	110
イン	咽	29	カ	顆	96	カツ	轄	169	ギ	戯	116
イン	姻	139	カ	苛	108	かぶ	株	42	ギ	義	182
			カ	華	132	かま	鎌	25	キク	菊	188
う			カ	暇	192	か-む	咬	158	キツ	吃	49
ウ	盂	26	か	蚊	192	かゆ	粥	185	キツ	拮	110
うそ	嘘	168	ガ	牙	37	かゆ-い	痒	61	キャク	脚	56
う-つ	撃	156	ガ	芽	43	カン	肝	23	キャク	却	121
うった-える	訴	113	ガ	餓	84	カン	冠	30	ギャク	虐	138

読み	漢字	頁
なげ-く	嘆	181
ナッ	納	185
なべ	鍋	188
なまり	鉛	109

に

読み	漢字	頁
ニョウ	尿	108
に-る	煮	128
ニン	妊	79

ぬ

読み	漢字	頁
ぬ-れる	濡	158

ね

読み	漢字	頁
ネツ	捏	182
ねら-う	狙	116
ネン	粘	35
ネン	捻	73

の

読み	漢字	頁
ノウ	嚢	24
ノウ	脳	31
ノウ	膿	42
ノウ	納	185
のど	喉	30

は

読み	漢字	頁
ハ	播	56
ハ	跛	73
ハ	爬	122
ハ	派	144
ハ	把	162
バ	罵	168
は-く	履	156
ハイ	肺	29
ハイ	胚	38
ハイ	吠	56
ハイ	排	80
ハイ	徘	132
ハイ	廃	146
バイ	梅	54
バイ	媒	110
バイ	培	126
は-う	這	157
ハク	剥	91
ハク	拍	113
ハク	迫	161
は-く	吐	66
バク	曝	90
はげ-しい	激	173
はげ-ます	励	156
はし	箸	186
はだ	肌	59
バツ	伐	140
バツ	罰	170
は-ねる	跳	72
はり	梁	31
ハン	斑	60
ハン	瘢	68
ハン	搬	138
ハン	範	152
ハン	伴	155
ハン	拌	164
ハン	汎	173
ハン	繁	176
バン	盤	38
バン	絆	128
バン	伴	155

ひ

読み	漢字	頁
ヒ	腓	20
ヒ	泌	37
ヒ	脾	38
ヒ	痺	48
ヒ	粃	62
ヒ	肥	67
ヒ	秘	68
ヒ	菲	86
ヒ	避	145
ビ	尾	20
ビ	眉	60
ビ	微	173
ひか-える	控	157
ひざ	膝	19
ひじ	肘	20
ヒツ	泌	37
ひね-る	捻	73
ひま	暇	192
ヒョウ	憑	132
ヒョウ	票	144
ビョウ	描	162
ヒン	頻	175
ビン	敏	72

ふ

読み	漢字	頁
フ	膚	59
フ	腐	98
フ	扶	145
ふえ	笛	194
フク	腹	17
フク	輻	86
フク	伏	91
フク	覆	92
ふ-く	拭	157
ふさ	房	30
ぶた	豚	188
ふ-る	振	66
フン	噴	24
フン	糞	37
フン	吻	122
フン	奮	133
フン	憤	181

へ

読み	漢字	頁
ヘイ	併	66
ヘイ	蔽	164
へそ	臍	38
へび	蛇	102
ヘン	扁	30
ヘン	偏	150
ベン	弁	30
ベン	娩	79

ほ

読み	漢字	頁
ホ	哺	83
ボ	模	150
ホウ	峰	20
ホウ	胞	36
ホウ	蜂	42
ホウ	崩	54
ホウ	疱	60
ホウ	萌	84
ホウ	飽	91
ホウ	泡	102
ホウ	芳	110
ホウ	縫	128
ボウ	膀	25
ボウ	房	30
ボウ	冒	42
ボウ	乏	67
ボウ	膨	97
ボウ	肪	109
ボウ	貌	115
ボウ	剖	125
ほ-える	吠	56
ボク	撲	74
ボク	墨	116
ボツ	勃	79
ボツ	没	90
ホン	奔	134
ホン	翻	163

ま

読み	漢字	頁
マ	麻	48
マ	摩	78
マク	膜	36
また	股	19
また	又	151
マツ	沫	102
マツ	抹	114
まつ	松	128
まつげ*	睫毛	60
まま	継	175
まめ	豆	185
まゆ	眉	60
マン	蔓	146
マン	慢	174
マン	漫	181

み

読み	漢字	頁
ミ	眉	60
みぞ	溝	102
ミツ	密	115
ミャク	脈	30

単語索引
たんごさくいん

英語索引

著者紹介

園田 祐治
（そのだ ゆうじ）
岡山大学大学院理学研究科生物学課程修了。博士（医学）。
川崎医科大学解剖学教室助手、講師を経て、川崎医療福祉大学医療福祉学部保健看
護学科・総合教育センター教授。

稲田 朋晃
（いなだ ともあき）
名古屋大学大学院国際言語文化研究科博士後期課程満期退学。博士（学術）。
国際医療福祉大学医学部専任講師を経て十文字学園女子大学国際交流センター講師。

品川 なぎさ
（しながわ なぎさ）
聖心女子大学大学院文学研究科博士後期課程人文学専攻満期退学。
国際医療福祉大学総合教育センター講師。

山元 一晃
（やまもと かずあき）
筑波大学大学院人文社会科学研究科単位取得退学。博士（言語学）。
国際医療福祉大学総合教育センター助教。

佐藤 尚子
（さとう なおこ）
横浜国立大学大学院教育学研究科修了。
千葉大学大学院国際学術研究院教授。

佐々木 仁子
（ささき ひとこ）
千葉大学大学院文学研究科修了。
千葉大学国際教育センター非常勤講師。

メディカルイラストレーション ●	有限会社彩考
本文イラストレーション ●	梅田綾子
装幀 ●	折原カズヒロ
DTP ●	オッコの木スタジオ
翻訳協力 ●	渡辺レイチェル
編集協力 ●	橋本美香（川崎医科大学）

医療にかかわる人のための漢字ワークブック

2020 年 8 月 20 日 初版 第 1 刷 発行

著　者　園田 祐治
　　　　稲田 朋晃・品川 なぎさ・山元 一晃
　　　　佐藤 尚子・佐々木 仁子

発行者　佐藤 今朝夫

発行所　国書刊行会
　　　　〒174-0056　東京都板橋区志村 1-13-15
　　　　TEL.03-5970-7421　FAX.03-5970-7427
　　　　https://www.kokusho.co.jp

印　刷　株式会社シーフォース
製　本　株式会社村上製本所

ISBN978-4-336-06322-9

はじめに

　医学を理解するためには、まず解剖学という土台を学ばなければなりませんが、この解剖学という科目を苦手とする者は非常に多いです。その理由の多くは、膨大な量の専門用語を覚えないといけないこと、しかも、その用語に使われる漢字が、これまで聞いたことも読み方すらわからない難解なものが多く、学習者は、その圧倒的な情報量に押しつぶされ、どこから手を付けていいのかわからない状態に陥ってしまうことのようです。

　本書は、最初からすべての解剖学用語を理解するのではなく、最低限これくらいは知っておいてほしい用語を分野ごとに厳選することによって、解剖学を学ぶ敷居をできるだけ低くしました。また、一部の用語については、わかりやすいイラストで、どの部位かがわかるようにしており、本書だけで、ある程度用語の意味を理解できるようにしています。解剖学を初めて学習する人、解剖学を学び始めたはいいが、膨大な量の用語に面食らいとまどっている人にこそ本書を手に取って活用してほしいと思っています。もちろん本書だけで解剖学すべてを理解することは不可能ですが、まずは気軽に解剖学の用語に触れる最初のステップとして、最適なものとなっています。

　解剖学は暗記が主体ですが、それだけではなく、人体の構造の美しさ、機能的緻密さを理解できる学問でもあります。我々の身体の様々な構造は、生きていくために非常によくできており、「なるほど」と感心させられることが少なくありません。そういった感動に到るきっかけとして、本書が役立ってくれることを切に願う次第です。

2020 年 5 月

園田祐治

目 次

● 解剖学各分野の基本的な用語（解剖学を学ぶうえで最低限知っておいてほしい用語）を選択しました。語数の多い分野については、その中からさらに厳選しました。

● 掲載した用語は解剖学を基準にしており、臨床では異なる用語を使用する場合があります。

● 「参考イラスト」には、その課で取り上げた部位に当たるイラストを掲載しました。イラストはすべての用語をカバーしていません。

● 各課の練習問題のプリント（PDFデータ形式）を用意してあります。国書刊行会のホームページからダウンロードしてください。

解剖学的正位	かいぼうがくてきせいい	anatomical position
体幹	たいかん	trunk
頭部	とうぶ	head
頭蓋	とうがい	cranium, skull
前頭部	ぜんとうぶ	forehead
頭頂部	とうちょうぶ	parietal region
後頭部	こうとうぶ	occipital region
側頭部	そくとうぶ	temporal region
顔面	がんめん	face
眼窩部	がんかぶ	orbital region
頰部	きょうぶ	buccal region
鼻部	びぶ	nasal region
口部	こうぶ	oral region
頸部	けいぶ	neck, neck region, cervical region
項部	こうぶ	posterior cervical region, nuchal region, nape
胸部	きょうぶ	thorax, chest
腹部	ふくぶ	abdomen
上腹部	じょうふくぶ	upper abdomen region
季肋部	きろくぶ	hypochondriac region
心窩部	しんかぶ	epigastric region
臍部	さいぶ	umbilical region
側腹部	そくふくぶ	flank, lateral region of abdomen
下腹部	かふくぶ	hypogastric region, lower abdominal region
会陰部	えいんぶ	perineal region
背部	はいぶ	back, regions of back
腰部	ようぶ	loin, waist 　ラテン語 lumbus

参考イラスト

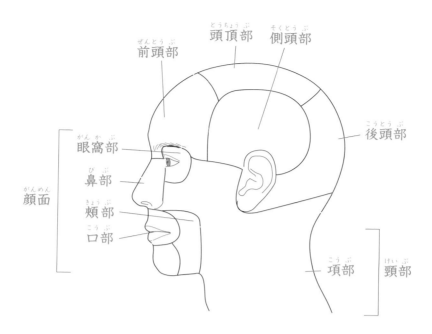

前頭部（ぜんとうぶ）
頭頂部（とうちょうぶ）
側頭部（そくとうぶ）
後頭部（こうとうぶ）
眼窩部（がんかぶ）
鼻部（びぶ）
頬部（きょうぶ）
口部（こうぶ）
顔面（がんめん）
項部（こうぶ）
頸部（けいぶ）

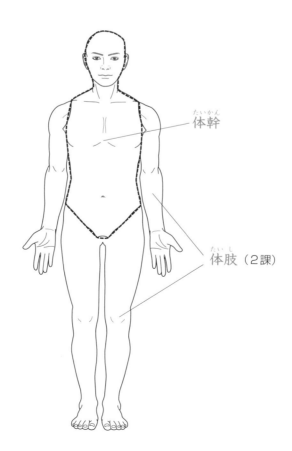

体幹（たいかん）
体肢（たいし）（2課）

人体の部位②

体肢	たいし	limb, arms and legs
上肢	じょうし	upper limb, superior limb
肩	かた	shoulder
腋窩	えきか	axilla
上腕	じょうわん	arm
肘	ひじ	elbow, cubitus
肘窩	ちゅうか	cubital fossa
前腕	ぜんわん	forearm
手	て	hand 　ラテン語 manus
手根（手首）	しゅこん（てくび）	carpus, wrist
手掌	しゅしょう	palm
手背	しゅはい	dorsum of hand
下肢	かし	lower limb, leg
殿部	でんぶ	buttocks
鼠径部	そけいぶ	inguinal region
大腿	だいたい	femur, thigh
膝	ひざ	knee, genu
膝窩	しっか	popliteal fossa
下腿	かたい	leg, crus
足	あし	foot
足根（足首）	そっこん・そくこん（あしくび）	tarsus, ankle
足背	そくはい	dorsum of foot 　ラテン語 dorsum pedis
足底	そくてい	planta, sole

参考イラスト

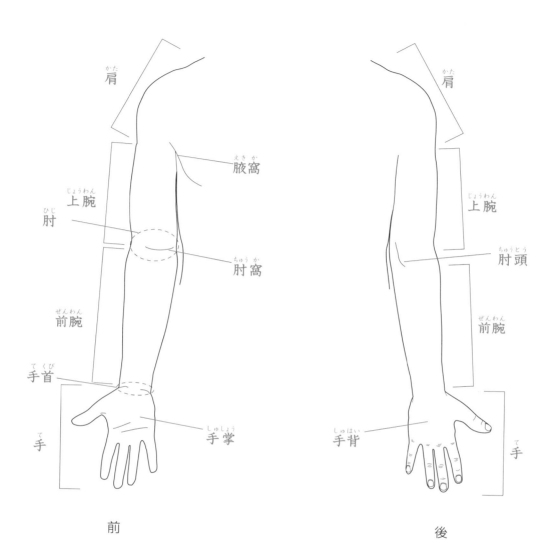

前　　　　　　　　　　　　　　　　　後

3課 人体の方向、位置、運動を示す用語

内転	ないてん	adduction
外転	がいてん	abduction
内旋	ないせん	medial rotation, internal rotation
外旋	がいせん	lateral rotation, external rotation
屈曲	くっきょく	flexion
伸展	しんてん	extension
回内	かいない	pronation
回外	かいがい	supination
掌屈	しょうくつ	palmar flexion
背屈	はいくつ	dorsal flexion
底屈	ていくつ	plantar flexion
内反	ないはん	inversion
外反	がいはん	eversion
上方（頭側）	じょうほう（とうそく）	superior (cranial)
下方（尾側）	かほう（びそく）	inferior (caudal)
前方（腹側）	ぜんぽう（ふくそく）	anterior (ventral)
後方（背側）	こうほう（はいそく）	posterior (dorsal)
内側	ないそく	medial
外側	がいそく	lateral
近位	きんい	proximal
遠位	えんい	distal
浅部	せんぶ	superficial part
深部	しんぶ	deep part
水平面	すいへいめん	horizontal plane
前頭面（冠状面）	ぜんとうめん（かんじょうめん）	frontal plane (coronal plane)
矢状面	しじょうめん	sagittal plane
正中矢状面	せいちゅうしじょうめん	median sagittal plane
腹臥位（伏臥位）	ふくがい（ふくがい）	prone position, face down position, abdominal position
背臥位（仰臥位）	はいがい（ぎょうがい）	dorsal position, face up position, supine position

側臥位	そくがい	lateral position
坐位	ざい	sitting position

参考イラスト

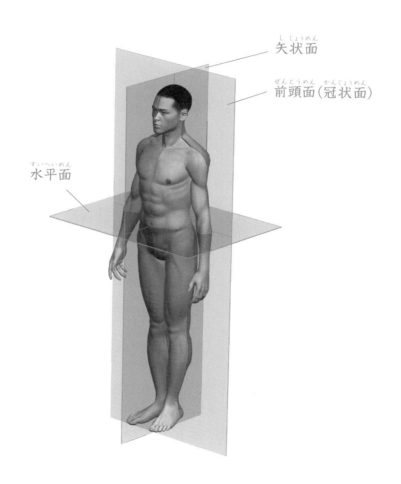

矢状面（しじょうめん）

前頭面（ぜんとうめん）（冠状面）（かんじょうめん）

水平面（すいへいめん）

うんどう き けい

運動器系	うんどうきけい	musculoskeletal system, locomotorium system
骨格系	こっかくけい	skeletal system, osseous system
骨端	こったん	epiphysis
骨幹	こっかん	diaphysis
骨髄腔	こつずいくう	bone marrow cavity, medullary cavity
関節	かんせつ	joint
頭蓋	とうがい	cranium, skull
頭蓋腔	とうがいくう	cranial cavity
脳頭蓋	のうとうがい	neurocranium
前頭骨	ぜんとうこつ	frontal bone
頭頂骨	とうちょうこつ	parietal bone
後頭骨	こうとうこつ	occipital bone
側頭骨	そくとうこつ	temporal bone
蝶形骨	ちょうけいこつ	sphenoid bone
篩骨	しこつ	ethmoid bone
顔面頭蓋	がんめんとうがい	viscerocranium
涙骨	るいこつ	lacrimal bone
鼻骨	びこつ	nasal bone
鋤骨	じょこつ	vomer
下鼻甲介	かびこうかい	inferior nasal concha
上顎骨	じょうがくこつ	maxilla
頬骨	きょうこつ	zygomatic bone
口蓋骨	こうがいこつ	palatine bone
下顎骨	かがくこつ	mandible
舌骨	ぜっこつ	hyoid bone
眼窩	がんか	orbit
冠状縫合	かんじょうほうごう	coronal suture
矢状縫合	しじょうほうごう	sagittal suture
大泉門	だいせんもん	anterior fontanelle
小泉門	しょうせんもん	posterior fontanelle

参考イラスト

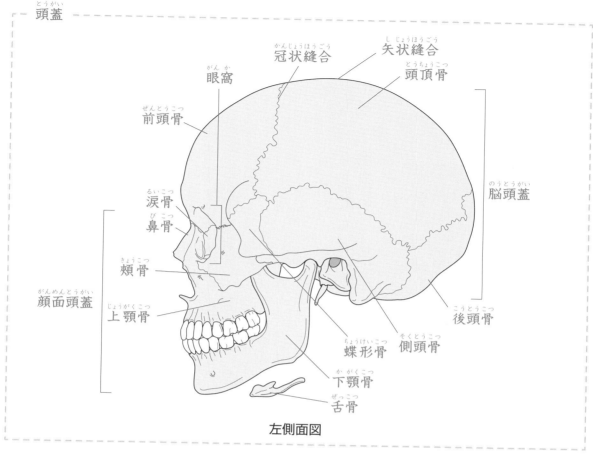

頭蓋

とうがい
頭蓋

冠状縫合
かんじょうほうごう

矢状縫合
しじょうほうごう

眼窩
がんか

頭頂骨
とうちょうこつ

前頭骨
ぜんとうこつ

脳頭蓋
のうとうがい

涙骨
るいこつ

鼻骨
びこつ

頬骨
きょうこつ

上顎骨
じょうがくこつ

顔面頭蓋
がんめんとうがい

蝶形骨
ちょうけいこつ

側頭骨
そくとうこつ

後頭骨
こうとうこつ

下顎骨
かがくこつ

舌骨
ぜっこつ

左側面図

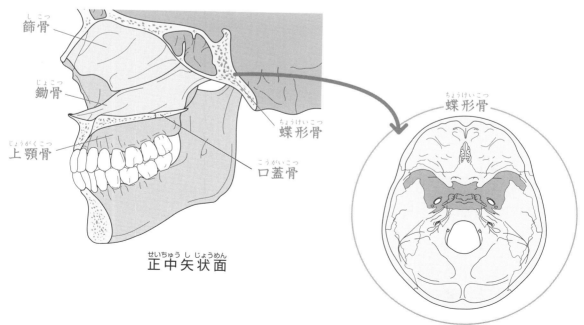

篩骨
しこつ

鋤骨
じょこつ

上顎骨
じょうがくこつ

蝶形骨
ちょうけいこつ

口蓋骨
こうがいこつ

正中矢状面
せいちゅうしじょうめん

蝶形骨
ちょうけいこつ

頭蓋内部（内頭蓋底）を
上から見た図

脊柱	せきちゅう	vertebral column, spine
頸椎	けいつい	cervical vertebra
胸椎	きょうつい	thoracic vertebra
腰椎	ようつい	lumbar vertebra
仙骨	せんこつ	sacrum
仙椎	せんつい	sacral vertebra
尾骨	びこつ	coccyx
椎孔	ついこう	spinal foramen
脊柱管	せきちゅうかん	vertebral canal
椎間孔	ついかんこう	intervertebral foramen
椎間円板	ついかんえんばん	intervertebral disk
胸骨	きょうこつ	sternum
胸骨角	きょうこつかく	sternal angle
肋骨	ろっこつ	rib, costa
鎖骨	さこつ	clavicle
肩甲骨	けんこうこつ	scapula, blade bone
肩峰	けんぽう	acromion
上腕骨	じょうわんこつ	humerus
上腕骨頭	じょうわんこっとう	head of humerus
橈骨	とうこつ	radius
茎状突起	けいじょうとっき	styloid process
尺骨	しゃっこつ	ulna
肘頭	ちゅうとう	olecranon
手骨	しゅこつ	hand bone
手根骨	しゅこんこつ	carpal bone
中手骨	ちゅうしゅこつ	metacarpal bone
指骨（指節骨）	しこつ（しせつこつ）	phalanx of hand
基節骨	きせつこつ	proximal phalanx
中節骨	ちゅうせつこつ	middle phalanx
末節骨	まっせつこつ	distal phalanx

参考イラスト

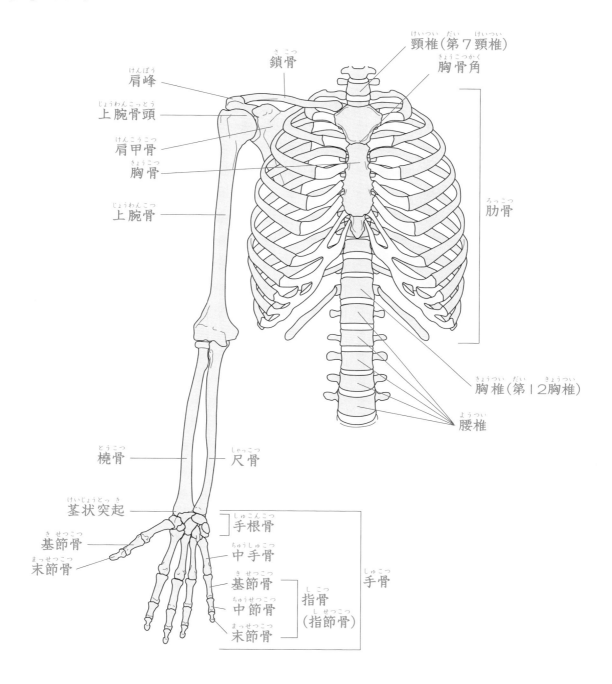

鎖骨 (さこつ)

頸椎(第7頸椎) (けいつい だい けいつい)

胸骨角 (きょうこつかく)

肩峰 (けんぽう)

上腕骨頭 (じょうわんこっとう)

肩甲骨 (けんこうこつ)

胸骨 (きょうこつ)

上腕骨 (じょうわんこつ)

肋骨 (ろっこつ)

胸椎(第12胸椎) (きょうつい だい きょうつい)

腰椎 (ようつい)

橈骨 (とうこつ)

尺骨 (しゃっこつ)

茎状突起 (けいじょうとっき)

手根骨 (しゅこんこつ)

基節骨 (きせつこつ)

中手骨 (ちゅうしゅこつ)

末節骨 (まっせつこつ)

基節骨 (きせつこつ)

中節骨 (ちゅうせつこつ)

末節骨 (まっせつこつ)

指骨 (しこつ)
(指節骨) (しせつこつ)

手骨 (しゅこつ)

前

寛骨	かんこつ	hip bone, coxal bone
腸骨	ちょうこつ	ilium
坐骨	ざこつ	ischium
恥骨	ちこつ	pubis, pubic bone
大腿骨	だいたいこつ	femur, thigh bone
大腿骨頭	だいたいこっとう	head of femur
大転子	だいてんし	greater trochanter
小転子	しょうてんし	lesser trochanter
膝蓋骨	しつがいこつ	patella
脛骨	けいこつ	tibia
脛骨粗面	けいこつそめん	tibial tuberosity
内果	ないか	medial malleolus
腓骨	ひこつ	fibula
外果	がいか	lateral malleolus
足骨	そっこつ	foot bone
足根骨	そっこんこつ	tarsal bone
距骨	きょこつ	talus
踵骨	しょうこつ	calcaneus
中足骨	ちゅうそくこつ	metatarsal bone
趾骨	しこつ	phalanx (phalange) of the foot
胸郭	きょうかく	thorax, thoracic cavity
骨盤	こつばん	pelvis
肩関節	かたかんせつ、けんかんせつ	shoulder joint
肘関節	ちゅうかんせつ	elbow joint
手関節	しゅかんせつ	wrist, hand joint
股関節	こかんせつ	hip joint
膝関節	ひざかんせつ、しつかんせつ	knee joint
足関節	そくかんせつ	ankle joint

参考イラスト

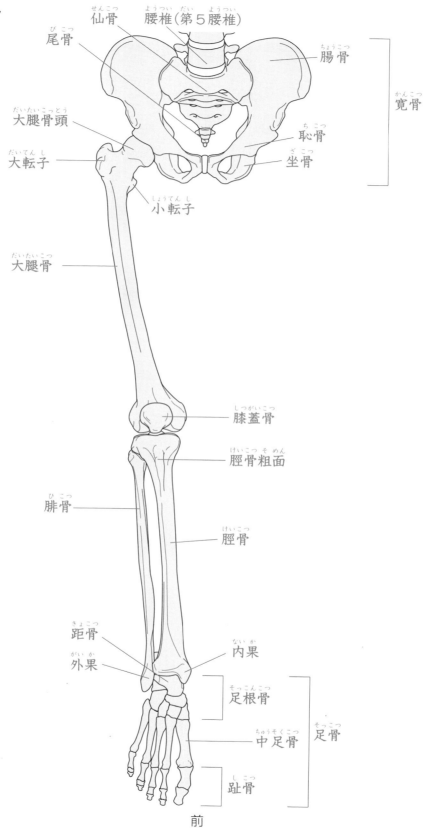

仙骨
腰椎（第5腰椎）
尾骨
腸骨
寛骨
大腿骨頭
恥骨
大転子
坐骨
小転子
大腿骨
膝蓋骨
脛骨粗面
腓骨
脛骨
距骨
内果
外果
足根骨
中足骨
足骨
趾骨

前

うんどうきけい

筋系	きんけい	muscular system
横紋筋	おうもんきん	striated muscle
骨格筋	こっかくきん	skeletal muscle
心筋	しんきん	cardiac muscle
平滑筋	へいかつきん	smooth muscle
腱	けん	tendon
腱鞘	けんしょう	tendon sheath
靱帯	じんたい	ligament
起始	きし	origin of muscle
停止	ていし	insertion of muscle
前頭筋	ぜんとうきん	frontalis muscle
眼輪筋	がんりんきん	orbicularis oculi muscle
口輪筋	こうりんきん	orbicularis oris muscle
咀嚼筋	そしゃくきん	masseter muscle
咬筋	こうきん	messeter muscle, masseter
側頭筋	そくとうきん	temporal muscle
広頸筋	こうけいきん	platysma
胸鎖乳突筋	きょうさにゅうとつきん	sternocleidomastoid muscle
僧帽筋	そうぼうきん	trapezius
肩甲挙筋	けんこうきょきん	levator scapulae muscle
広背筋	こうはいきん	latissimus dorsi muscle
菱形筋	りょうけいきん	rhomboideus muscle
固有背筋	こゆうはいきん	muscles of back proper
大胸筋	だいきょうきん	greater pectoral muscle
小胸筋	しょうきょうきん	smaller pectoral muscle
肋間筋	ろっかんきん	intercostal muscle
横隔膜	おうかくまく	diaphragm
大動脈裂孔	だいどうみゃくれっこう	aortic hiatus
食道裂孔	しょくどうれっこう	esophageal hiatus
大静脈孔	だいじょうみゃくこう	foramen of vena cava

参考イラスト

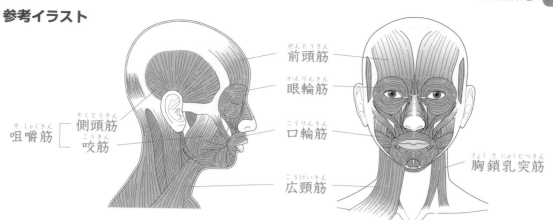

前頭筋
眼輪筋
口輪筋
胸鎖乳突筋
側頭筋
咬筋
咀嚼筋
広頸筋

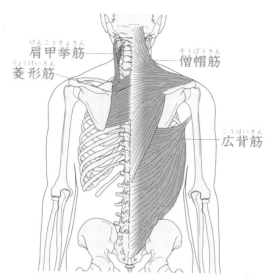

肩甲挙筋
菱形筋
僧帽筋
広背筋

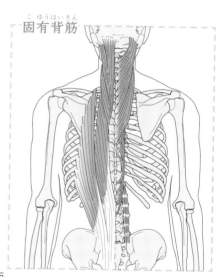

固有背筋

後面

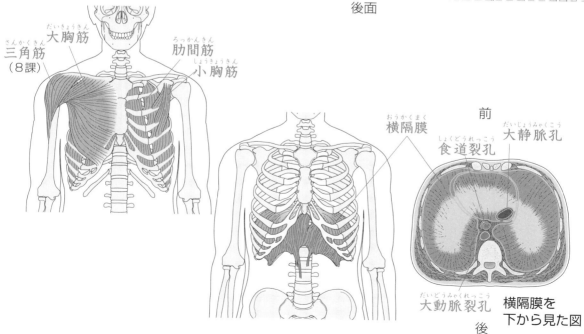

三角筋
（8課）
大胸筋
肋間筋
小胸筋

横隔膜
食道裂孔
大静脈孔
前

大動脈裂孔
後

横隔膜を
下から見た図

腹直筋	ふくちょくきん	rectus abdominis muscle
外腹斜筋	がいふくしゃきん	abdominal external oblique muscle
内腹斜筋	ないふくしゃきん	abdominal internal oblique muscle
腹横筋	ふくおうきん	transversus abdominis muscle
腰方形筋	ようほうけいきん	quadratus lumborum muscle
三角筋	さんかくきん	deltoid muscle
回旋筋腱板	かいせんきんけんばん	rotator cuff
大円筋	だいえんきん	teres major muscle
上腕二頭筋	じょうわんにとうきん	biceps brachii muscle
上腕三頭筋	じょうわんさんとうきん	triceps brachii muscle
前腕屈筋群	ぜんわんくっきんぐん	flexor of forearm muscle
前腕伸筋群	ぜんわんしんきんぐん	extensor of forearm muscle
腸腰筋	ちょうようきん	Iliopsoas muscle
殿筋	でんきん	gluteus muscle
大腿四頭筋	だいたいしとうきん	quadriceps femoris muscles
縫工筋	ほうこうきん	sartorius muscle
内転筋群	ないてんきんぐん	adductor muscles
大腿二頭筋	だいたいにとうきん	biceps femoris muscle
下腿三頭筋	かたいさんとうきん	triceps surae muscle
前脛骨筋	ぜんけいこつきん	tibialis anterior muscle

参考イラスト

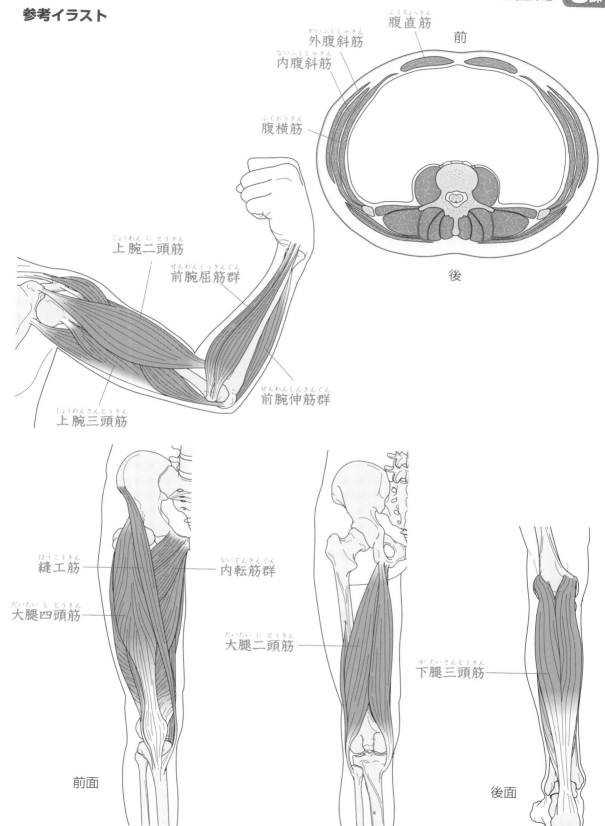

腹直筋
<ふくちょっきん>

外腹斜筋
<がいふくしゃきん>

内腹斜筋
<ないふくしゃきん>

前

腹横筋
<ふくおうきん>

後

上腕二頭筋
<じょうわんにとうきん>

前腕屈筋群
<ぜんわんくっきんぐん>

前腕伸筋群
<ぜんわんしんきんぐん>

上腕三頭筋
<じょうわんさんとうきん>

縫工筋
<ほうこうきん>

内転筋群
<ないてんきんぐん>

大腿四頭筋
<だいたいしとうきん>

大腿二頭筋
<だいたいにとうきん>

下腿三頭筋
<かたいさんとうきん>

前面

後面

9課 呼吸器系

呼吸器系	こきゅうきけい	respiratory system
鼻	はな	nose
上気道	じょうきどう	upper respiratory tract
鼻腔	びくう	nasal cavity
鼻中隔	びちゅうかく	nasal septum
甲介	こうかい	concha
咽頭（消化器でもある）	いんとう	pharynx
咽頭鼻部（上咽頭）	いんとうびぶ(じょういんとう)	nasopharynx (epipharynx)
咽頭口部（中咽頭）	いんとうこうぶ(ちゅういんとう)	oropharynx (mesopharynx)
咽頭喉頭部（下咽頭）	いんとうこうとうぶ(かいんとう)	laryngopharynx (hypopharynx)
喉頭	こうとう	larynx
声帯	せいたい	vocal cold
声門	せいもん	glottis
甲状軟骨	こうじょうなんこつ	thyroid cartilage
喉頭蓋	こうとうがい	epiglottis
下気道	かきどう	lower respiratory tract
気管	きかん	trachea
気管支	きかんし	bronchi
細気管支	さいきかんし	bronchiole
肺	はい	lung ラテン語 pulmo
肺尖	はいせん	apex of lung
上葉	じょうよう	upper lobe
中葉	ちゅうよう	middle lobe
下葉	かよう	lower lobe
水平裂	すいへいれつ	horizontal fissure
斜裂	しゃれつ	oblique fissure;
肺胞	はいほう	alveolus
胸腔	きょうくう	thoracic cavity
胸膜	きょうまく	pleura
副鼻腔	ふくびくう	paranasal sinuses
前頭洞	ぜんとうどう	frontal sinus
篩骨洞	しこつどう	ethmoid sinus
蝶形骨洞	ちょうけいこつどう	sphenoidal sinus
上顎洞	じょうがくどう	maxillary sinus

参考イラスト

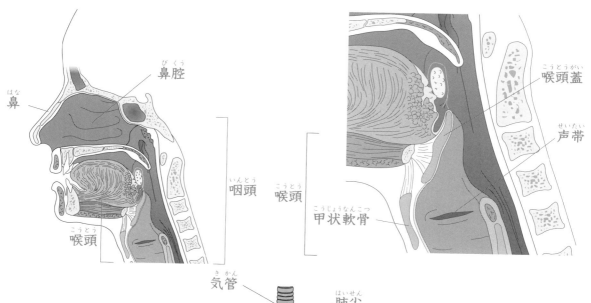

鼻腔（びくう）
鼻（はな）
咽頭（いんとう）
喉頭（こうとう）
喉頭（こうとう）
喉頭蓋（こうとうがい）
声帯（せいたい）
甲状軟骨（こうじょうなんこつ）

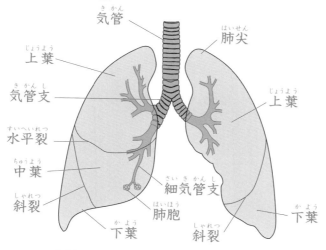

気管（きかん）
肺尖（はいせん）
上葉（じょうよう）
気管支（きかんし）
上葉（じょうよう）
水平裂（すいへいれつ）
中葉（ちゅうよう）
細気管支（さいきかんし）
斜裂（しゃれつ）
肺胞（はいほう）
下葉（かよう）
斜裂（しゃれつ）
下葉（かよう）

右肺 うはい（みぎはい）　　　　左肺 さはい（ひだりはい）

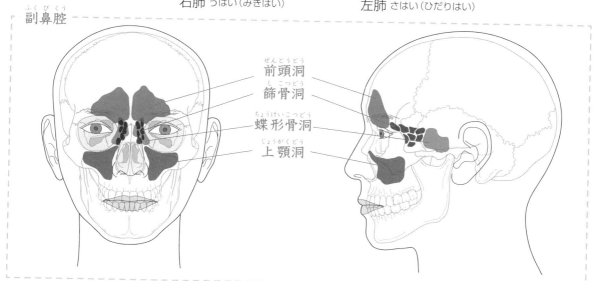

副鼻腔（ふくびくう）
前頭洞（ぜんとうどう）
篩骨洞（しこつどう）
蝶形骨洞（ちょうけいこつどう）
上顎洞（じょうがくどう）

しょう か き けい

消化器系	しょうかきけい	digestive system
口唇	こうしん	lips of mouth
口腔前庭	こうくうぜんてい	oral vestibule
口腔	こうくう	oral cavity
唾液腺	だえきせん	salivary gland
耳下腺	じかせん	parotid gland
顎下腺	がっかせん	submandibular gland
舌下腺	ぜっかせん	sublingual gland
舌	ぜつ	tongue 　ラテン語 lingua
歯	は	teeth
硬口蓋	こうこうがい	hard palate
軟口蓋	なんこうがい	soft palate
口蓋垂	こうがいすい	palatine uvula
咽頭（呼吸器でもある）	いんとう	pharynx
咽頭鼻部（上咽頭）	いんとうびぶ（じょういんとう）	nasopharynx (epipharynx)
咽頭口部（中咽頭）	いんとうこうぶ（ちゅういんとう）	oral part of pharynx (oropharynx)
咽頭喉頭部（下咽頭）	いんとうこうとうぶ（かいんとう）	laryngopharynx (hypopharynx)

参考イラスト

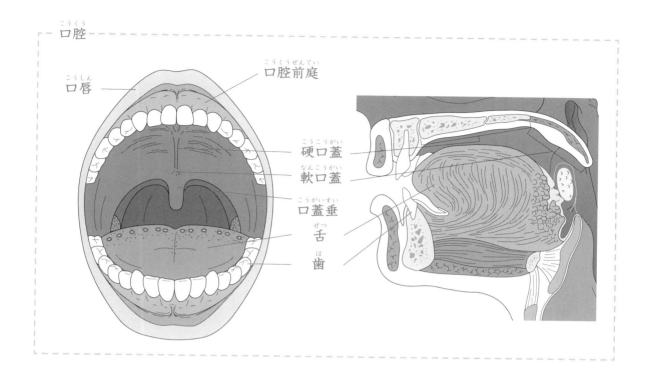

口腔（こうくう）

口唇（こうしん）
口腔前庭（こうくうぜんてい）
硬口蓋（こうこうがい）
軟口蓋（なんこうがい）
口蓋垂（こうがいすい）
舌（ぜつ）
歯（は）

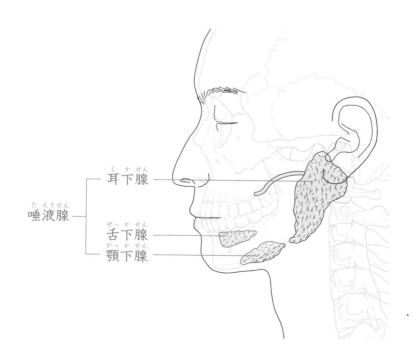

唾液腺（だえきせん）

耳下腺（じかせん）
舌下腺（ぜっかせん）
顎下腺（がっかせん）

消化器系② <ruby>消<rt>しょう</rt></ruby><ruby>化<rt>か</rt></ruby><ruby>器<rt>き</rt></ruby><ruby>系<rt>けい</rt></ruby>

食道	しょくどう	esophagus
胃	い	stomach　ラテン語 gaster
胃底	いてい	fundus of stomach
胃体	いたい	body of stomach
幽門前庭	ゆうもんぜんてい	forecourt part of pylorus
大弯	だいわん	greater curverture of stomach
小弯	しょうわん	lesser curvature of stomach
胃角（角切痕）	いかく（かくせっこん）	ventricular angle,　gastric angle
噴門	ふんもん	cardia
幽門	ゆうもん	pylorus
幽門括約筋	ゆうもんかつやくきん	pyloric sphincter muscle
小腸	しょうちょう	small intestine
十二指腸	じゅうにしちょう	duodenum
大十二指腸乳頭	だいじゅうにしちょうにゅうとう	major duodenal papilla
空腸	くうちょう	jejunum
回腸	かいちょう	ileum
大腸	だいちょう	large intestine
盲腸	もうちょう	cecum
回盲弁	かいもうべん	ileocecal valve
虫垂	ちゅうすい	appendix, vermiform appendix
上行結腸	じょうこうけっちょう	ascending colon
横行結腸	おうこうけっちょう	transverse colon
下行結腸	かこうけっちょう	descending colon
S状結腸	エスじょうけっちょう	sigmoid colon
直腸	ちょくちょう	rectum
肛門	こうもん	anus
内肛門括約筋	ないこうもんかつやくきん	internal anal sphincter muscle
外肛門括約筋	がいこうもんかつやくきん	external anal sphincter muscle
肝臓	かんぞう	liver　　ラテン語 hepar
右葉	うよう	right lobe
左葉	さよう	left lobe

肝鎌状間膜(肝円索)	かんかまじょうかんまく(かんえんさく)	falciform ligament of liver (round ligament of liver)
肝小葉	かんしょうよう	hepatic lobule, liver lobule
肝細胞	かんさいぼう	hepatocyte
類洞	るいどう	sinusoid
総肝管	そうかんかん	common hepatic duct
胆嚢	たんのう	gall bladder
胆嚢管	たんのうかん	cystic duct
総胆管	そうたんかん	common bile duct
膵臓	すいぞう	pancreas
膵頭	すいとう	head of pancreas
膵体	すいたい	body of pancreas
膵尾	すいび	tail of pancreas
腺房	せんぼう	acinus
主膵管	しゅすいかん	pancreatic duct
大網	だいもう	greater omentum
腹腔	ふくくう(ふっくう)	abdominal cavity

参考イラスト

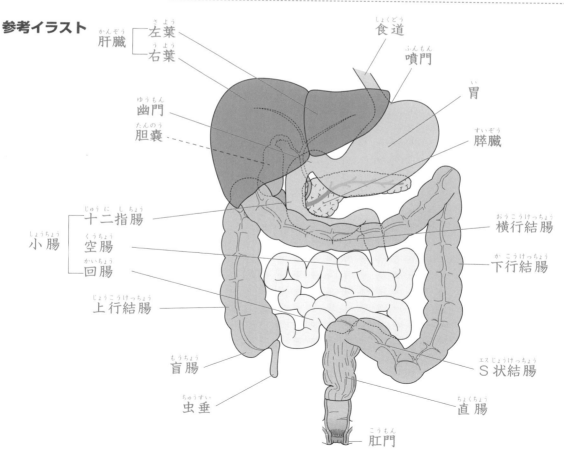

泌尿器系	ひにょうきけい	urinary system
腎臓	じんぞう	kidney　ラテン語 ren
腎門	じんもん	renal hilus
腎皮質	じんひしつ	renal cortex
腎小体	じんしょうたい	renal corpuscle
糸球体	しきゅうたい	glomerulus
ボウマン嚢	ぼうまんのう	Bowman's capsule
腎錐体	じんすいたい	renal pyramid
腎乳頭	じんにゅうとう	renal papilla
尿細管	にょうさいかん	renal tubule
(近位)尿細管	(きんい)にょうさいかん	proximal tubule
ヘンレループ	へんれるーぷ	Henle loop
遠位尿細管	えんいにょうさいかん	distal tubule
集合管	しゅうごうかん	collecting duct
輸入細動脈	ゆにゅうさいどうみゃく	afferent arteriole
輸出細動脈	ゆしゅつさいどうみゃく	efferent arteriole
腎杯	じんぱい	calyx of kidney
腎盤(腎盂)	じんばん(じんう)	renal pelvis, kidney pelvis
尿管	にょうかん	ureter
膀胱	ぼうこう	bladder, urinary bladder
尿道	にょうどう	urethra
内分泌系	ないぶんぴけい	endocrine system
下垂体	かすいたい	pituitary gland, hypophysis
甲状腺	こうじょうせん	thyloid, thyroid gland
副甲状腺(上皮小体)	ふくこうじょうせん(じょうひしょうたい)	parathyroid, parathyroid gland
副腎	ふくじん	adrenal gland
膵臓	すいぞう	pancreas
膵島	すいとう	pancreatic islets
性腺	せいせん	gonad gland

参考イラスト

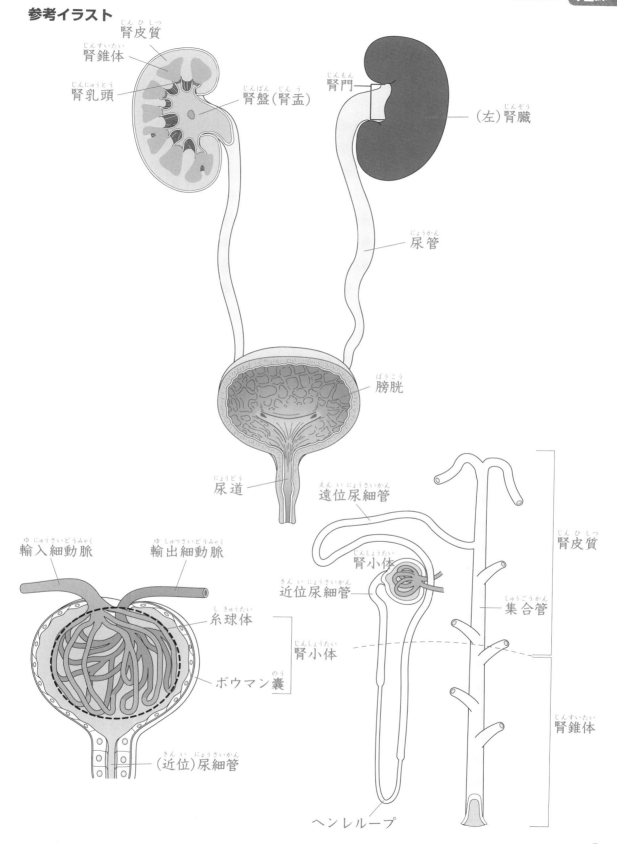

腎皮質

腎錐体

腎乳頭

腎盤(腎盂)

腎門

(左)腎臓

尿管

膀胱

尿道

遠位尿細管

腎小体

近位尿細管

腎皮質

集合管

腎錐体

輸入細動脈

輸出細動脈

糸球体

腎小体

ボウマン嚢

(近位)尿細管

ヘンレループ

生殖器系	せいしょくきけい	reproductive system
子宮	しきゅう	uterus
子宮体(部)	しきゅうたい(ぶ)	body of uterus; corpus of uterus
子宮頸(部)	しきゅうけい(ぶ)	cervix of uterus
基靱帯	きじんたい	cardinal ligament
卵管	らんかん	oviduct, uterine tube
卵管采	らんかんさい	fimbriae of uterine tube
膨大部	ぼうだいぶ	ampulla of uterine tube
卵巣	らんそう	ovary
卵胞	らんぽう	ovarian follicle
黄体	おうたい	corpus luteum
腟	ちつ	vagina
腟円蓋	ちつえんがい	vaginal fornix
大陰唇	だいいんしん	labia majora
小陰唇	しょういんしん	labia minora
陰核	いんかく	clitoris
会陰	えいん	perineum
胎盤	たいばん	placenta
臍帯	さいたい	umbilical cord
臍静脈	さいじょうみゃく	umbilical vein
臍動脈	さいどうみゃく	umbilical artery
乳房	にゅうぼう	breast, mamma
乳頭	にゅうとう	nipple
乳腺	にゅうせん	mammary gland
乳管	にゅうかん	lactiferous duct
精巣	せいそう	testis
精細管	せいさいかん	seminiferous tubule
精巣上体	せいそうじょうたい	epididymis
精管	せいかん	ductus deferens, vas deferens
精嚢	せいのう	seminal vesicle
前立腺	ぜんりつせん	prostate, prostate gland
尿道球腺	にょうどうきゅうせん	bulbourethral gland, Cowper gland
陰嚢	いんのう	scrotum
陰茎	いんけい	penis
亀頭	きとう	glans
海綿体	かいめんたい	corpus cavernosum

参考イラスト

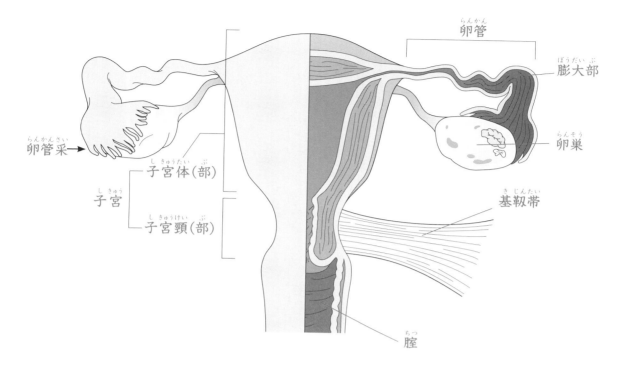

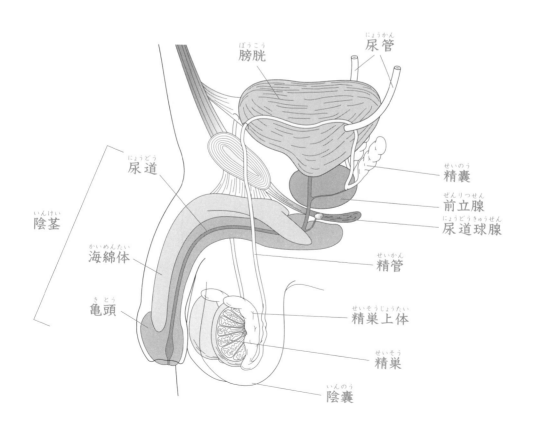

循環器系	じゅんかんきけい	circulatory system, cardiovascular system
動脈	どうみゃく	artery
静脈	じょうみゃく	vein 　ラテン語 vena
毛細血管	もうさいけっかん	capillary, blood capillary
心臓	しんぞう	heart
右心房	うしんぼう	right atrium
右心室	うしんしつ	right ventricle
左心房	さしんぼう	left atrium
左心室	さしんしつ	left ventricle
心房中隔	しんぼうちゅうかく	interatrial septum
心室中隔	しんしつちゅうかく	interventricular septum
僧帽弁	そうぼうべん	mitral valve, bicuspid valve
三尖弁	さんせんべん	tricuspid valve; right atrioventricular valve
大動脈弁	だいどうみゃくべん	aortic valve
肺動脈弁	はいどうみゃくべん	pulmonary valve
心尖	しんせん	apex of heart, cardiac apex, apical
心嚢（心膜）	しんのう（しんまく）	cardiac sac (pericardium)
冠状動脈	かんじょうどうみゃく	coronary artery

参考イラスト

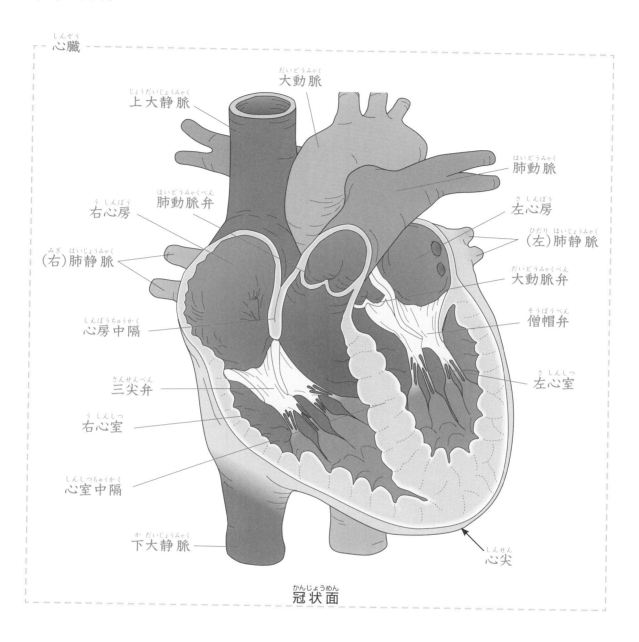

心臓（しんぞう）

大動脈（だいどうみゃく）

上大静脈（じょうだいじょうみゃく）

肺動脈（はいどうみゃく）

肺動脈弁（はいどうみゃくべん）

左心房（さしんぼう）

右心房（うしんぼう）

（左）肺静脈（ひだり はいじょうみゃく）

（右）肺静脈（みぎ はいじょうみゃく）

大動脈弁（だいどうみゃくべん）

心房中隔（しんぼうちゅうかく）

僧帽弁（そうぼうべん）

三尖弁（さんせんべん）

左心室（さしんしつ）

右心室（うしんしつ）

心室中隔（しんしつちゅうかく）

下大静脈（かだいじょうみゃく）

心尖（しんせん）

冠状面（かんじょうめん）

大動脈	だいどうみゃく	aorta
上行大動脈	じょうこうだいどうみゃく	ascending aorta
大動脈弓	だいどうみゃくきゅう	aortic arch
腕頭動脈	わんとうどうみゃく	brachiocephalic artery, brachiocephalic trunk
総頸動脈	そうけいどうみゃく	common carotid artery
内頸動脈	ないけいどうみゃく	internal carotid artery
外頸動脈	がいけいどうみゃく	external carotid artery
鎖骨下動脈	さこつかどうみゃく	subclavian artery
腋窩動脈	えきかどうみゃく	axillary artery
上腕動脈	じょうわんどうみゃく	brachial artery
胸大動脈	きょうだいどうみゃく	thoracic aorta
腹大動脈	ふくだいどうみゃく	abdominal aorta
腹腔動脈	ふくくうどうみゃく	coeliac trunk, celiac trunk
上腸間膜動脈	じょうちょうかんまくどうみゃく	superior mesenteric artery
腎動脈	じんどうみゃく	renal artery
総腸骨動脈	そうちょうこつどうみゃく	common iliac artery
内腸骨動脈	ないちょうこつどうみゃく	internal iliac artery
外腸骨動脈	がいちょうこつどうみゃく	external iliac artery
大腿動脈	だいたいどうみゃく	femoral artery
大静脈	だいじょうみゃく	vena cava
上大静脈	じょうだいじょうみゃく	superior vena cava
腕頭静脈	わんとうじょうみゃく	brachiocephalic vein
内頸静脈	ないけいじょうみゃく	internal carotid vein
鎖骨下静脈	さこつかじょうみゃく	subclavian vein
下大静脈	かだいじょうみゃく	inferior vena cava
門脈	もんみゃく	portal vein
肺動脈	はいどうみゃく	pulmonary artery
肺静脈	はいじょうみゃく	pulmonary vein
胎児循環	たいじじゅんかん	fetal circulation
臍帯動脈	さいたいどうみゃく	umbilical artery
臍帯静脈	さいたいじょうみゃく	umbilical vein
静脈管	じょうみゃくかん	ductus venosus, Arantius duct
動脈管	どうみゃくかん	ductus arteriosus, Botallo duct
卵円孔	らんえんこう	foramen ovale of heart
胸管	きょうかん	thoracic duct

参考イラスト

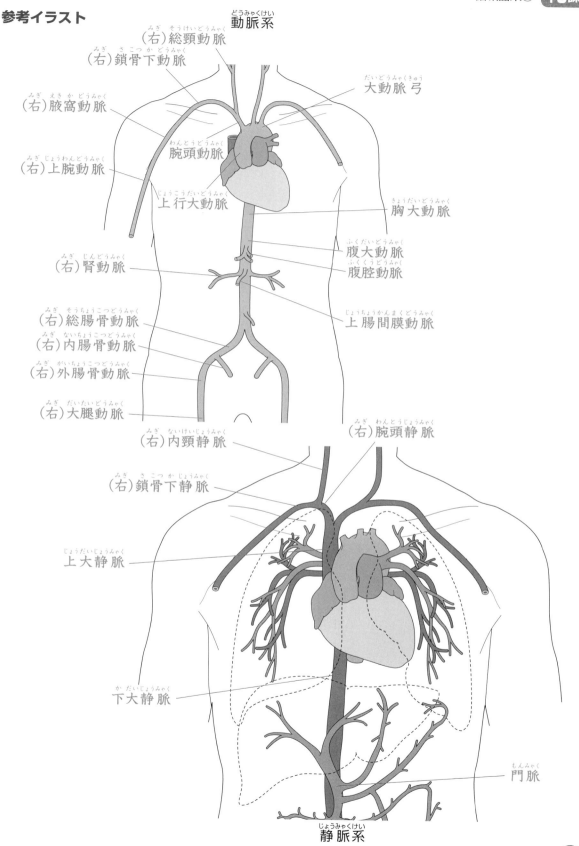

動脈系

（右）総頸動脈

（右）鎖骨下動脈

大動脈弓

（右）腋窩動脈

腕頭動脈

（右）上腕動脈

上行大動脈

胸大動脈

腹大動脈

腹腔動脈

（右）腎動脈

（右）総腸骨動脈

上腸間膜動脈

（右）内腸骨動脈

（右）外腸骨動脈

（右）大腿動脈

（右）内頸静脈

（右）腕頭静脈

（右）鎖骨下静脈

上大静脈

下大静脈

門脈

静脈系

16課 血液・免疫系

<small>けつえき めんえきけい</small>

血液	けつえき	blood
血漿	けっしょう	plasma, blood plasma
血清	けっせい	serum, blood serum
凝固因子	ぎょうこいんし	coagulation factor, clotting factor
血球	けっきゅう	blood cell, blood corpuscle
赤血球	せっけっきゅう	red blood cell, erythrocyte
白血球	はっけっきゅう	white blood cell, leukocyte, leucocyte
好中球	こうちゅうきゅう	neutrophil
好酸球	こうさんきゅう	eosinophil, acidophil
好塩基球	こうえんききゅう	basophil
単球	たんきゅう	monocyte
リンパ球	りんぱきゅう	lymphocyte
Bリンパ球	ビーりんぱきゅう	B lymphocyte
Tリンパ球	ティーりんぱきゅう	T lymphocyte
血小板	けっしょうばん	platelet, thrombocyte
骨髄	こつずい	bone marrow
巨核球	きょかくきゅう	megakaryocyte
造血幹細胞	ぞうけつかんさいぼう	hematopoietic stem cell
免疫系	めんえきけい	immune system
抗原	こうげん	antigen
自然免疫	しぜんめんえき	innate immunity
獲得免疫	かくとくめんえき	adaptive immunity
抗原提示細胞	こうげんていじさいぼう	antigen-presenting cell
樹状細胞	じゅじょうさいぼう	dendritic cell
体液性免疫	たいえきせいめんえき	humoral immunity
抗体	こうたい	antibody
細胞性免疫	さいぼうせいめんえき	cellular immunity
胸腺	きょうせん	thymus
リンパ節	りんぱせつ	lymph node
脾臓	ひぞう	spleen
扁桃	へんとう	tonsil
口蓋扁桃	こうがいへんとう	palatine tonsil
舌扁桃	ぜつへんとう	lingual tonsil
咽頭扁桃	いんとうへんとう	pharyngeal tonsil
耳管扁桃	じかんへんとう	tubal tonsil

参考イラスト

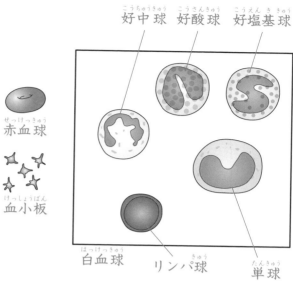

好中球　好酸球　好塩基球

赤血球

血小板

白血球　リンパ球　単球

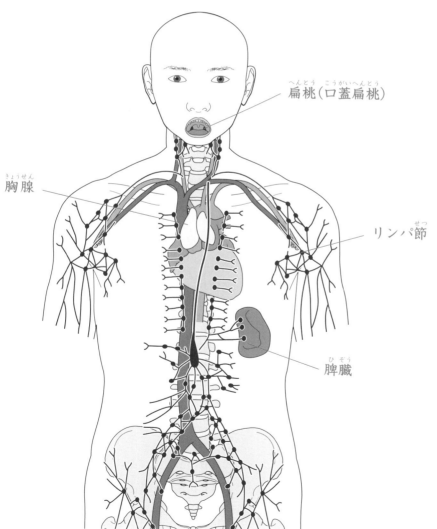

扁桃(口蓋扁桃)

胸腺

リンパ節

脾臓

しんけいけい

神経系	しんけいけい	nervous system
神経細胞	しんけいさいぼう	neuron, nerve cell
細胞体	さいぼうたい	cell body, soma
軸索	じくさく	axon
樹状突起	じゅじょうとっき	dendrite
神経膠細胞	しんけいこうさいぼう	neuroglia, neuroglial cell
中枢神経系	ちゅうすうしんけいけい	central nervous system
灰白質	かいはくしつ	gray matter
白質	はくしつ	white matter
大脳	だいのう	cerebrum
前頭葉	ぜんとうよう	frontal lobe
頭頂葉	とうちょうよう	parietal lobe
側頭葉	そくとうよう	temporal lobe
後頭葉	こうとうよう	occipital lobe
間脳	かんのう	diencephalon
小脳	しょうのう	cerebellum
脳幹	のうかん	brain stem
中脳	ちゅうのう	midbrain, mesencephalon
橋	きょう	pons
延髄	えんずい	medulla oblongata
脳室	のうしつ	cerebral ventricle

参考イラスト

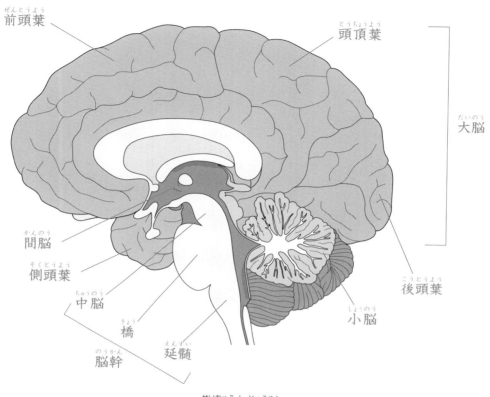

前頭葉（ぜんとうよう）
頭頂葉（とうちょうよう）
大脳（だいのう）
間脳（かんのう）
側頭葉（そくとうよう）
中脳（ちゅうのう）
橋（きょう）
延髄（えんずい）
脳幹（のうかん）
小脳（しょうのう）
後頭葉（こうとうよう）

正中矢状面（せいちゅうしじょうめん）

しんけいけい

脊髄	せきずい	spinal cord
脊髄中心管	せきずいちゅうしんかん	central canal of spinal cord
髄膜	ずいまく	meninges
軟膜	なんまく	pia mater
クモ膜	くもまく	arachnoid
硬膜	こうまく	dura mater
脳脊髄液	のうせきずいえき	cerebrospinal fluid (CSF)
末梢神経系	まっしょうしんけいけい	peripheral nervous system
脳神経	のうしんけい	cranial nerve
嗅神経	きゅうしんけい	olfactory nerve
視神経	ししんけい	optic nerve
動眼神経	どうがんしんけい	oculomotor nerve
滑車神経	かっしゃしんけい	trochlear nerve
三叉神経	さんさしんけい	trigeminal nerve
外転神経	がいてんしんけい	abducens nerve
顔面神経	がんめんしんけい	facial nerve
内耳神経	ないじしんけい	vestibulocochlear nerve, acoustic nerve
舌咽神経	ぜついんしんけい	glossopharyngeal nerve
迷走神経	めいそうしんけい	vagus nerve
副神経	ふくしんけい	accessory nerve
舌下神経	ぜっかしんけい	hypoglossal nerve
脊髄神経	せきずいしんけい	spinal nerve
自律神経	じりつしんけい	autonomic nerve
交感神経	こうかんしんけい	sympathetic nerve
副交感神経	ふくこうかんしんけい	parasympathetic nerve

参考イラスト

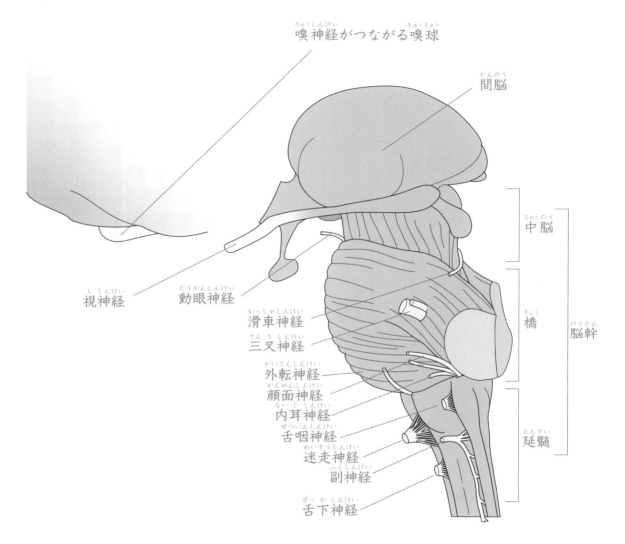

嗅神経がつながる嗅球

間脳

中脳

橋

延髄

脳幹

視神経

動眼神経

滑車神経

三叉神経

外転神経

顔面神経

内耳神経

舌咽神経

迷走神経

副神経

舌下神経

感覚器系	かんかくきけい	sensory system
特殊感覚	とくしゅかんかく	special sensation
視覚器	しかくき	visual organ
眼球	がんきゅう	eyeball
眼球線維膜	がんきゅうせんいまく	fibrous tunica of eyeball
角膜	かくまく	cornea
強膜	きょうまく	sclera
眼球血管膜（ぶどう膜）	がんきゅうけっかんまく（ぶどうまく）	vascular tunica of eyeball (uvea)
虹彩	こうさい	iris
瞳孔	どうこう	pupil
瞳孔括約筋	どうこうかつやくきん	sphincter muscle of pupil
瞳孔散大筋	どうこうさんだいきん	dilator muscle of pupil
毛様体	もうようたい	ciliary body
脈絡膜	みゃくらくまく	choroid
網膜	もうまく	retina
視細胞	しさいぼう	photoreceptor cell
錐体細胞	すいたいさいぼう	cone cell
杆体細胞	かんたいさいぼう	rod cell
中心窩	ちゅうしんか	fovea
水晶体	すいしょうたい	lens
毛様体小帯（チン小帯）	もうようたいしょうたい（ちんしょうたい）	ciliary zonule (Zinn's zonule)
前眼房	ぜんがんぼう	anterior chamber
後眼房	こうがんぼう	posterior chamber
硝子体	しょうしたい	vitreous, vitreous body
視神経	ししんけい	optic nerve
眼瞼	がんけん	eyelid, palpebra
結膜	けつまく	conjunctiva
涙腺	るいせん	lacrimal gland
外眼筋	がいがんきん	extraocular muscles, muscles of the eyeball

参考イラスト

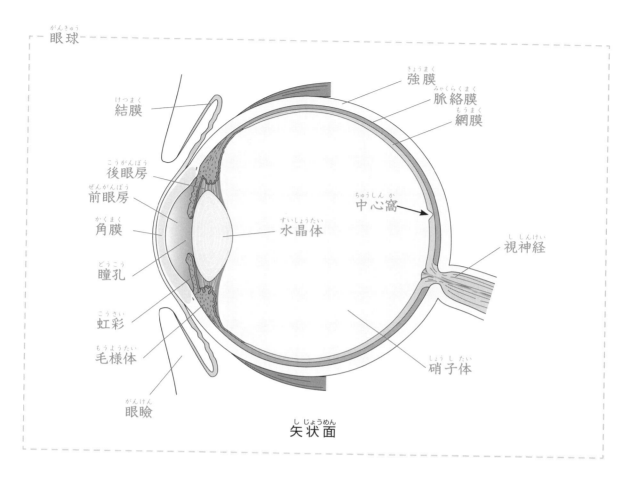

眼球

結膜 けつまく

強膜 きょうまく

脈絡膜 みゃくらくまく

網膜 もうまく

後眼房 こうがんぼう

前眼房 ぜんがんぼう

中心窩 ちゅうしんか

角膜 かくまく

水晶体 すいしょうたい

視神経 ししんけい

瞳孔 どうこう

虹彩 こうさい

毛様体 もうようたい

硝子体 しょうしたい

眼瞼 がんけん

矢状面 しじょうめん

平衡聴覚器	へいこうちょうかくき	vestibulocochlear organ
外耳	がいじ	external ear
耳介	じかい	auricle
外耳道	がいじどう	external acoustic meatus,external auditory meatus
中耳	ちゅうじ	middle ear
鼓膜	こまく	tympanic membrane, eardrum
耳小骨	じしょうこつ	auditory ossicles, ear ossicles
ツチ骨	つちこつ	malleus
キヌタ骨	きぬたこつ	incus
アブミ骨	あぶみこつ	stapes
耳管	じかん	pharyngotympanic tube, auditory tube
内耳	ないじ	inner ear
骨迷路	こつめいろ	bony labyrinth
蝸牛	かぎゅう	cochlea
前庭	ぜんてい	vestibule
(骨)半規管	(こつ)はんきかん	(bony) semicircular canal
膜迷路	まくめいろ	membranous labyrinth
蝸牛管	かぎゅうかん	cochlear duct
球形嚢	きゅうけいのう	sacculus
卵形嚢	らんけいのう	utricle
(膜)半規管	(まく)はんきかん	(membranous) semicircular canal
嗅覚	きゅうかく	olfaction, olfactory sensation
味覚	みかく	gustation, taste sensation
味蕾	みらい	taste bud

体性感覚	たいせいかんかく	somatic sensation
痛覚、触圧覚、温度覚	つうかく、しょくあっかく、おんどかく	pain sensation, touch and pressure sensation, thermal sensation
皮膚	ひふ	skin
表皮	ひょうひ	epidermis
真皮	しんぴ	dermis
皮下組織	ひかそしき	hypodermis, subcutaneous tissue
汗腺	かんせん	sweat gland
毛	け	hair
毛幹	もうかん	hair-shaft
毛根	もうこん	hair root
爪	つめ	nail
深部感覚	しんぶかんかく	deep sensation
内臓感覚	ないぞうかんかく	visceral sensation

参考イラスト

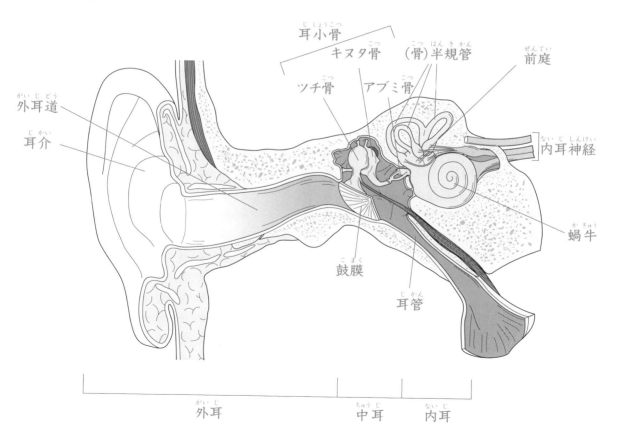

著 者

園田 祐治
（そのだ ゆうじ）

岡山大学大学院理学研究科生物学課程修了。博士（医学）。
川崎医科大学解剖学教室助手、講師を経て、
川崎医療福祉大学医療福祉学部保健看護学科・総合教育センター教授。

メディカルイラストレーション ● 有限会社彩考

医療にかかわる人のための漢字ワークブック
別冊　解剖学用語ノート

2020 年 8 月 20 日　初版第 1 刷　発行

著　者　園田 祐治

発行者　佐藤 今朝夫

発行元　国書刊行会

〒 174-0056　東京都板橋区志村 1-13-15
TEL.03-5970-7421　FAX.03-5970-7427

分売不可

Kanji Workbook for People in the Medical Field